JN006699

チーム・ダイナミックスの行動科学

組織の生産性・安全性・創造性を高める鍵はどこにあるのか

山口裕幸
編著
池田 浩
縄田健悟
三沢 良
田原直美
秋保亮太
著

Team Dynamics

ナカニシヤ出版

まえがき

医療や福祉，治安や行政，教育や研究，ビジネス，さらにはスポーツや芸術まで，実に様々な社会活動がチームによって遂行されている。生産的で効率が良く，安全で質の高いチーム活動は，安寧な社会生活を支える基盤として重要な機能を果たしているといえるだろう。しかしながら，多様性が増し，間断なく変容し続ける社会環境に対して，適応が円滑に進まず苦しんでいるチームも多い。少子高齢化が進み，人手不足が常態化する中で，ロボットや生成型人工知能の活用が普及しつつあるとはいえ，人間が主体となってチームによる活動を効率的に行うことの重要性はいささかも後退するものではない。また，変化する環境に的確に適応し持続可能性を高めるべく，チームや組織の自律的な変革を生み出すマネジメントを追究する取り組みへの期待も増大する一方である。チームの効果性を高める方略についての検討は，現実社会のニーズを色濃く反映する研究課題であるといえるだろう。

現実社会におけるチーム活動の効果性を高める方略を明らかにする実践的なアプローチを科学的に進めるには，その基盤として，チームを構成するメンバーたちが交流し相互作用することによって生み出される心理学的ダイナミズムの特性を明らかにする理論的な研究アプローチが大切な役割を担うことになる。他方で，理論的な研究は，現実に展開されているチーム活動の実態を適切に反映した取り組みであることが大切である。チーム活動の効果性を高めるメカニズムの解明には，理論と実践をリンクさせ，その両者を行き来しながら研究を進めることが大切であろう。これはグループ・ダイナミックスの創始者であるクルト・レヴィンが提唱したアクション・リサーチの考え方にほかならない。

本書は，より効率的で生産的な，そして健全なチームを運営していくために重要な鍵はどこにあるのかについて，チームで活動する際のメンバー間の相互作用の様相や，メンバー個々の心理と行動の特徴に関するグループ・ダイナミックス研究の成果を基盤に論じること試みたものである。執筆に際しても，現場の調査や観察から得られる知見と実験室や研究室で行われる理論的研究で得られる知見とを結びつけながら検討するアクション・リサーチの視点を大切にすることを心がけた。

思い起こせば本書の企画は，2004 年 7 月に北星学園大学で開催された日本社会心理学会第 45 回大会の折に，ナカニシヤ出版編集部長の宍倉由髙氏からのご助言をいただいて発想したものである。しかしながら，チーム学習やチームの心理的安全性への関心が拡大し，めまぐるしく研究が発展していき，その潮流を把握することで精一杯の状態が続き，単著として執筆を構想していたこともあって，力不足でなかなか具体的な内容構成にたどり着くことがままならなかった。その後，共著者に加わってもらうことになり，ようやく具体的に内容構成を決定し，執筆に取り組みつつあったが，COVID-19 のパンデミックが世界中を襲ったことで，チーム研究にも大きなうねりが生じた。すなわち，オンライン・コミュニケーション技術を駆使したバーチャル・チーム，ハイブリッド・チームによる活動の急速な社会浸透の影響で，新たな研究課題が生まれ，世界的にその検討が進行していったのである。そのテーマを内容に取り込まないわけにはいかず，気づけば構想から 20 年が経とうとしている。この間，気長に粘り強くご支援いただいた宍倉氏には，心より深甚なる謝意を表したい。

チーム・ダイナミックスの研究成果とそれに基づく問題解決への道筋について，現時点でできる限りの研究成果を参考に論じることを試みたが，不十分な点も多々見られると思われる。ご指摘，ご批判を仰ぐことができると誠にありがたい。

2023 年晩夏　伊都のキャンパスに沈む夕陽を眺めつつ

執筆者代表　山口裕幸

目　次

各論Ⅱ　チーム・パフォーマンス

総論

集団がチームとなるための条件

第 1 章
チーム・ダイナミックス研究の視座

山口裕幸

Key Words
グループ・ダイナミックス，相互作用過程，複雑系，創発特性，チームワーク，チームワーク行動，チーム効果性，チーム・パフォーマンス，チーム・リーダーシップ

1．チーム・ダイナミックス研究の目的と意義

[1] チーム・ダイナミックス研究の理論的アプローチ

複数の人間がチームを組んで，共有する目標の達成のために協同し連携して課題遂行していくプロセスは，メンバー同士の心理や行動が互いに影響し合って多様に変動するダイナミズムに彩られている。チーム・ダイナミックスという概念は，集まったメンバーが共有する目標の達成に向かって，役割を分担し，所与の環境・状況の特性やチームで活動する際のルールや規範のもとで，コミュニケーションを取り合い，影響を及ぼし合いながら，支援したり，教え合ったり，連携したり，相互に行動を調整し合ったりする相互作用プロセスにおいて生まれてくる種々の力動性を意味している。この多様性豊かなチーム・ダイナミックスの心理学的特性を明らかにする取り組みは，レヴィン（K. Lewin: 1890–1947）によって開花したグループ・ダイナミックス研究を基盤に，今後さらにより精緻で広がりある知見を開拓していくことが期待されている。

チーム・ダイナミックス研究は，チーム活動の中で各メンバーが経験する個人レベルの心理や行動の特徴を明らかにすることに始まり，相互作用過程で生まれてくるコミュニケーション・ネットワークや対人関係構造，勢力関係構造，リーダー／フォロワー関係性等の変動など，チームレベルの特性の解明を目指している。また，メンバーの相互作用を通して共有されていくチームの規範，風土や文化，心理的安全性等は，複雑系科学が着目するチームの創発特性に該当する。チームレベルに創発される諸特性とその変動の様相を解明していくアプローチは，社会心理学の重要課題のひとつとして位置づけられる。チーム・ダイナミックス研究は，レヴィンが提唱した伝統を尊重しつつ，新しい研究の潮流を形作る取り組みといえるだろう。

[2] チーム・ダイナミックス研究が焦点を当てる社会的リアリティ

1) チームの生産性・効率性への注目　製造業やサービス業をはじめ，医療や福祉，教育や治安維持など，実にさまざまな現場の活動がチームによって行われている。これらのチーム活動が円滑に迅速に，そして正確に生産性豊かに行われることは，わたくしたちの安寧な日常生活を支え，豊かで幸福な社会の発展につながっている。高いチームの生産性や効率性を実現する取り組みは，持続可能性の高い社会を作っていくための実践的重要課題として位置づけられるものである。組織行動学や経営学におけるチーム研究の多くは，この観点に基づくアプローチを取っているといえるだろう（e.g. Greer, de Jong, Schouten, & Dannals, 2018; Mathieu, Gallagher, Domingo, & Klock, 2019; Neuman & Wright, 1999; Hackman, 1987）。

2) チームによる安全管理と危機対応への注目　チームの生産性や効率性と並んで，安全を維持しつつ，顕在化した危機あるいは潜在的な危機への対応を的確に行う側面でもチーム活動への期待は大きい。医療組織や福祉施設，消防や警察，自衛隊等，社会の安全と安心を守ることをミッションとする組織でもチームによる職務遂行がほとんどを占めており，チームで遂行するがゆえに発生しがちなエラーやミスを解消することは大きな課題となっている。

生産性や効率性を高めるためのチーム活動は「攻め」の方向性をもつのに対して，安全を守り，的確に危機に対応するチーム活動は「守り」の方向性をもつといえる。医療や建設，交通等，種々の産業現場における安全マネジメントに関する研究は，この観点に基づくアプローチをとるものといえるだろう（e.g. Leonard, Graham, & Bonacum, 2004; Sasou & Reason, 1999; Sonali & Kaur, 2020; Wakeman & Langham Jr., 2018）。

3) 組織の創造的変革を促進するチーム・ダイナミックスへの注目　組織は，複数のチームが連携し協調することで成り立っている場合がほとんどである。そして，取り巻く社会環境や市場環境の変動に適応するように組織自体も変化していかねばならない。組織をオープン・システムとして捉えるこのような観点に立てば，組織の持続可能性は，経営環境や政治環境，社会環境など，組織を取り巻くさまざまな環境への適切な適応にかかっているといえる。その構成体であるチームも，組織同様適切に変化していくことが求められる。

変化への適応は個人レベルでも難しいものであるが，チームレベルになると，多様な特性に彩られたチーム・ダイナミックスの影響を受けて，さらに困難さを増す。近年，環境の変化に合わせる受け身の（リアクティブな）適応だけでなく，将来の環境の変化を先読みした能動的な（プロアクティブな）適応の必要性が指摘されるようになっている。これらの問題の解決へのアプローチは，チームの創造的変革をめぐる研究につながっている（e.g. 古川・山口，2012; Kur, 1996; Williams, Parker, & Turner, 2010）。

「学習する組織論」(Senge, 1990, 1997, 2004）に代表される対話と調整による組織ガバナンスを重視する組織マネジメントの研究は，トップダウン方向の管理職やベテランのリーダーシップ行動に加えて，コミュニケーションや相互作用等のチーム・ダイナミックスを通してボトムアップ方向でメンバーに共有される心理的安全性やチーム規範等の創発特性に注目する。チーム・ダイナミックス研究は，組織の持続可能性を考えるとき切実に必要とされている創造的変革の実践と深く関連する取り組みとしてのリアリティをもっている。

2. チーム・ダイナミックスと関連の深い重要概念

［1］チームとは何か

1）チームと呼べる集団の条件　チームについては，サラス他（Salas et al., 1992）による次のような定義が広く受け入れられている。すなわち，チームとは，価値のある共通の目標や目的の達成あるいは職務の遂行のために，力動的で相互依存的，そして適応的な相互作用を行う2人以上の人々からなる，境界の明瞭な集合体である。なお各メンバーには課題遂行のための役割や職能が割り振られており，メンバーである期間には一定の期限がある，というものである。この定義は包括的なものであり，もう少し具体的に吟味してみよう。

チームは集団のひとつの形態であるが，次のような諸要素を兼ね備えている必要がある。チームに備わるべき第1の要素は，チームとして達成すべき目標の存在である。達成すべき目標があるからこそチームが形成されるといえるだろう。その目標は明確であるとともに，メンバーによって共有されていることが重要である。この目標の共有は，自分を含むメンバーがひとつのチームを構成していることの認識，すなわちチームとしてのメタ認知を獲得することを意味する。個人レベルの目標達成にとどまることなく，チームの目標達成にまで視野を広げて考え行動することは，効果的なチーム活動に結びつく。

チームに備わるべき第2の要素は，チームの目標達成のためにメンバー同士は互いに依存し合う関係にあることである。他のメンバーたちとコミュニケーションを取り合い，協同したり連携したり，相互に支援したり，役割を調整したりしながら，課題や作業を遂行することでチームの目標達成は可能になる。メンバーそれぞれが，独立して課題や作業をするだけではチームの目標が達成されるとは限らない点に注意が必要である。

第3の要素は，各メンバーに役割が割り当てられることである。チームの目標を効率的に達成するために，チームではいかなる仕事や作業が必要になるかを分析したり設計したりしたうえで，その仕事や作業の特性に応じて分類して，メンバーそれぞれに遂行すべき仕事や作業が配分される。各メンバーにとって配分された仕事や作業を完遂することが役割になる。効果的なチームを作っていくには，個々のメンバーの能力に適した役割が割り振られることが重要になる。また，チームのメンバー間の関係は，役割によって強く規定され，チーム・ダイナミックスの様相に影響を及ぼす。

最後に，第4の要素として，チームの構成員とそれ以外との境界は明瞭であることがあげられる。チームの構成員について，メンバー同士明瞭に認知していることで，チーム目標のために協力し合う仲間はどの範囲までなのかを識別できる。ほとんどの組織の場合，チームのメンバーは一定の期間を経て次第に入れ替わるが，チームの境界は維持され，新しいメンバー構成によるチーム活動が展開される。

対象とする集団をチームと呼ぶことができるかを判断するには，これらの要素を兼ね備えているか否かを確認することが最も基本的な手順といえるだろう。

2）チームの種類　組織現場では，プロジェクト・チームやワーキング・チーム，タスク・フォース，開発チーム，バーチャル・チームなど，多様なチーム形態が取られている。それらの違いはどこにあるのだろうか。ディヴァイン（Devine, 2002）による，取り組み課題の性質を基準にした緻密な分類も提示されてきているが，チームのタイプ分けを把握するには，比較的広汎な基準による分類のほうが理解しやすい。たとえば，アロウ他（Arrow et al., 2000）は，何らかの目標達成を指向する集団を包括的にワーク・グループ（work group）と呼んだうえで，それを大きく，クルー（crew），タスク・フォース（task force），チーム（team）の3タイプに分類しており，参考になる。

クルーは，招集されて即座に形成され，直面する短期の任務を完了すると同時に解散されるチームを指す。メンバーは互いをよく知っていて，また個々に，クルーの任務の中で自分が担当する職務についても熟知し，熟達していることが特徴である。医療における手術チームや飛行機を操縦するコックピット・クルー，当直のメンバーで即座に形成する消防隊チームなどが，このクルーに該当する。

次のタスク・フォースは，目的とするプロジェクト（事業）が完了したら解散することが前提となって形成される，いわば期間限定のチームを指す。プロジェクトの完遂を目指して，異なる職場から適性のあるメンバーを選抜したり，役割配分も戦略的にデザインしたりするところに特徴がある。選抜されたメンバーは，一時的に，普段所属しているチームを離れてタスク・フォースに参加する。メンバー同士のつながりは，プロジェクトの完遂という目標で結ばれているものの，それ以外の側面では必ずしも強固とはいえないことも特徴のひとつといえるだろう。たとえば，大規模な社会的イベントの開催に向けてさまざまな事業体，組織体からメンバーが選抜されて，協同して準備をしたり，イベントを実施したりして，イベント終了後には解散する，いわゆるプロジェクト・チームといわれるものが，これに該当するといえるだろう。

これらに対して，もっと長期的に存続し，チーム活動を継続しながら，より幅広く多様なプロジェクトに取り組む集団のことをアロウ他はチームと呼んでいる。メンバー同士は比較的長期のつきあいがあり，プロジェクトへの関わりも長い期間に及ぶ。メンバーがお互いの技能を見極めたり，チームの一員としての意識を高めたりするのに時間がかかるため，即座に効果的に機能するというわけにはいかない側面もある。メンバーシップが長期にわたることは，人間関係の熟成に良い面もある一方で，意見の対立や感情のもつれなどの葛藤が生じる可能性も高くなり，その影響も深刻になる場合もある。この分類に該当するチームの例としては，わたくしたちがよく経験し見聞する会社の中の課や係のような部署，スポーツのチーム，部活動やサークルなどがあげられる。

アロウ他は，ワーク・グループという上位概念の下に，クルー，タスク・フォース，チームを位置づけているが，組織心理学の領域では，チームとワーク・グループはきわめて類似している概念として互換的に使われてきた。広義のチームがワーク・グループという関係である。このことを考慮に入れると，基本型はチームで，その中の特別形態としてクルーとタスク・フォースの２つがあると整理しておくのがよいだろう。

[2] チーム・ダイナミックスの主役：チームワーク

1) 創発特性としてのチームワーク　チームワークは，もともとチームで行う仕事（ワーク）を意味する言葉である。個人単独で完遂する仕事をタスク・ワークと呼ぶのに対して，他者と協力して成し遂げる仕事をチームワークと呼ぶ。先述したようにチームにもいくつかの形態があるが，クルーであろうと，タスク・フォースであろうと，ワーク・グループであろうと，効率的に目標を達成するためには，メンバー同士が連携し協調し合って任務を遂行する必要がある。その際，連携や協調を円滑に効率的に進めるチームは，チームワークが良いと表現されるようになった。チームワークは単なる職務遂行のひとつの形態というよりも，チームに備わる円滑な連携や協調の体制を意味することが多くなったのである。そして，目には明瞭に見えないものの，連携し協調する行動の背後では，メンバーたちが共有する指向性や態度のありようが機能していると推察される。それゆえ，チームワークは心理学的な特性までを含む概念になっている。良好なチームワークは，健全で生産的なチーム活動に必須の要素といえるだろう。

ここで留意すべきは，メンバーが個人としてはもっていない特性が，チーム全体の特性として見られることがある点である。チームワークは，メンバー同士の相互作用によって醸成されていき，チームごとに固有の特性をもつようになる。チームワークのようにチーム全体に宿る特性は，それを分解して各メンバーの特性に還元するのは難しいものである場合が多い。チームは複雑系として捉えうるものであり，チームワークは，チーム・ダイナミックスによって生み出される創発特性といえるだろう。

チームワークに宿るさまざまな特性については，チーム・ダイナミックスによって創発されるチームの全体的心理学的特性について論じる第2章において，改めて詳細に述べる。

2）チームワーク行動の構成モデル　チームワークは目に見えない心理学的特性も含む概念であるが，目に見える行動に着目して，チームワークを行動レベルで捉えるアプローチは数多くなされてきた。具体的には，「コミュニケーション」「他のメンバーの行動のモニタリング」「サポート行動」「援助行動」「行動の相互調整」「情報のフィードバック」「情報の共有」などが，研究対象にあがってきた。これらを体系的に整理したのが，ルソー他（Rousseau et al., 2006）によるチームワーク行動構成モデルである（具体的には59ページの図5-1を参照）。

このモデルでは，チームワーク行動は，チームの活動成果に関連する行動である「チーム・パフォーマンスの統制管理」と，チームの人間関係を調整する行動である「チームの円満な対人関係の維持」の2つに大きく分類される。この分類の枠組みは，組織マネジメント研究やリーダーシップ研究においてもよく見られるものであり，集団におけるメンバー行動を分析する際に有効な枠組みであるといえる。チームの活動成果に関連するチームワーク行動は，PDCAのサイクルを構成する形で分類されている。また，人間関係を調整する行動は，慰めたり励ましたりする精神的なサポートと，役割の違いに伴う意見や利害の対立を調整する葛藤の統合的調整から成り立っている。

実際のチーム活動においては多様なチームワーク行動が観察されるが，その行動が何を目的とするのかという視点から整理することで，チームワークを発揮するうえで，それぞれの行動がいかなる役割を担うのか，理解するのに役立つものとなっている。

3. チーム・ダイナミックス研究の理論的枠組み

チーム・ダイナミックス研究は，メンバー間のコミュニケーションや相互支援や役割の調整等が取られつつ，多様な要素が相互作用しながら，チーム活動の時間経過とともに変動していく様相を明らかにすることを目的としている。その研究の枠組みは，タンネンバウム他（Tannenbaum et al., 1992）が提示したチーム効果性を規定する変数の関係性を示したモデルを基盤にした図 1-1 のように描くことができるだろう。この図に基づけば，筆者らが注目するチーム・ダイナミックスはプロセスに該当する。チーム・ダイナミックスは種々の先行要因によって影響を受け，またチーム・ダイナミックスの様相はチーム効果性に影響を及ぼす関係にある。

チーム・ダイナミックスについて議論を始めるにあたって，重要な先行要因を概観するとともに，チーム・ダイナミックスの結果に該当するチーム効果性とは何かについて確認をしておこう。

［1］チーム・ダイナミックスに影響を及ぼす先行要因

1）取り組む課題の特性　メンバー同士の相互作用が行われる以前に，チーム活動に影響をもたらし，場合によっては種々の制約をもたらす変数が存在する。最も重要な変数として，チームが遂行する課題の特性があげられる。チームが遂行する課題の特性に関しては，マグラス（McGrath, 1984）が提示した分類が適切な基準を示している（図 1-2）。この分類モデルは，チームが取り組む課題は大きく分けて，「創出（generate）：第Ⅰ四分円（上部）」「選択（choose）：第Ⅱ四分円（左側）」「交渉（negotiate）：第Ⅲ四分円（下部）」「実行（execute）：第Ⅳ四分円（右側）」の 4 つに分類できることを示している。そのうえで，「協働（上）↔調整（中段）↔葛藤解決（下）」を縦軸に，「認知的（左）↔行動的（右）」を横軸に配置して，4 つの四分円をさらに 2 つずつに分類して，集団が取り組む課題は 8 つに分類されている。

すなわち，①計画を立てる「計画立案課題」（タイプ 1：創出×協働×行動的），②アイディアを生み出す「創造性課題」（タイプ 2：創出×協働×認知的），③正解を導いて問題を解消する「タイプ 3：知的問題解決課題」（選択×協働×認知的），④正解が不明な時に判断し決断する「意思決定課題」（タイプ 4：選択×葛藤解決×認知的），⑤考え方の相違に起因する葛藤を解決する「認知的葛藤課題」（タイプ 5：交渉×葛藤解決×認知的），⑥利害関係を調整し葛藤を解決する「混合動機的課題」（タイプ 6：交渉×葛藤解決×行動的），⑦勢力・権力の葛藤を解決する「競争・闘争課題」（タイプ 7：実行×葛藤解決×行動的），⑧成果・業績をあげる「所定の手続きによる遂行課

図 1-1　チーム・ダイナミックス研究の理論的枠組み（Tannenbaum et al., 1992；筆者による訳編）

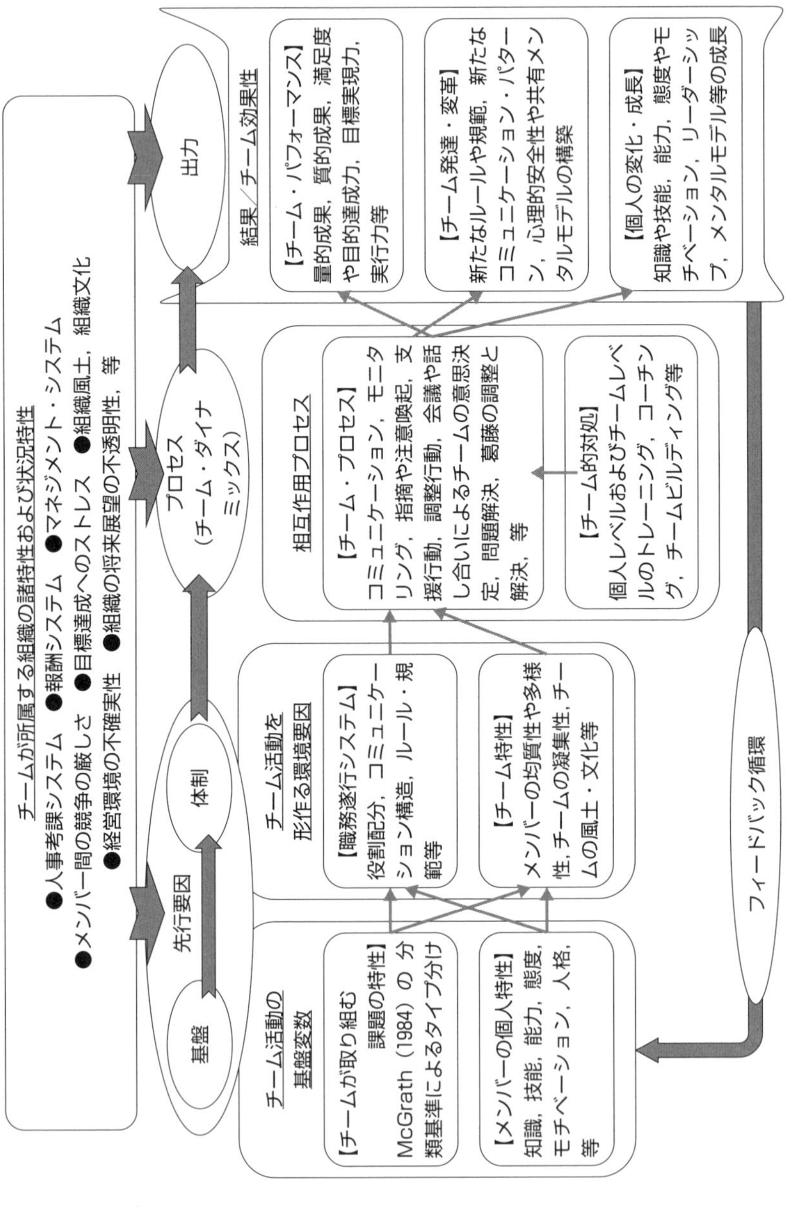

チームが所属する組織の諸特性および状況特性
●人事考課システム　●報酬システム　●マネジメント・システム
●メンバー間の競争の厳しさ　●目標達成へのストレス　●組織風土，組織文化
●経営環境の不確実性　●組織の将来展望の不透明性，等

先行要因
基盤
体制

プロセス
（チーム・ダイナミックス）

出力

チーム活動の
基盤変数

【チームが取り組む
課題の特性】
McGrath（1984）の分類基準によるタイプ分け

【メンバーの個人特性】
知識，技能，能力，態度，モチベーション，人格，等

チーム活動を
形作る環境要因

【職務遂行システム】
役割配分，コミュニケーション構造，ルール・規範等

【チーム特性】
メンバーの均質性や多様性，チームの凝集性，チームの風土・文化等

相互作用プロセス

【チーム・プロセス】
コミュニケーション，モニタリング，指摘や注意喚起，支援行動，調整行動，会議や話し合いによるチームの意思決定，問題解決，葛藤の調整と解決，等

【チーム的対処】
個人レベルおよびチームレベルのトレーニング，コーチング，チームビルディング等

結果／チーム効果性

【チーム・パフォーマンス】
量的成果，質的成果，満足度や目的達成力，目標実現力，実行力等

【チーム発達・変革】
新たなルールや規範，新たなコミュニケーション・パターン，心理的安全性や共有メンタルモデルの構築

【個人の変化・成長】
知識や技能，能力，態度やモチベーション，リーダーシップ，メンタルモデル等の成長

フィードバック循環

図 1-2　集団で取り組む課題の分類（McGrath, 1984）

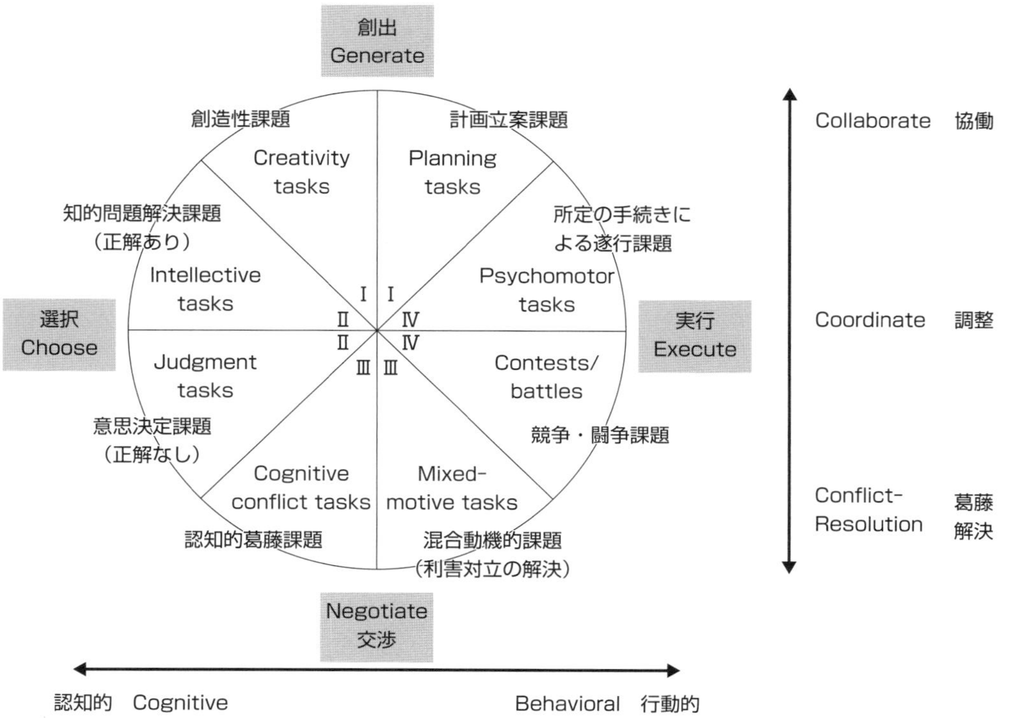

題」（タイプ8：実行×協働×行動的）の8つである。実際のチーム活動では，取り組む課題はこれらの8種類の特性が複数交わっている場合もあるが，いかなる特性の課題に取り組むのかによって，チーム・ダイナミックスが受ける影響は大きい。チームが取り組む課題特性を明確に捉えたうえで，チーム・ダイナミックスの特徴との関係性を検討する視点が重要になる。

2）メンバーの個人特性　メンバーの人数や，各メンバーのもつ能力や課題遂行への適性とそれらの組み合わせも，所与の条件として重要な影響を及ぼす変数である。人数は，メンバー間で成立しうる潜在的コミュニケーション・ネットワークを規定する。人数が増えるほど，より大きく複雑なネットワークが生成される可能性は増す。

また，メンバーの人数の多さは，プロセス・ロスとの関係も大きい。スタイナー（Steiner, 1966）は，集団のサイズ（メンバーの人数）が大きくなるほど，メンバー全員の課題達成期待値の総計よりも，実際の課題達成は低いものになってしまう現象を指摘し，プロセス・ロスと呼んだ。メンバーが増えるほどコミュニケーションに要する労力や時間も大きくなると同時に，他のメンバーの尽力に依存して自分自身の全力を尽くそうとする動機づけが弱まってしまう「社会的手抜き（social loafing）」の影響もあって，プロセス・ロスが生じてしまうと彼は指摘している。ごく希なことではあるが，ロスだけではなく，プロセス・ゲインと呼ばれる現象が見られることもある。いずれにしても，チーム・ダイナミックスが，チームの生産性に及ぼす影響を検討するとき，所与の条件として，チーム・サイズ（メンバーの人数）を視野に入れておくことは重要である。

この他，いかなる課題遂行能力や人格特性をもったメンバーで構成されているかが，チーム・ダイナミックスおよびチーム・パフォーマンスに影響するのかという観点も，組織現場の人事担当者，管理職の関心を集めるトピックである。ただ，実際の組織現場では，適切な能力や人格特性の持ち主を都合よく集めてチームを構成することは，ほぼ不可能に近い。したがって，チームのリーダーが果たす機能に期待と関心が集まることになる。チームリーダーが発揮すべきリーダーシップ特性も，メンバーに関連する変数として注目される。

3）課題遂行システム　先述したように課題特性に適したコミュニケーション・ネットワークの形態ができあがるとともに，それを通して，チームの目標や状況認識の共有が図られることが多い。チーム内にどのようなコミュニケーション・ネットワークが形成されるのかについてはグループ・ダイナミックス研究の黎明期の段階から注目を集め，研究が行われきた（e.g. Shaw, 1964; 高木，1999）。

図 1-3　代表的なコミュニケーション・ネットワークの類型（高木，1999 を参照）

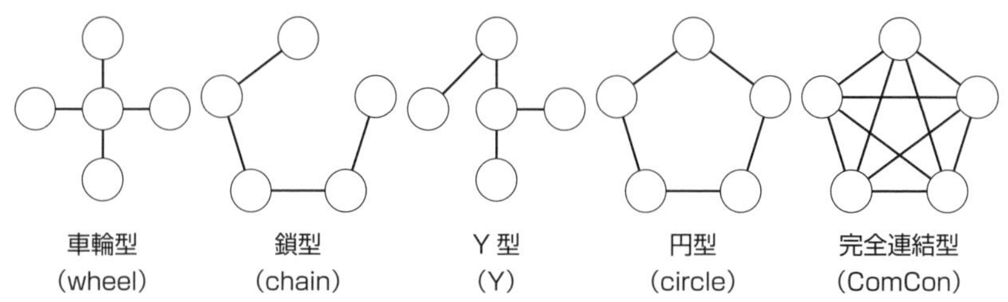

代表的なネットワーク形態としては，車輪型（wheel），鎖型（chain），Y 型，円型（circle），完全連結型（completely connected; ComCon と略されることもある）があげられる（図 1-3）。メンバー間で形成されるコミュニケーション・ネットワークの形態はチーム・ダイナミックスの様相を反映した結果であると同時に，チーム・ダイナミックスの様相に影響をもたらすことになる。

この他，チームメンバーの均質性や多様性，チームの凝集性，チームの風土・文化等も先行要因にあげられるが，これらの特性はチーム・ダイナミックスによって醸成され変化する特性でもある。これらの特性については，先行要因とプロセスとの間で相互作用的に変動するものとして捉えながら議論していくことにしたい。

［2］チーム・ダイナミックスの結果，出力される諸特性

1）チーム効果性　チームの生産性や効率性，あるいはチームによる安全管理や危機対応の品質等のチーム・パフォーマンスを高めるチーム・ダイナミックスはいかなるものなのかを明らかにする取り組みは，チーム効果性（team effectiveness）の研究として豊かな知見をもたらしている。

実践的にも学術的にも高い意義をもつがゆえに，チーム効果性に関する行動科学的研究は，1950 年代には本格的に始まっている（Fiedler, 1954, 1955）。その後も，今日に至るまでチームの効率性に関する実証科学的検討はさかんに行われてきた（e.g. Aubé & Rousseau, 2005; Hackman, 1987; Barrick, Stewart, Neubert, & Mount, 1998; Mathieu, Gilson, & Ruddy, 2006; Spoon, Rubenstein, & Terwillegar, 2021; 山口，2020）。その具体的な成果については第 10 章において論じるが，ここではいくつかの類似概念を紹介しつつ，それぞれの定義を明確にしておきたい。

チームの効果性と密接に関連するがゆえに混乱が生じやすい概念としては，チーム・パフォーマンス（team performance）とチーム力（team competency），そしてチームワーク（teamwork）があげられる。チーム・パフォーマンスは，チーム活動

による成果全般を意味する。チーム活動の目標が，より高い生産性を目指すものである場合でも，正確で的確な安全の維持を目指すものである場合にも，チーム・パフォーマンスは適用しうる広汎な概念である。また，パフォーマンスの概念は，たとえば規定時間以内に完成させるとか，できるだけ早く完遂するといった時間的指標が加わる場合にも適用しうる。したがって，チーム・パフォーマンスとチーム効果性はほぼ同一の概念であるといえよう。

これに対してチーム力は，もともとは個人の目標を達成する力量を表すコンピテンシーの概念を，チームレベルの力量に当てはめたものである。個人のコンピテンシーとは，知識や技能，モチベーションの高さだけでなく，目標を達成しようとする意思力や，困難に直面してもさまざまな視点から解決を試みる柔軟性などを包摂する概念である。チーム力は，単にパフォーマンスを意味するのではなく，そのパフォーマンスを生み出す能力全般を意味する概念であり，チーム効果性に影響を与える変数として位置づくものといえるだろう。

2）チームの発達と変革　チームが存続し発展していくには，環境のさまざまな変化に適切に適応していく必要がある（Katz & Kahn, 1978）。それまでメンバーで共有されてきたルールや規範，あるいは次第にチームに醸成されてきたコミュニケーション・パターンやネットワーク，さらにはコミュニケーションをとるための方法等は，新たな環境への適応に向けて動き出すチーム・ダイナミックスによって，新たなルールや規範，コミュニケーション・パターンへと変化していく。

こうしたチーム・ダイナミックスを経てチームレベルで構築される特性の重要なものとしては，チーム活動の局面局面でメンバーたちが直感的に想起する共通のイメージを意味する「共有メンタルモデル」があげられる。さらには，否定的な評価や攻撃を受けてしまう懸念や恐怖を覚えることなく，また人間関係の悪化を心配することなく，メンバー同士が自分の考えを率直に発言し合える「心理的安全性」も，チームレベルで共有され構築される創発特性として注目される。ただ，チームの凝集性，チームの風土・文化等の先行要因がチーム・ダイナミックスと相互作用しながら変動するのと同様に，共有メンタルモデルや心理的安全性も単なる結果変数というよりも，チーム・ダイナミックスと相互作用しながら変動する特性として捉えることのほうがふさわしいだろう。

3）メンバーの個人レベルの変化と成長　チームレベルの創発特性だけでなく，メンバー個人の知識や技能，能力，態度やモチベーション，リーダーシップ，メンタルモデル等の変化と成長も，チーム・ダイナミックスによって生み出されるものである。チームの持続可能性を高めていく視点からも，メンバー個々の発展や成長を引き出すチーム・ダイナミックスの醸成は重要課題である。特にリーダーシップについては，チームリーダーだけでなく，各メンバーがチームの目標達成に向けて促進的な影響力を発揮できるようになる，すなわち，チーム・リーダーシップを身につけることが重視される。具体的には，チーム全体の活動状況を俯瞰し，気づいたことを伝えたり，必要に応じて支援したり，仕事の仕方を調整したりする行動がとれるようになり，いわゆる「つなぎ」の仕事をしたり，「隙間を埋める」仕事をしたりなどである。それによって，チームの目標達成を促進する行動を各メンバーがとれるようになる成長が期待される。

チームレベルであれ，個人レベルであれ，チーム・ダイナミックスを経て出現する変化や成長は，チームの創造的変革に結びつく重要変数である。第11章において，改めて具体的に論究することにしたい。

読書案内

ハーバード・ビジネス・レビュー編集部（編）DIAMONDハーバード・ビジネス・レビュー編集部（訳）(2019). チームワークの教科書――ハーバード・ビジネス・レビューチームワーク論文ベスト10　ダイヤモンド社（Harvard Business Review / Katzenbach, J. R., Eisenhardt, K. M., & Gratton, L. (2013). *HBR's 10 must reads on teams* (with featured article "The Discipline of Teams," by Jon R. Katzenbach and Douglas K. Smith) Harvard Business Review Press.)

――チームの効果性を高度に発揮するためのマネジメントのあり方を論じた精選論文10本で構成した学術書。多様な観点からチーム力強化の方略について有益な示唆をもたらす。

山口 裕幸（2008）. チームワークの心理学――よりよい集団づくりをめざして（セレクション社会心理学24）サイエンス社

――チームワークの発生・発達過程に関する学術研究の紹介に加え，有効なチーム・ビルディング，チームマネジメントのあり方に関する実践的研究知見も紹介した入門書。

第２章

チームに生まれる全体的心理学的特性

山口裕幸

Key Words
集団心，集団錯誤，還元主義，複雑系科学，集団規範，チームワーク，共有メンタルモデル，暗黙の協調，チーム知性，チーム効力感，チーム学習，心理的安全性，社会物理学

1．「チームの心」を科学する視座

［1］「集団心」をめぐる論争

チーム・ダイナミックスは，規範やチームワーク，心理的安全性等の多様な全体的心理学的特性を創発するが，それらを「チームの心」と捉える考え方は，現在でも一般には根強いものがある。かつて「集団心」の概念をめぐって，社会心理学の領域では活発な論争がなされ，その論争の帰結は，集団を対象とする心理学のアプローチのあり方に強い影響を及ぼしてきている。本章で論じるチームの全体的心理学的特性と，いわゆる「チームの心」と称されるものとは，どのような関係にあるのか明らかにしておきたい。

1）汎心論や社会有機体説に基づく「集団心」の発想　19世紀末から20世紀初頭にかけて，集団や社会，群集に心が宿ることを想定した議論は学界全般に支持される傾向にあった。たとえば，近代心理学の父と称されるヴント（W. M. Wundt: 1832–1920）は，精神は個人だけでなく，それを超えて民族にも宿ると考え，「民族心理学（Völkerpsychologie）」の研究（Wundt, 1900–1920）を行っている。また，群衆心理学の研究で社会心理学の先駆者として著名なル・ボン（LeBon, 1985）は，人間の集まりである群集に精神が創発されるという考え方を基盤に，群衆におけるヒステリーの伝染（精神性の伝播）を主張した。ほかにも，近代社会学の先導者であるデュルケム（Durkheim, 1897）が，集団や社会に共有された心性の存在を論じて，「集合表象（représentation collectives）」という概念を提示している。こうした考え方の潮流は，集団や社会は個人の生活の総和ではなく，それ以上のものであると論じ，集合的精神の実在性を仮定したマクドゥーガル（McDougal, 1920）による「集団心（group mind）」の主張に結びついていった。

人間の集まりに心性を想定する発想は,「精神や意識は遍在し,あらゆるものに存在している」とするプラトンの汎心論の影響を深く受けていると考えられる。汎心論の観点に基づけば,「生命体である以上,そこに何か心のようなものが宿るだろう」という結論へとたどり着くことは自然なことであった。また,20世紀半ば以降に認知心理学が発展してくると,「心の理論（theory of mind; Premack & Woodruff, 1978)」に関する研究が進み,人間は他者やモノが心をもっていると素朴に信じ想定する傾向をもっていることがわかってきた。そのことも合わせ考えると,集団や社会,群集に心の存在を想定する認知様式は,一般の人々のみならず,当時の多くの研究者にも違和感のない素朴なものだったと考えられる。組織科学の文脈でも,オープン・システム・アプローチ（Katz & Kahn, 1978）は広く普及しており,組織をまとまりのあるひとつの生命体のような存在として捉える「社会有機体説」の視点は,組織科学研究の有力な潮流を形作っている。

このように見てくると,集団心の考え方は,素朴に馴染むことのできるがゆえに主流となったといえそうだ。現在でも,一般的なたとえ話としては,集団の心を想定した話は理解されやすいだろう。しかしながら,ほぼ100年前の20世紀に入った時点で,集団心の考え方は,心の科学を標榜する心理学の研究アプローチとしては不適切であるとの指摘がなされ,集団を対象とした心理学研究に制限を加える方向で強い影響を及ぼしてきた。

2)「集団錯誤」の批判　20世紀前半にアメリカにおける実験社会心理学の基礎を築いたオルポート（Allport, F. H., 1924）は,集団や社会において観察される行動や現象を,集団や社会が保持する心によって説明することは非科学的であり,集団心の考え方は錯誤であると批判した。彼の指摘のポイントは,①すべての科学では,（ある現象が発生した原因の）説明は,より原初要素的なレベルへと科学の概念を近づけることによってのみ可能になるのであり,②説明の原理として,個人ではなく集団を代理的に用いることに錯誤の本質がある,というものであった。マクドゥーガルが主張する集団に宿っているとされる心性も,科学的に研究しようとすれば,より原初要素的レベルにあるメンバー一人ひとりの心理を明らかにすることが正しいアプローチであり,集団心を想定することは非科学的であると言明したのである。

もちろん,現在であればオルポートの主張に反論を加えることは可能である。たとえば,彼の指摘のポイント（上記①）に掲げている還元主義的な科学観は,視点が狭隘で偏ったものといえる。ある現象の原因をより微小な要素に求めていく還元主義的なアプローチは自然科学の基盤であり,すばらしい科学の発展を支えてきたことは間違いない。しかしながら,還元主義的なアプローチだけでは,わたくしたちの身の回りで起こっている出来事は説明しきれない。チーム・ダイナミックス研究にとっては，個人の心理や行動が相互作用を通して大局的全体的特性の創発に至る方向性，すなわち複雑系科学のアプローチもきわめて重要なものとして認識する必要がある。

とはいっても，結論として，集団過程において創発される全体的特性を「集団の心」と呼ぶのは，科学的にふさわしくないと認識しておくべきだろう。心は個人内に宿るものであり，集団が宿す全体的な創発特性は，心の概念とは区別される。このことは，チーム・ダイナミックス研究にとって重要な視座となっている。

[2] 複雑系としてのチーム・ダイナミックス

チーム活動のプロセスでは，メンバー個々の心理や行動が互いに影響し合って，チーム全体の特性として成り立っていく。その全体的特性は，メンバー同士で共有されていくものであると同時に，個々のメンバーに還元することはできないまとまりのある特性であることも多い。たとえば，チームの話し合いの結果，メンバーによっては，自分の意見にはなかったり，異なったりする内容が決定された者も含まれる場合がある。チームとして決定した結論は，各メンバーの思考のみに還元しえないものであり，話し合いというチーム・ダイナミックスを経て創発された特性として捉えるべきものであることが多い。

チーム・ダイナミックスは，チームのマイクロ（微視的）・レベルの部分を構成するメンバー個々の心理や諸行動が局所的に相互作用しながら，マクロ（巨視的）・レベルの大局的な秩序を創発するプロセスである（図 2-1）。レヴィンが指摘した集団の心理学的「場」の理論にも描かれているように，チーム・ダイナミックスは，大局的なチームの全体的心理学的特性を創発する方向性だけでなく，創発された特性が，メンバー個々の心理や諸行動に影響を及ぼす方向性ももち合わせている。

ときに，チーム・ダイナミックスの様相そのものを，チームの全体的心理学的特性を示すものとして捉えることもできるが，本章では，チーム・ダイナミックスを経て創発されるチームの全体的心理学的特性には，いかなるものがあるか，具体的に見ていくことにしたい。

2. チーム・ダイナミックスが生み出す全体的心理学的特性

[1] チームの規範

集団規範は，集団メンバーたちの相互作用によって創発される全体的心理学的特性として，古くから注目され，研究が行われてきた（March, 1954; Feldman, 1984）。集団のみならず組織や社会等，さまざまなレベルでの人の集まりに規範の形成が見られ

図 2-1　複雑系（complex system）としてのチーム・ダイナミックスの概念図

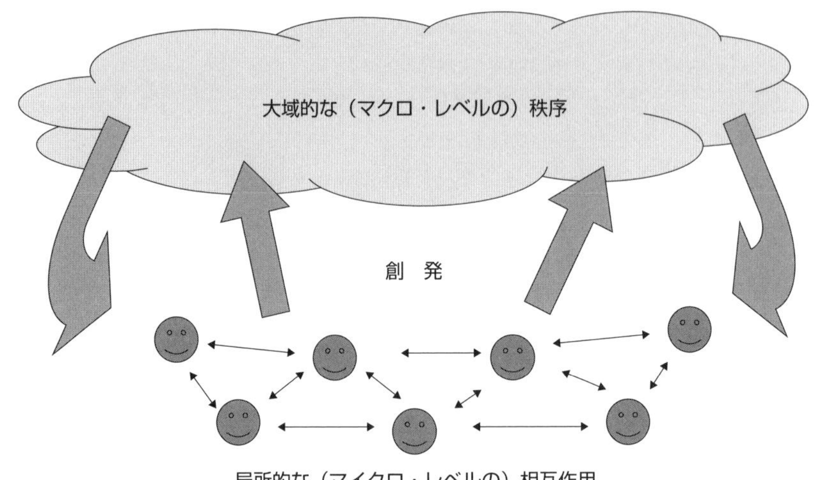

る。当然のことながら，チームにも規範は形成される。チームに備わる規範は，メンバーたちが，チームの一員としてとるべき行動や判断について共有している基準であり，共有された思考様式や価値観なども含む概念である。

規範の生成プロセスに関しては，シェリフ（Sherif, 1936）による自動光点運動を利用した実験室研究で検討されている。彼の実験では，真っ暗な実験室の中で唯一見える光点の移動距離の値を判断するように参加者たちは求められた。各自の判断した値は初期段階では分散しているが，各自の判断値を表明し合う相互作用を繰り返すうちに，１つの値に全員の判断が収斂する現象が見られた。しかも，時間が経過しても，その全員で下した判断への核心は揺るがないものであったことも明らかになった。この結果は，チームが形成された初期段階では，メンバーたちの意見や考え方は異なり分散していても，相互作用によって収斂へと向かう斉一性の圧力が働くことを示すとともに，その収斂した意見や考え方は望ましい基準を示す規範として機能し始めることをも示している。

他方，一度成立した規範は，チーム全体ができるだけ斉一な状態になるように成員の言動に影響を及ぼす特性をもつ。いわば，チームにおける暗黙のルールの役割を果たすようになる。既存のチームへの新規参入者は，そこに存在する規範を認知して，それまで自己が保持してきた認知体系との食い違いやズレを調整して，規範に順応していく行為を，多かれ少なかれ行っている。この行為は，自覚的にせよ無自覚的にせよ，環境への適応行動としてごく自然に行っていることである。それは，規範がその場における妥当で適切な行動や判断のあり方を示す情報的な影響力をもつことを意味している。ただし，それだけでなく，規範が斉一性の圧力をもつことで，メンバーにとっては，規範に準じた行動や判断をするように命令的な影響力を及ぼす存在にもなることに注意したい。

なお，規範研究における最大の課題は，規範を客観的に測定することにあるといってよい。いかなる規範がチーム内に成立しているかを確かめるには，成員たちのとる言動のパターンを観察したり，集団で共有されている判断や行動の暗黙のルールについて成員たちが感じ取っていることを質問紙調査やインタビューによって測定したりする手法をとることが可能である。しかし，これらの手法では，個人レベルの反応データに基づいて，チームレベルの特性を数学的に合成することになる。そうしたアプローチを生かす流れのなかで，ジャクソンが提唱したリターン・ポテンシャル・モデル（Jackson, 1960）は，組織や集団，チームに存在するとメンバーが認知する規範をグラフ化するものであり，規範を可視化する取り組みとして評価されている。このモデルについては，第3章において具体的に説明する。

規範は，チーム・ダイナミックスによって生成され，変動する全体的心理学的特性の代表格である。チームに存在する規範を可視化するには，チーム活動中のメンバー全員の行動を緻密に観察し，記録したビッグデータの効果的な解析と，質問紙調査やメンバー間のメールや会話によるコミュニケーションの内容分析とを組み合わせた総合的なアプローチが有効であると考えられる。カメラや記録媒体等，測定機器が飛躍的に発展している。人工知能との組み合わせにより，将来的にチーム規範の変動の様相を可視化して，チームを取り巻く諸変数との関連性を明らかにすることが可能になれば，いかなるチーム・マネジメントの働きかけが，チーム規範の健全化を導くか精密に検討できるようになるだろう。有効なチーム・マネジメントのあり方を探究するうえで，規範研究は今後も重要な位置を占めることになる。

[2] チームワーク

チームワークの概念には広がりがある。素朴なレベルでは，個人で完結させることのできるタスクワークに対して，複数の人間が協同すること，すなわちチームで完結させることのできる仕事をチームワークと呼ぶ定義もある。これに対して，チームで活動するときのメンバーの行動に注目してチームワークの概念に迫るアプローチもあって，たくさんの行動分類学的知見が報告されている（e.g. Rousseau, Aubé, & Savoie, 2006; 佐相・淡川・蛭子，2006)。たとえば，「チームへの適応」「コミュニケーション」「行動の調整」「他のメンバーの行動モニタリング」「状況認知の共有」「援助行動」「情報の共有」等があげられる。

これに加えて，チームワーク行動を促進する心理的な特性にも視野を広げて研究するアプローチもさかんになった。それまで社会心理学者たちが検討してきた集団凝集性（cohesiveness）や集団統合性（syntality），連帯（一体）感（solidarity），士気（morale）といった特性は，チームワーク行動を促進する心理的要素として注目された。近年では，チームワーク行動に影響を及ぼす心理的要素については，チーム認知（team cognition）の枠組みで研究が進みつつある（Cannon-Bowers & Salas, 2001; Klimoski & Mohammed, 1994; Salas & Fiore, 2004）。チーム認知とは，メンバーの知識体系や情報の解釈などの認知に焦点を当てた，認知の集合を表す広範な概念を意味している。

チームワークの概念は多様かつ広範であるが，円滑な行動連携や迅速な意思疎通等，チーム認知に該当する心理的側面は効果的なチームワークを論じるときのカギを握るものとなっている。山口（2008）は，チームワークをめぐるさまざまな議論を総括して，心理的側面まで包含する概念として次のように定義している。チームワークとは，チーム全体の目標達成に必要な協働作業を支え，促進するためにメンバー間で交わされる対人的相互作用であり，その行動の基盤となる心理的変数も含む概念である。本章でも，チームワークの概念はこの定義に沿って捉えていく。

チームワークに関しては，チーム発達論の観点から，チーム・ダイナミックスを通してチームレベルで学習される特性として捉える理論も多くの注目を集めてきた（Dickinson & McIntyre, 1997; Salas et al., 2000）。ディキンソンとマッキンタイア（Dickinson & McIntyre, 1997）が提示したチームワークの学習モデルは，コミュニケーションを基盤に，チームワーク行動（モニタリング，フィードバック，支援，相互調整）を経験することで，チームワークの心理学的側面（チームの指向性，チーム・リーダーシップ）が育成されていき，その後のチームワーク行動につながっていくという学習ループを想定している。シンプルな理論であるが，チームワーク測定の枠組みを検討する際の基盤を提供する役割を果たしている（e.g. Marks et al., 2001; 三沢・佐相・山口，2009）。

チームワークの測定は，目に見えにくい心理的側面を伴うために，その必要性は切実に認知されていても，試行錯誤の状態が続いているといえるだろう。チームワークの心理的側面に光を当てるチーム認知研究は，チームワークを可視化する取り組みにとって貴重な知見をもたらす可能性を大きくもっている。具体的には，共有メンタルモデルやチーム・メンタルモデル，チーム知識，チーム知性，分有型記憶システム，チーム・コンピテンシー，チーム・モチベーション，チーム効力感等のトピックが取り上げられてアプローチが進んでいる。チーム認知に関しては第6章で詳細に論じられるので，ここでは各トピックに関する研究について簡潔に概観していくことにする。

[3] チーム認知

1) 共有メンタルモデル（チーム・メンタルモデル） 共有メンタルモデルとは，メンバーが共有している体系化された知識や理解，心的表象と定義される（e.g. Cannon-Bowers et al., 1993, Orasanu & Salas, 1993）。メンタルモデルは，個人レベルの認知におけるスキーマの一種であり，認知する対象のシステム（ひとまとまりの物事の仕組み）を記述し，説明し，予測する認知的メカニズムを意味する概念である（Rouse & Morris, 1986）。メンタルモデルの構築は，対象となるシステムのモデルを心的に構築することを意味し，そのシステムへの理解を深め行動を起こす前に何が生じうるかを予測することを可能とする（Johnson-Laird, 1983）。かみ砕いて表現すると，ある状況に直面したとき，視覚や聴覚，嗅覚，触覚等の五感を通して直感的に発想するイメージの総称がメンタルモデルである。たとえば，火災が発生した家屋内においてチームで消火活動に従事していた消防士の一人が，現場の風景や音，匂い，雰囲気などからなんとなく直感的に屋根が崩落する危険を察知して，現場の全員に避難命令を出すようなシーンを思い浮かべてもらうとよいだろう。消防士のメンタルモデルは日頃の訓練や経験してきた消防活動を通して構築されており，直感的な判断に結びついているのである。

メンタルモデルをチームのメンバーで共有しているとき，共有メンタルモデルと呼ぶ。ただ，この場合の共有が意味しているのは，共通するメンタルモデルをメンバー全員が保持している状態である。共有メンタルモデルを測定しようとすれば，基本的には個人レベルのメンタルモデルの様相を把握して，全メンバーに共通する部分を割り出すアプローチをとることになる。

これに対して，チーム・メンタルモデルという概念も提示され，実証的研究が行われている（DeChurch & Mesmer-Magnus, 2010; Langan-Fox et al., 2000; Mohammed et al., 2000）。共有メンタルモデルとチーム・メンタルモデルを同等のものとして見なしている研究が多いが，メンバーが個人ごとに保持していたメンタルモデルの一部を皆で共有する場合のみならず，メンバーが個人レベルでは保持していなかったメンタルモデルがチーム・ダイナミックスの相互作用を経て新たに醸成され構築される場合も視野に入れた研究もある（Mohammed et al., 2000）。ただ，概念の提示はなされても，チーム・メンタルモデルは目に見えない特性であるがゆえに，測定と可視化が研究を進めるうえでの大きな課題となっている。

なお，共有メンタルモデルは，チームとして状況に応じた的確でまとまりのある行動選択を可能にする可能性をもたらし，優れたパフォーマンスを示すチームの特性として指摘されている「暗黙の協調（implicit coordination）」の実現へと結びつくことに関心が集まっている（Rico et al., 2008; Shteynberg & Galinsky, 2011）。暗黙の協調とは，メンバー同士が阿吽の呼吸で調和した的確な行動を選択する現象を意味している。これによって，コミュニケーションや意見の食い違いの調整にかかるワークロードが軽減され，円滑で生産性の高いチーム活動が実現されることになる。今後，効果的なチーム・マネジメントやチーム・ビルディングを検討するうえで，共有メンタルモデルの効果的な構築手法は，重要な研究課題になっている。

2）チーム知性　チーム知性（team intelligence）の発露を取り扱った研究としては，集団意思決定研究を真っ先に取り上げることができる。個人単独で考えるよりも，集団の合議によって，より的確で創造的な決定を導くことができるのか実証的な検討が続けられてきた（e.g. 亀田，1997; Kameda et al., 2003; Kerr & Tindale, 2004; Stasser & Davis, 1981; Tindale & Winget, 2019）。合議による決定の的確性や創造性はチーム・パフォーマンスの文脈で取り上げられることが多いが，チームレベルで創発される知性が反映されるプロセスとして捉えることもできるであろう。集団意思決定の研究の流れを生かしながら，合議による決定のみならず，チーム知識の研究やチームレベルの記憶システムの研究，さらには状況に適応的なフレキシブルな反応選択等，チーム知性に関連する研究の裾野は広がりつつある。

チーム知識（team knowledge）とは，個人レベルで保持する知識の集合にとどまらず，チーム・ダイナミックスを経てメンバー間の共有が進み，チームレベルの知識や知恵として創発されたものを意味している。それらの知識や知恵は，旧メンバーが去り，新メンバーが加入してきても，既存の他メンバーとの相互作用を通して新メンバーに伝達され，チームに継承されていく特性をもっている。チーム知識の構築は，的確で円滑なメンバー間のコミュニケーションと相互理解を促進し，協調してチーム活動に従事することを可能にすると期待されている（Espinosa & Clark, 2014; Guchait et al., 2016; Rico et al., 2019）。

メンバーたちはチーム活動を通して莫大な規模の知識や知恵を獲得していくが，それらを他のメンバーと共有するのは容易ではない。単にコミュニケーションを促進して，情報交換を頻繁に行っても，各メンバーがすべての知恵や情報を保持できるとは限らない。個人レベルの保持容量を超えてしまう事態は容易に想像できる。そのような情報管理の問題を克服するために工夫されているのが，対人交流記憶システム（Transactive Memory System，以下，TMS）である。TMSは，分有型記憶システムとも表現できるもので，チームの誰が何を知っているかについてチーム内で共有する仕組みを意味する。ウェグナーの研究（Wegner, 1987）が導火線となって，チーム認知の中核的テーマとして研究が進められている（Lewis, 2003; Hollingshead & Brandon, 2003; Zhang et al., 2007）。

TMSの客観的測定を行ったルイス（Lewis, 2003）によれば，TMSを構成する要素は，①メンバー間の専門性の理解，②相手の知識や情報への信頼，③メンバー間の情報共有・提供の3つであった。つまり，誰が何を知っているかだけでなく，メンバー間で情報のやり取りを効率よく行い，さまざまな情報をチーム全体で記憶（共有）している状態であることが，TMSが機能していることを意味する。TMSはチームに保持されている知識や知恵等の情報資源の保管場所に関するメタ認知をメンバーで共有している状態として捉えることもできる。各メンバーが獲得し，保持している情報がどのようにして他のメンバーたちに伝達され，共有されていくのかについても，ネットワーク分析の発展によって，さらに緻密な研究が可能になりつつある。

なお，知識や情報の獲得，保持，伝達だけでなく，直面する問題をチームで解決する過程で，メンバーたちが知識や知恵を出し合って，チームとしての対応策を生み出す活動に関心を寄せる，チーム知性の研究も進められている。チーム知性研究の発端は，ウーリーとマローンがHarvard Business Review誌上に掲載した“What makes a team more smarter? More woman.”（チームをより賢くするポイントは何？もっと女性を参加させることだ：筆者意訳）と題する小論文であった（Woolley & Malone, 2011）。これは，メンバーのジェンダー多様性がチーム知性を高めることについて実証的に検討した研究報告であった。それまでにも，集団意思決定の的確性や創造的アイディアの生成に関する検討は行われていたが，ウーリーらの研究は，チームレベルの賢さや知性に対する関心を高める役割を果たしている。他方，ポジティブ心理学の潮流を受けて，情動知性がメンバー間で働くときにメンバーの幸福感が高まりチーム・パフォーマンスが促進されることの検討，さらには集合知性（collective intelligence）をチームレベルに適用する研究など，バラエティに富んでいる。

チームレベルの知性を問う場合，それが高知能を有する一人のメンバーの認知を反映するものなのか，メンバー全員が相互作用してチーム・ダイナミックスの結果として発揮する知性なのか，明快な区別を行うことの難しさが残っている。今後，さらなる検討が期待されるテーマといえるだろう。

3）チーム効力感，チーム・モチベーション　効力感もモチベーションも基本的に個人レベルの概念である。効力感は，ある状況において目標を叶えるために適切な行動を遂行することができると認知していることを意味する概念である。これは，自己に対する認知としてバンデューラ（Bandura, 1977）が提示したもので，基本的には自己効力感（self-efficacy）の用語が定着している。モチベーションは動機づけの意味であり，一定の方向に向けて行動を起こさせ，持続させる過程や機能の全般を指す概念である。こちらも基本的に個人レベルの心理に焦点を当てた概念である。

これらの概念をチームレベルで想定することは，上述したように科学的とはいえないかもしれない。しかし，効力感やモチベーションがメンバーたちに共有されることで，チームレベルの特性として創発される場合に注目する研究が進められてきた(Gully et al., 2002; Foss & Lindenberg, 2012; Rapp et al., 2014)。バンデューラ自身も自己効力感が集団レベルに拡張する可能性について指摘している（Bandura, 1997)。わが国でもチームスポーツの領域でチームレベルの効力感の影響を検討した研究が見られる（河津・杉山・中須，2012；内田・土屋・菅生，2011)。とはいえ，これらの研究が焦点を当てているのは，メンバーの相互作用によってチームに創発された効力感というよりも，メンバー各自が保持する効力感の集合と呼ぶべきものであり，collective efficacyと記述されることも多い。また，その測定は個人レベルの主観的評価を質問紙調査法によって収集し，分析して求めるものである。まさに集合的（コレクティブ）な（collective）効力感を扱っていることになる。

チーム・ダイナミックス研究が焦点を当てる，チームレベルで保持される創発特性としてのチーム効力感は，複雑系科学の発展もあって，その概念については理解を得られる段階に進んでいる。そして，その実態を客観的に把握する取り組みは，今後の重要課題として認識される。精密な行動観察と測定に基づくビッグデータ解析や複雑系計算学のアプローチ等，さまざまな工夫によって，この課題を克服する取り組みが進みつつある。

[4] 心理的安全性

心理的安全性とは，エドモンドソン（Edmondson, 1999）によれば，「チームにおいて，自分が発言することを他のメンバーが恥じたり，拒絶したり，罰を与えるようなことはしないという確信をメンバーがもっており，率直に自分の意見を伝えても対人関係を悪くさせるような心配はしなくてもよい安全な場所であるという信念がメンバー間で共有されている状態」を意味する。この信念は，メンバー個人としても，チーム全体としてもいちいち注意を払わずに，共有されていることがほとんどであるとエドモンドソンは説明している。

心理的安全性の概念は，古くから組織の成長や変革を重視する文脈で，シャインとベニス（Schein & Bennis, 1965）や，オープン・システム・アプローチをカッツ（D. Katz）とともに提唱したカーン（Kahn, 1990）によって提示され，その重要性が指摘されていた。そして，センゲ（Senge, 1990）によって提唱された「学習する組織論」が指摘するチーム学習の重要性に関心が集まるなかで，エドモンドソン（Edmondson, 1999）が，チーム学習を支え促進するために不可欠な要素として改めて心理的安全性を取り上げた。それによって，研究者のみならず広く実務家の関心も集め，活発な実証的研究が行われるようになった。

シャインやカーンといった組織科学研究の巨人たちがすでに言及していたにもかかわらず，改めてエドモンドソンが取り上げた心理的安全性は，なぜ強い関心を集めたのであろうか。

シャインとベニス，カーンたちは，組織で働く個人が心理的安全性を認知することに焦点を当てていた。それに対してエドモンドソンは，組織やチームに備わる特性としての心理的安全性に焦点を当てたのである。個人が組織やチームの諸特性をどのように認知するかは重要である。ただ，その認知の対象となる組織やチームが，そのメンバーによる変革を目指した挑戦を支援する態勢をとり，たとえ失敗しても，叱責や非難ではなく，そこから学ぶことの大切さを重視して許容する文化や風土，あるいは規範を備えていることが先行要因として必須であることを彼女は重視したのである。心理的安全性は，組織やチームのメンバー間の「共有された信念」であることが彼女の主張の核心だといえるだろう。

なお，エドモンドソンは心理的安全性の概念を正確に理解するポイントを３つ示している。それは，①記述した心理的安全性を組織やチームの共有信念として捉えること，②心理的安全性はメンバーの潜在意識に深く浸透して，メンバーが無自覚のうちに行う判断や行動に影響を及ぼすこと，そして③心理的安全性は，組織やチームの**快適で居心地の良い状態を意味するものではない**ことを強調している。特に③は，心理的安全性への誤解を避ける意味で重要である。たとえば，自分の思いを率直に表明するヴォイシング（発言行動）（voicing）が活発に行われる組織やチームは，緊張感にあふれた場となることが多い。組織やチームに心理的安全性が備わっていることを反映する状態は，温かく快適で居心地の良いものというよりも，挑戦することに価値を置く，身の引き締まるような雰囲気に満ちたものになるだろう。心理的安全性とは，メンバーを挑戦へと動機づける心理的全体的特性として捉えることが適切であろう。

心理的安全性を醸成する先行要因や心理的安全性が組織やチームにもたらす影響について，エドモンドソンとレイ（Edmondson & Lei, 2014）が多様な研究成果を統合的に分析している（図 2-2）。この図に示された変数間の関係は，チームがおかれた状況や経緯（文脈）に関する諸変数と，チームワークに関連する諸変数（チームの特性・特徴およびチーム・リーダーシップ，メンバーとの社会的相互作用，問題解決の効力感，チームとの信頼関係等）が，チームの心理的安全性に影響を及ぼすつながりをもつことを示している。そして，心理的安全性は，情報共有や葛藤発生頻度を介しながらチーム学習を高め，チーム・パフォーマンスと意思決定の質に影響する関係にあることを示している。なお，リーダーシップに関しては，リーダーの開放性（openness），話しやすさ（accessibility），話す機会の作りやすさ（availability）の３

図 2-2　心理的安全性と集団レベルの諸変数との関係性
(Edmondson & Lei, 2014；筆者による訳編)

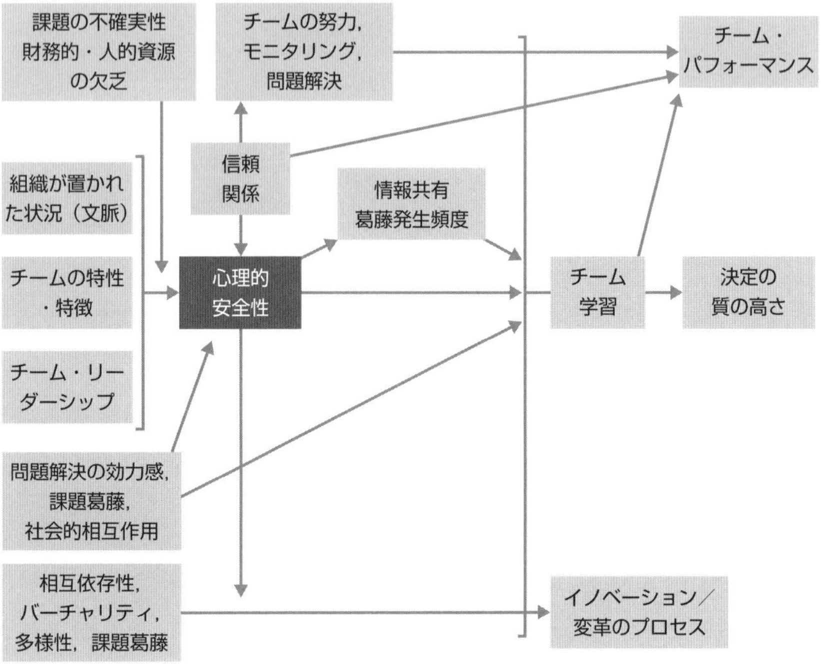

つの要素からなる包摂的リーダーシップが高度に実践されているほど心理的安全性の醸成も促進されることが明らかにされている（Nembhard & Edmondson, 2006）。心理的安全性に関する実証研究の成果については，青島・山口（2021）がわが国における研究成果も含めて包括的に概観しており参考になる。

3. チームの全体的心理学的特性に関する研究の課題

チームの全体的心理学的特性の解明とその影響性に関する研究のさらなる発展のためにはいくつかの課題をあげることができる。ひとつには概念定義を明確に行う取り組みがあげられる。本章の冒頭で紹介したように，集団心のような発想は，もともと人間の認知システムに備わっているさまざまなバイアスが助長している側面もある。チーム・ダイナミックスが生み出すさまざまな心理的全体的特性についても，言語的あるいは感覚的には違和感がなくとも，客観的に把握できる存在であるかを綿密に問い，その把握の仕方を多様な観点から検討することが大事である。

概念定義の明確化と深く関連する課題として，測定の問題があげられる。たとえば，心理的安全性は，目に見えにくい特性であり，現状では，組織やチームのメンバーに心理的安全性の認知に関連する質問に答えてもらい，それを集計することで，当該の組織やチームにどの程度の心理的安全性が構築されているかを把握するアプローチが主流になっている（Carmeli, Brueller, & Dutton, 2009; Edmondson, 1999）。規範やチームワーク，チーム認知に関する諸概念も同様のアプローチに依存する状態は続いている。個々のメンバーの主観的評価を集計するアプローチでは，組織やチームに複雑系としてまとまりある形で存在する心理的安全性を可視化するのには十分とはいえない。心理的安全性に関する研究の多くが事例研究によって推進力を得ているのも，現状で認識されている限界を克服するひとつの手立てといえるだろう。質的研究の発展もあり，事例研究はさらに活性化する可能性が高い。しかし，主観的なナラティブ・データをもとにする分析である以上，客観性には一定の限界を覚悟しなければならない。

こうした問題を克服するには，メンバー同士の日常的なコミュニケーション行動を測定し，それが織りなすネットワーク形態をビッグデータとして収集し，分析する社会物理学的手法（e.g. Pentland, 2010, 2014; 矢野，2018）等が，有効なアプローチとして期待される。とはいえ，このようなアプローチは，現象を正確に記述する点で大きな利点をもつ一方，その現象が生じた理由や，個々のメンバーの心理と相互作用過程で創発される特性の特徴を明らかにするのには限界も抱えている。

メンバーの心理や行動のマイクロ・レベル特性の測定結果と，組織全体・チーム全体の特性のマクロ・レベル特性の測定結果を組み合わせつつ，ミクロとマイクロの相互作用の特徴を分析する多段階アプローチが，心理的安全性をはじめとする組織やチームに備わる諸特性を的確に把握し可視化するのには有効であると考えられる。メンバー間に共有される心理的全体的特性としての概念を的確に測定する工夫は，チーム・ダイナミックス研究における重要課題といえるだろう。

読書案内

センゲ，P. M. 枝廣 淳子・小田 理一郎・中小路 佳代子（訳）（2011）．学習する組織——システム思考で未来を創造する　英治出版（Senge, P. M. (2006). *The fifth discipline : The art and practice of the learning organization*. New York, NY: Doubleday.）

——変化が激しく予測不能な時代にあって，さまざまな失敗やショックを経験しても復元するレジリエンスをもち，そこから学習して，自律的に変革し進化し続ける組織のあり方を論じた名著。

エドモンドソン，A. C. 野津 智子（訳）（2014）．チームが機能するとはどういうことか——「学習力」と「実行力」を高める実践アプローチ　英治出版（Edmondson, A. C. (2012). *Teaming: How organizations learn, innovate, and compete in the knowledge economy*. San Francisco, CA: Jossey-Baas.）
——チームのメンバー構成や課題遂行スタイルが多様化する社会において，チームとして学習する力，実行する力を兼ね備えた新時代のチームの作り方について論じ，示唆に富む著書。

各論 I

チーム・ダイナミックス

第３章

チームにおける規範および風土

三沢 良

Key Words
規範，リターン・ポテンシャル・モデル，風土，風土の強度

どのチームも，独自の雰囲気やカラーといえる特徴を備えている。和気あいあいとした雰囲気で仕事に臨むチームもあれば，やや殺伐とした雰囲気で淡々と仕事をこなすチームもある。また，経費削減と顧客サービスのどちらを重視するのか，作業の効率性と安全性のどちらを重視するのかなど，慣習としての優先順位のつけ方がチームによって異なることもある。こうしたチームの特徴を説明する心理学的特性が規範（norm）および風土（climate）である。本章では，チームが規律と秩序をもって活動するために重要となる規範と風土について，その性質と働きを概説し，これまでの理論的整理と実証研究で示されている主な知見を紹介する。

1．チームに存在する暗黙の掟

[1] チームの規範とその働き

チームが目標達成に向けて活動し，相互作用を深めていくにつれ，メンバー同士の考え方や行動の様式は次第に似通ったものとなる。これはメンバー間での価値観や仕事観の共有が進み，そのチームで妥当とされる態度・行動の判断基準が形成されるためである。チームにおける標準的な態度・行動についてメンバーが共有する判断の枠組み（参照枠：frame of reference）が規範である。チームの規範の内容は，公式な規則として明文化されることもあるが，むしろ外からは見えづらい非公式な「暗黙の掟」として存在することが多い。

かつて米国のシカゴ郊外の工場で行われたホーソン研究では，職場の人間関係などの社会的要因が，作業能率や生産性向上に無視できない影響を及ぼすことを示す豊富な知見が見出された。そのなかで，レスリスバーガーとディクソン（Reslithberger & Dickson, 1939）は，ある作業チームでは，公式に設定された目標ではなく，それよりも低い水準で作業量を維持しようとする非公式な生産制限規範が形成されていたこと

を報告している。作業チームの大半のメンバーは非公式な規範に従い，作業量が多いメンバーは牽制され，その規範に反する言動は排除されていた。

上記の生産制限規範は，チームの成果に悪影響を及ぼした例であるが，規範が目標達成や高業績を指向するものであれば，チーム全体の生産性向上に寄与することが期待できる。規範はメンバーが自由気ままに動く烏合の衆ではなく，秩序と規律を備えたチームとして存在するために必要な基盤である。いつ，目標達成に向けた活動を方向づけ，どこで，どのような行動をとることが望ましく，それらがチームへの貢献として認められるのかどうかの判断基準となる。それに適った行動はチーム内で奨励・称賛され，逸脱した行動は非難や軽蔑の対象となる。メンバーは互いに社会的な圧力をかけ合い，その結果として行動に斉一性がみられるようになる。規範の内容は，職場での適切な服装，礼儀，メンバー同士の連絡や交流の仕方，助け合いや相談の方法，出勤時間や残業時間，その他仕事への取り組み方など，さまざまな面に表れる。

メンバーは規範に従うことで，チームの一員としてのアイデンティティを確かなものにする。チームを構成するメンバーとそれ以外の人々との境界線を明確に認識し，チームへの所属意識をもてるようになる。さらに，規範に基づいてチーム全体に秩序と規律が生まれると，メンバーは互いのとるべき行動を予測しやすくなり，円滑に協力して職務に取り組むことができる。メンバーはチームの規範に行動を拘束されるが，一方で規範がもたらす秩序と規律による恩恵も受けるのである。

[2] 規範の種類

一般に，規範には記述的規範（descriptive norm）と命令的規範（injunctive norm）との二種類がある（Cialdini, 2012）。記述的規範とは，チーム内で多くのメンバーが実際にとっている行動様式を表す。たとえば，ミーティング開始前の実際の集合時間，受け取ったメールの返信時期など，日常的に観察される多くのメンバーの標準的な行動パターンがこれにあたる。

命令的規範とは，チーム内でメンバーが「行うべき（ought to）」行動様式を表し，評価的な意味と社会的圧力が付随する。つまり，命令的規範に従って行動すればチーム内で高く評価されるが，規範から外れた行動をとると他のメンバーから非難や批判が投げかけられる。なお，命令的規範はそれが方向づける行動の観点から，推奨規範（prescriptive norm）と禁止規範（proscriptive norm）に区別することもできる（Sorrels & Kelly, 1984）。推奨規範は，チーム内で「～すべきである」と積極的に行うことが奨励される望ましい行動様式を表す。一方，禁止規範は，チーム内で「～してはならない」と控えるように禁止される好ましくない行動様式を表す。

記述的規範から外れても，そのメンバーは独特で風変わりな人物とみなされるかもしれないが，行動を強制するほどのものではない。しかし，上述のとおり，命令的規範に従わないメンバーは，不適切な行為をする人物としてチーム内で低く評価され，時に制裁を伴う強制力が働く。実際のチームでは，記述的規範と命令的規範が同じ行動を方向づけていた場合に，規範の影響力は最も大きくなると考えられる。

ハックマン（Hackman, 2002）は，組織内で活動するチームが有効に機能するためには，チームが外部との関係を意識した2つの中核的規範（core norm）を確立することが必要と指摘している。

①チーム活動への積極的関与を促す規範　チームが直面している状況を継続的に注視し，変化に適応した職務遂行の方略を調整・発案することを奨励する。この規範を確立することで，不適切な遂行方法がとられるリスクを避け，状況変化に伴って生じる好機や障害の見落としを防ぐことができる。

②必須の行動と厳禁の行動を明確にする規範　メンバーが「必ず実施すべきこと」と，「絶対にしてはならないこと」を明確にする。つまり，重視する推奨規範と禁止規範をチーム内でしっかりと共有することである。チームではよかれと判断した行為が，組織で定められた規則や要求事項に違反していることが，不祥事や産業事故では見受けられる。この規範の確立は，組織内におけるチームの逸脱・暴走を防ぐとともに，確実なパフォーマンスの発揮に役立つ。

[3] チーム規範の形成と発達

規範の形成に関する古典的研究として，シェリフ（Sherif, 1936）の小集団実験がある。実験の参加者は，集団で完全暗室に入り，その中での光点運動の移動距離の判断を求められた。最初はばらばらだった判断値は，試行を繰り返すにつれ，徐々に収斂していった。この共通の判断の枠組みが，規範の原型と考えられている。

規範はメンバーがチームでの活動を通して，それを円滑に進めていくために必要なことを理解し，徐々に形成されていく。しかし，チームにおける重要な決定や出来事により，規範の発達が急速に進展することも多い。フェルドマン（Feldman, 1984）は，規範の主な発達過程として以下の4つを指摘している。

1）管理職やリーダーからの明示　チームを統率する立場にある管理職やリーダーが，目標達成に向けてメンバーに期待する役割や仕事の進め方を明示し，その内容が規範として定着することがある。チーム内の秩序を維持するため，服務規律のような規則として明文化される場合もある。また，チームに長期間所属する古参メンバーが，管理職やリーダーに代わって，新入メンバーに規範を明示的に伝達することもある。

2）重大な出来事の発生　チームの成功や失敗に関わる重大な出来事の発生を契機に，それまでの慣習に基づいて，あるいは慣習を見直すことを通じて，規範が定着することがある。たとえば，午前中のミーティングで建設的な提案が数多く出されていたことを踏まえ，以後のチームのミーティングは早朝に実施を合意するといった場合である。あるいは，ミーティングが時間の浪費に終始していることに気づき，今後は毎回アジェンダを設定する，他のメンバーが発言している途中で口をはさまないことを申し合わせる，などの対応により，規範の定着が促される。

3）最初の行動パターンの定着　特別な意図はなく，最初に偶然行われた行動パターンが，そのままチーム内での慣習となり，規範として定着することがある。たとえば，初回のキックオフ・ミーティングで採用した議論の進め方，着席した座席の位置に従い，次回以降のミーティングも同様に行われる場合がこれにあたる。

4）他の組織・チームからの伝達　他の組織やチームに存在した規範が，そこに在籍したメンバーの異動とともに伝達されることがある。異動してきたメンバーは，自身の過去の経験に基づいて新たに加入したチームでの職務に取り組む。その取り組み方が，他のメンバーにも役立ち，チーム全体の効率性を高めると認められれば，規範として定着する可能性がある。

［4］規範の測定

チームの規範を定量的に記述するのに有効な測定法として，ジャクソン（Jackson, 1960）のリターン・ポテンシャル・モデル（return potential model）が知られている。この測定法により，チームの規範は図3-1のようなグラフとして記述される。この図には，グループ・ディスカッションでのメンバーの発言回数に関する架空の規範が例示されている。横軸は行動の程度（図では発言回数），縦軸は他のメンバーから受ける評価の程度（肯定的または否定的）を表している。各行動に対する評価の平均をプロットし，描いた曲線からチーム内で許される行動の許容範囲，理想とされる行動様式である最大リターン点などの特徴を把握できる。

こうした測定法は知られているものの，現在のチーム研究で規範に直接的な関心が向けられ，測定と検討の対象にされることは少なくなっている。メンバーが共有する行動の参照枠への関心は，情報や認知の共有をより精緻に扱う共有メンタルモデルなどのチーム認知（第6章）の領域に継承されて進展している。また，規範の影響は，特定の場面や問題に関する特定の行動様式だけに留まらず，チームの雰囲気や職場環境に関するメンバーの認知にまで及び，広く態度や行動を左右することが指摘されて

図 3-1　リターン・ポテンシャル・モデル（Jackson, 1960 を参照して作成）

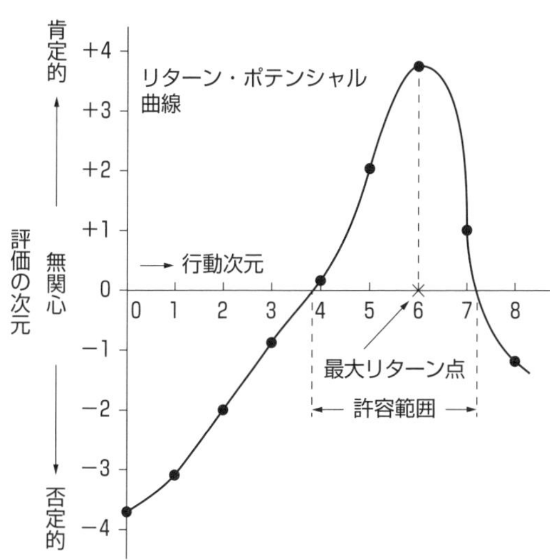

最大リターン点：
最も肯定的な評価が得られる理想的とされる行動パターン（図では 6 回）。

許容範囲：
他のメンバーから否定的な評価を受けない行動パターンの範囲（図では 4～7 回）。

規範の強度：
各行動パターンに対する評価の絶対値の合計。この値が大きいほど，規範の遵守を肯定的に，規範からの逸脱を否定的に評価する程度が強いことを意味する。

規範の結晶度：
個々のメンバーの認知する評価の一致度。各行動パターンに対する評価の分散の和として算出される。この値が小さいほど，規範の共有度が高いことを意味する。

いる（Caldwell & O'Reilly, 2016）。つまり，メンバーは規範を手がかりにして，チームでの担当職務の意義や重要性を理解・解釈し，チーム内の職場環境の特徴を認知する。こうした広範な影響をもたらす職場環境認知は，次節で述べるチーム風土として研究が行われている。

2. チームを動かす雰囲気

[1] チームの風土

風土の概念の源流は，レヴィン他（Lewin et al., 1939）による社会的風土の研究まで遡ることができる。彼らは 3 種類のリーダーシップ・スタイル（民主型，専制型，放任型）に応じて，集団の雰囲気や生産性に違いが生じることを実証した。近年の理論および実証研究では，風土は組織およびチームで起こる出来事や活動の特徴を反映したメンバーの集合的な認知として扱われている。

研究動向としては，組織レベルの風土に関する研究知見が先行して数多く蓄積されている。組織風土の概念（Schneider, 1990）を参考に，チーム風土は，チームにおいてメンバーが認知する規範，態度，期待の集合体と定義される（Pirola-Merlo et al., 2002）。風土は，明示された目標・方針に基づき，メンバーがともに活動することで次第に認識されていく。互いの顔がわかる比較的小規模の人数で活動するチームにおいては，メンバーは日頃から頻繁に相互作用を交わし，職務経験を共有する機会も多いため，風土の特徴は顕在化しやすい。

［2］風土の種類

チーム風土は，チームが活動する領域に応じて，その特徴を表す複数の側面を想定できる。一般的なチーム風土を扱うよりも，特定の側面に焦点を当てたほうが，活動領域に即した具体的な検討が可能となる。既往研究にみられるチーム風土の主な種類を表3-1に示す。以下では，実証研究で特に検討されることが多く，知見も豊富な4種のチーム風土について概説する。

1）サービス風土（service climate）　サービス風土は，顧客の満足やロイヤルティを重視する組織の関心の強さを表す。チームのサービス風土とは，チームで賞賛や支援を受け，実現が期待される顧客サービスとその品質を提供するための慣習，手続き，行動に関して，メンバーが共有する認知と定義される（Schneider et al., 1998）。販売店，銀行，ホテルなど，顧客サービスが重要な業種のチームを対象に実証研究が行われてきた。多くの研究はシュナイダー他（Schneider et al., 1998）の4次元モデル（全体的サービス風土，顧客志向，管理実践，顧客フィードバック）に基づきサービス風土を測定している。これまでの知見から，サービス風土は顧客満足度やサービスの質の評価の向上に寄与することが示されている（de Jong et al., 2004; Schneider et al., 1998）。また，サービス風土は，メンバーの組織市民行動を促進し，間接的に顧客満足に影響するという媒介メカニズムも報告されている（e.g. Schneider et al., 2005）。

2）イノベーション風土（innovation climate）　組織のイノベーションに関連するチーム風土の研究は数多く行われている。チームのイノベーション風土とは，職務の改善や新規アイディアの発案などのイノベーションを促進・実現するための環境条件や活動に関して，メンバーに共有された認知である（Newman et al., 2019）。ウェスト（West, 1990）は，チームのイノベーション風土を4つの次元（参加安全性，イノベーション支援，ヴィジョン，課題指向）で捉える理論的モデルを提唱している。

表 3-1　実証研究で検討されてきたチーム風土

風土の種類	内容	研究例
サービス (Service)	• 顧客満足や高品質の顧客サービスの提供を重視するチームの慣習や手続き	Schneider et al. (1998)
イノベーション (Innovation)	• 職務改善や新規発想などのイノベーションの実現を重視するチーム活動	Anderson & West (1990)
安全（safety）	• 安全を重視するチームの方針，手続き，慣習（特に，直属上司や監督者の実践）	Zohar (2000, 2002)
公正（Justice）	• チームメンバーの公正な処遇（分配的，手続き，相互作用的の 3 つの公正の観点）	Naumann & Bennett (2000, 2002)
侮辱的管理 (Abusive supervision)	• 上司がチームに対して行う侮辱的管理（継続的に行われる敵意的な言動や非言語的行動）	Priesemuth et al. (2013)
創造性 (Creativity)	• 新規開発や問題解決のためのチーム内での創造的な協働への参加やメンバー間での相互作用の重視	Gilson & Shalley (2004)
ヴォイス（Voice）	• チーム内で行う異議表明・発言への安心と効力感	Morrison et al. (2011)
エンパワーメント (Empowerment)	• メンバーの情報共有，自律的行動，意思決定権限を支援するチームの構造，方針，慣習	Chen et al. (2007)
学習転移 (Learning transfer)	• 教育訓練プログラムで学習した行動をチームで活用することへの受容と期待	Smith-Jentsch et al. (2001)

このモデルに基づき開発されたチーム風土インベントリー（team climate inventory）（Anderson & West, 1998）は，さまざまな産業分野を対象とする研究で使用され，英語以外の多言語にも翻訳されている。イノベーション風土は，医療チームで新規に着手された取り組みの量とその革新性を予測することが示されている（Anderson & West, 1998）。また，研究開発チームのアイディア生成とその実現を促し，パフォーマンスを高めることが報告されている（e.g. Eisenbeiss et al., 2008）。メタ分析において，イノベーション風土の要素の中でも，特にイノベーション支援が，個人およびチームの革新的な行動や成果を予測する最も重要な要因として見出されている（Hülsheger et al., 2009）。

3）安全風土（safety climate）　安全風土は，安全に関する組織方針，手続き，実践についてメンバーに共有された認知と定義される（Zohar, 2000）。安全に関する方針と手続きは組織の上層部で確立され，それらをもとに現場のチームでは安全作業の手順を具体化して実践する。これを踏まえ，ゾハル（Zohar, 2000）は，現場の直属上司や作業監督者の安全管理活動の実践を重視し，メンバーの認知に基づくチームレベルの安全風土の測定と概念化を図っている。製造現場の部門を対象に測定したチームの安全風土は，業務内容の危険性の高低に関係なく，作業中の傷害発生率の低さと結びついていた。つまり，相対的に危険性が高い業務でも低い業務でも，安全風土は一貫して傷害の発生を抑制することが示唆された。その他の研究では，メンバーの事故防止のための安全活動への参加や，安全な作業手順・方法の遵守を促進することが報告されている（Hofmann & Stetzer, 1998; Zohar, 2002）。また，チームレベルで測定した安全風土が，個人の安全への動機づけを高めるという交差レベルの効果も報告されている（Neal & Griffin, 2006）。

4）公正風土（justice climate）　ナウマンとベネット（Naumann & Bennet, 2000）は，組織におけるチームの処遇の公正さに関するメンバーの集合的な認知を公正風土として概念化した。チームのメンバーの多くが公正な処遇を受けていれば，チームの公正風土は高くなる。製造業の部門チームを対象にした研究では，公正風土が高いチームは業績に優れており，勤怠不良（absenteeism）のメンバーが少ないことが見出されている（Colquitt et al., 2002）。また，銀行の店舗チームにおける公正風土が，メンバー間の援助行動を促進し，店舗の財務成績の向上に資するという報告もある（Naumann & Bennett, 2002）。その他，コミットメントや組織市民行動との関連も示唆されている（Cole et al., 2013）。マルチレベルの枠組みからも検討されており，たとえばヤン他（Yang et al., 2007）は，製造業とサービス業のチームにおいて，手続き的公正風土が，個人の組織コミットメントを向上させる交差レベルの効果を見出している。

［3］風土の強度

前項で述べたように，チーム風土はメンバーに共有された集合的認知として概念的に定義されている。実証研究では，チームにおける顧客サービスや安全の重視度に関して，メンバーの風土認知を質問紙尺度で測定し，個々の回答をチームレベルに集約（チーム単位で回答を平均）することで，チーム風土の得点化が行われる。この得点は，顧客サービスや安全の重視度に関するチーム全体の水準の高さを反映した指標として扱われる。

ただし，個々の回答を集約してチームレベルの概念を構成するには，その前提条件

1）個人の回答からチームなど高次レベルの概念を構成する考え方や手続きの詳細については，第13章やマルチレベル理論のモデル（Chan, 1998; Kozlowski & Klein, 2000）を参照されたい。

としてチーム内での回答に一貫性が存在することが必要となる（Chan, 1998）[1]。つまり，共有された集合的認知というチーム風土の概念定義に基づけば，「チームで共有されている」ことの証左として，メンバーの風土認知に一致や合意性がみられるかを確認しなければならない。チーム風土研究では，級内相関係数（intraclass correlation coefficient: ICC）や集団内評定者間一致度（within-group interrater agreement: r_{wg}）の指標が，チームレベルの集約の妥当性を示す統計的根拠として用いられている（Kozlowski & Klein, 2000）。

また他方で，メンバーの認知の一致度そのものを風土の強度（climate strength）として変数化し，その影響を吟味した研究も増えている。風土の強度が高い場合，つまりメンバーの風土認知に高い合意性が存在するとき，チームの風土はより明確に醸成され，顕現していると考えられる。風土の強度の指標には，チーム内におけるメンバーの風土認知のバラつきを表す統計量が用いられる。具体的には，回答の分散や標準偏差（Schneider et al., 2002），平均偏差指標（average deviation index）（Burke et al., 1999）がよく用いられる。

チーム風土の強度は，パフォーマンスや他の成果変数に対する主効果に加え，通常のチーム風土得点（回答のチーム平均に基づく指標）との交互作用を示すことが報告されている。すなわち，風土の強度が強い場合，チーム風土と成果変数との間にはより強い関連性が見出されている（González-Romá et al., 2002; Schneider et al., 2002）。

チームの規範や風土は，メンバーの態度・行動を方向づけ，円滑なチームワークを発揮するための基盤になる。しかし，規範や風土の影響は常に望ましいものとは限らない。集団浅慮（グループシンク：groupthink）（Janis, 1982）の事例が示すように，態度・行動を拘束する強力な規範や風土によって，チームの活動が満場一致の誤謬を招き，悲惨な結果につながることがある。また，チームを取り巻く組織内外の環境が変化し，従来とは異なる新しい課題に取り組む際や，革新的な行動が必要な場合には，既存の規範や風土がそれを妨げる可能性がある。本章で取り上げたチームのイノベーション風土の研究は，こうした問題に示唆を与えるものである（既存の規範や風土からの脱却や変容を伴うチームのイノベーションについては第11章を参照されたい）。

読書案内

佐々木 薫（2000）．集団規範の実証的研究――拡充されたリターン・ポテンシャル・モデルの活用　関西学院大学出版会

――規範概念の社会心理学的な考察と，規範を定量的に測定した実証研究の成果がまとめられている。

ジャニス，I.L. 細江 達郎（訳）（2022）．集団浅慮――政策決定と大失敗の心理学的研究　新曜

社（Janis, I. L. (1982). *Groupthink: Psychological studies of policy decisions and fiascoes* (2nd ed.). Boston, MA: Houghton Mifflin.）

――米国の政策決定における失敗事例を社会心理学的に分析した古典的名著の翻訳である。意思決定の失敗の背景にある規範や風土の影響について理解を深めることができる。

第４章 チーム・コミュニケーション

田原直美

Key Words
チームの創発状態，意味共有プロセス，情報共有機能，社会情緒的機能，創発機能，チーム・コミュニケーションの量と質

チーム・コミュニケーションは，メンバー同士が互いに情報の授受を行い，チームの態度，行動，認知を形成し変化させる相互プロセスであり（Salas et al., 2015），チームワークの中核となる。本章では，チーム・コミュニケーションを理解するうえで重要な２つのポイントを念頭に置く。１つは，コミュニケーションを単に情報伝達として捉えるのではなく，意味共有のプロセスと捉える。チーム・コミュニケーションは，特定の送り手と受け手との情報伝達行為にとどまらず，必ずしもコミュニケーターに限らないメンバー同士が，同時に送り手となり受け手となりながら，さまざまな解釈や反応を生み出す複雑でダイナミックなプロセスである（Barnlund, 2008）。もう１つは，創発プロセスとしてのチーム・コミュニケーションである。役割や信頼などの関係性，チーム・メンタルモデル，規範や凝集性など，あらゆるチームの創発状態（team emergent states）は，コミュニケーションを通じて生み出される。

1．コミュニケーションによる意味共有プロセス

二者間であれ，チームであれ，コミュニケーションとは，メッセージの授受を介してコミュニケーターの間で意味共有を目指すプロセスである。ここでいう「意味」には，やり取りされる言葉の意味はもちろん，表情の意味，意図や発言の真意，立場や役割，関係性，状況の理解，あるいは背景にある規範や価値観，文化など，直接言葉として現れないものも含まれる。

図 4-1 は，コミュニケーションの基本プロセスを池田（2000）に基づいて描いたものである。メッセージ授受のプロセスは，送る側のコミュニケーターＡの視点に立てば，考えていることや感じていることなど頭の中にあることがら（表象）をメッセージに変換（記号化）することである。対して，受け取る側のコミュニケーターＢの視点に立てば，Ａのメッセージを知覚して自分なりに解読（情報化）し，Ｂの表象とし

図4-1　コミュニケーションの基本プロセス（池田，2000を参照）

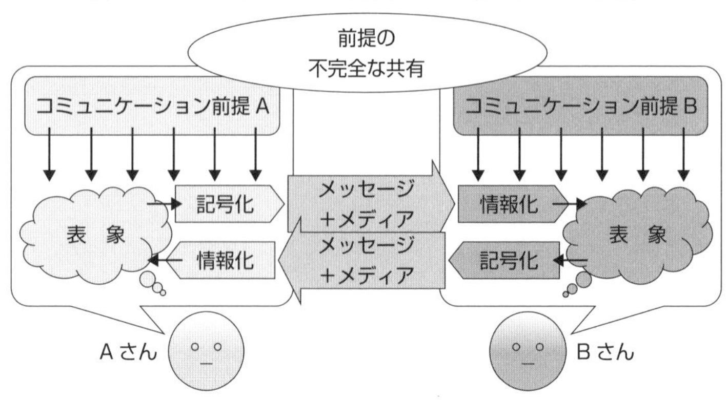

て取得する過程である。このとき，記号化と情報化におけるメッセージの変換のルールを，コミュニケーション前提と呼ぶ。コミュニケーション前提とは，言葉の意味や使い方のほか，役割や立場，規範といった社会関係コード，互いの共有の既有知識，コミュニケーション目標などが含まれる（池田，2000）。

コミュニケーションが容易でないのは，１つには，授受されるメッセージが実にさまざまであり，必ずしも送り手の意図どおりのものになるわけではないからである。たとえばAがBにアドバイスをした場合，Bが解読するのはAが発した言葉の内容だけではない。Aの口調や表情などの非言語情報をメッセージとして知覚し，「Aは自分のことを親身に考えてくれている」とか，あるいは「Aは自分に先輩風を吹かしている」などのように受け取るかもしれない。何をメッセージとして知覚するかは受け手に委ねられており，その意味は受け手が既有知識と推論作業を通じて解読するものである。そのため，言語情報が正確に伝わるのも容易なことではないが，たとえ正確に伝わったとしてもやり取りされる意味は一義的に決まるものではない。

コミュニケーションのプロセスが単純でないもう１つの理由は，コミュニケーション前提が，人それぞれ異なっており，部分的には共有されているものの完全に同一であるということはありえない点にある。AのアドバイスをBが的確に理解できないという場合，Aが使用した専門用語の意味が共有されていないということもあれば，用語は理解できても，たとえばAがなぜそこまで緻密さを求めているのかその背景が前提として共有されていないということもありうる。Aとしてはチームが置かれている厳しい状況やチームの存続を考慮して行ったアドバイスが，Bにとっては自分の仕事ぶりを非難されたという不快感だけを残すものとなるかもしれない。前提のギャップはこのようにして誤解や行き違いを生みやすく，コミュニケーションの達成を妨げる要因になりうる。

意味共有プロセスとは，コミュニケーションを通じて前提のギャップに気づき，それを埋めることで前提の共有部分を広げていくことである。たとえば，互いの信頼の獲得や，役割や得意分野の認識，課題遂行に際して重視している暗黙のルールや方針など，さまざまな前提の理解がコミュニケーションによって促進される。こうして共有された知識は，次のコミュニケーションのための新しい前提となる。

2. チーム・コミュニケーションの機能

コミュニケーションによる意味共有は，互いの反応や言語を通じて前提のギャップを確認し埋めていくことで成立するものである。チームにおけるコミュニケーションは多様なメンバーの間で意味共有を目指すものであるため，より複雑である。チームの場合，すべてのメンバーの存在や反応に注意を向けることは不可能であり不確実性が増大する（Barnlund, 2008; 池田，2000）。また，メンバーの多様性ゆえに前提の共有の困難さを伴う（池田，2000）。さらに，集団による情報共有はすでに共有されている情報の確認に終始しやすいこと（「隠されたプロファイル」現象；Stasser & Titus, 1985）が知られている。

チーム・コミュニケーションによる「共有」は，このように容易でないからこそ，高度なチームワークを発揮するうえで鍵を握る要素となる。以下では，チーム・コミュニケーションがチームワークにおいて果たす機能を3つに整理し，それぞれの機能について理解を深める。1つ目はチームで課題を遂行するための情報共有機能，2つ目はメンバー同士の関係性を構築し維持する社会情緒的機能，そして3つ目はチームの発達を生み出す創発機能である。

[1] チームで課題を遂行するための情報共有機能

チームワークを成功させるためには，課題遂行に関わる情報をメンバー間で的確に共有するコミュニケーションが不可欠である。チーム・コミュニケーションの情報共有機能とは，課題遂行のための知識や，それぞれの持ち場の状況や進捗など，チーム内に分散する情報資源がチームで統合されチーム活動に活用されることである。組織研究において，ミスやエラーを検出・指摘・修正するチーム・コミュニケーションがチーム・エラーを防ぐこと（Helmreich, Merritt, & Wilhelm, 1999; Sasou & Reason, 1999）や，アイデアや提案，懸念事項などについて声をあげる発言（voice）がチームの学習や変革を促進すること（Morrison, 2014）が示されてきた。メスマー＝マグナスとデチャーチ（Mesmer-Magnus & DeChurch, 2009）は，チームの情報共有につ

表4-1　1999年横浜市立大学医学部付属病院の手術患者取り違え事故の一場面
（加藤，2012，p.13，表9を参照）

手術開始直前の手術室で，患者Ａの術前の所見と目前の患者（間違えて患者Ａの手術室に運び込まれている別人の患者Ｂ）の特徴が異なることから，麻酔科医Ｍが看護師Ｇに，病棟の看護師へ電話して確認するよう指示する場面である。

看護師Ｇは病棟に電話をかけ，「ちょっと変なことを伺いますが，麻酔科の先生が，ちょっと顔が違うって気がすると言っているんですが確かにＡさんは（手術室に）降りてきていますか」と尋ね，それに対し電話を受けた病棟の看護師が，同じく病棟の看護師で患者を手術室まで運んだ看護師Ｃに確認後，「確かに降りています」と答えた。それを受けて看護師Ｇは手術室にて「確かにＡさんは降りているそうです」と報告をした。

その後，患者は取り違えられたまま手術が開始された。

いて，隠されたプロファイルに関する実験室実験だけでなく，実際のチームを対象とした研究も含め72の研究のメタ分析を行った。そして分析の結果，メンバーがそれぞれ独自に所持する情報（独自情報）をチームで共有することが，一貫してチーム・パフォーマンスを促進する効果をもつと結論づけている。

ただし，チームによる情報共有は失敗しやすいこと，そして場合によってはそれが重大な事態を招くこともまた，多くの実証研究や事例によって示されてきた。たとえば，1999年横浜市立大学医学部付属病院の手術患者取り違え事故[1)]の事故報告書には，事故に至ったさまざまな事象の1つに，表4-1のようなコミュニケーションの行き違いがあったことが報告されている（加藤，2012）。この場面では情報共有のためのコミュニケーション自体は行われており，エラーの可能性（本来手術すべき患者Ａが目前の患者と異なる可能性）について指摘までなされたが，エラーの検出と修正に至らなかった。目前の患者がＡでないはずがないという強い信念がコミュニケーションの前提となっており，なぜ確認の電話をかけたのか，なぜ麻酔科医Ｍは患者が異なるという違和感を抱いているのかなど，前提を共有するための推定がないまま会話が進行する。加藤（2012）は，患者の顔の特徴や手術室へ降りたときの状況等を確かめるなど，疑いを1つずつ消去する確認が行われておらず不十分であると指摘している。

集団内の情報共有は，隠されたプロファイル現象に関する多くの研究が示したように，メンバーがそれぞれ独自情報に言及すること自体が少なく，すでにメンバー間で共有されている初期共有情報への言及率のほうが圧倒的に高くなる（e.g. Stasser &

1）1999年1月11日（月）に横浜市立大学医学部付属病院で発生した医療事故である。心臓手術予定のＡ氏（74歳男性）と肺手術予定のＢ氏（84歳男性）が，手術室に送られる際に入れ違い，取り違えられたままＡ氏に肺手術が，Ｂ氏に心臓手術が施され，手術直後に事態が判明した（加藤，2012）。

Titus, 2003)。なぜ個人が独自情報を開示しないのかという点については十分な検証はほとんど行われていないが（Sohrab et al., 2015），初期共有情報の提供が強化される集団過程についてはウィッテンバウム他（Wittenbaum et al., 1999）の検討が参考になる。ウィッテンバウム他（Wittenbaum et al., 1999）によると，すでに共有されている情報は，他のメンバーがその情報の正確さや課題との関連性を確認できるため，独自情報に比べて重要と判断される。そのため，共有情報の提供者の能力は高く評価されやすく，共有情報を多くもつメンバーは集団で影響力のある中心的なメンバーになりやすい。集団内で共有情報に言及するメンバーに対して相互に肯定的な評価を与え合い，そのことによってますます集団の議論は共有情報に偏ることになる[2)]。

実際のチームでは，役割や職種，職位などの違いによる前提のギャップ，失敗や前例のない情報を発信することをためらう心理的抵抗など，情報共有を妨げる要因がさらに存在する。メスマー＝マグナスとデチャーチ（Mesmer-Magnus & DeChurch, 2009）のメタ分析では，メンバーの類似性が高く，各々が独立して正確な判断を下せる状況にあるとき，情報共有が行われやすくなることが明らかになった。このことは，医療チームのように，高度専門分化したメンバーがそれぞれの専門性を統合する必要性が高いチームほど，皮肉にも，独自情報の共有が困難であることを示している。

ただし，チームのコミュニケーションは，以下にあげる社会情緒的機能と創発機能によって影響を受ける。たとえば，安全文化や心理的安全性など，ネガティブな情報や異質な情報の開示を促進するチームの規範や風土，リーダーシップは，高度なチームワークを作りあげるために必要なチーム・コミュニケーションを実現するのに重要な特性である。

[2] メンバー同士の関係性を構築し維持する社会情緒的機能

チームメンバーは，コミュニケーションを通じて，親密性や信頼，対人ネットワークを形成する。相互作用のあり方のベースとなるメンバー間の感情や関係性においてチーム・コミュニケーションが果たす機能が社会情緒的機能である。社会情緒的機能は，チームが適切に対人葛藤を乗り越えながら協調と連携を実現するうえで不可欠である。

チーム・コミュニケーションの社会情緒的機能は，「褒める」「同意を示す」「不一致を調整する」などの関係指向的メッセージや，挨拶などの形式的メッセージ，あるいは，プライベートな話題に関する会話など，課題遂行に直接関わりのないコミュニ

2）その他にも，すでに共有されている情報が確率的に出現しやすいなどの要因がある。詳細は，亀田（1997）などを参照されたい。

ケーションによるものと捉えられることがある。しかし，課題指向的メッセージも含め，チームのあらゆる文脈に社会情緒的要素は含まれる（Keyton & Beck, 2009）。課題指向的メッセージのやり取りにおいて，相手の発言内容を「肯定する」「サポートする」あるいは「話を続けるように合図をする」などの関係指向的メッセージは同時に存在する（Keyton & Beck, 2009）。

たとえば，サラス他（Salas et al., 2015）は，チームの信頼を醸成するうえで，ある課題に取り組む前に，過去の類似した経験についてチームで振り返りを行うことが有効であると指摘している。事前のディスカッションによりメンバーの能力を確認できることは信頼関係の重要な前提条件となる（Mayer et al., 1995）。また，チームメンバーを，共通の体験をもつ類似した他者とみなすことで社会的アイデンティティが共有されることも，信頼関係の構築につながる（Salas et al., 2015）。

また，先述したメスマー＝マグナスとデチャーチ（Mesmer-Magnus & DeChurch, 2009）によるメタ分析では，情報共有の開放性（openness）が，独自情報の共有よりも強くチームの凝集性を予測することが示された。情報共有の開放性とは，チームメンバー間に分散する独自情報――いわゆる「隠されたプロファイル」情報――の交換でなくとも，幅広い内容の情報を自由に頻繁にやりとりするオープンな情報交換がなされることを意味する。たとえば，「メンバーがチームの重要課題について『輪の中に』いる」程度（Bunderson & Sutcliffe, 2002），チーム内で同一の情報が共有されている割合（Jehn & Shah, 1997），あるいは，あるテーマに対するチーム内の平均コメント数やスレッド数（Miranda & Saunders, 2003）などである。情報共有の開放性は，独自情報の共有よりは弱い関連ではあるものの，チーム・パフォーマンスとも関連した。この理由についてメスマー＝マグナスとデチャーチ（Mesmer-Magnus & DeChurch, 2009）は3つの説明が可能であると指摘している。1つ目は，情報共有の開放性が質の高い人間関係を促進し信頼を醸成する可能性，2つ目は，より広範な情報を議論することでより深い情報処理が可能になりチームの意思決定の質が向上する可能性，そして3つ目は，情報共有の開放性により独自情報が表面化する確率が上がりパフォーマンスを促進する可能性である。

このように，チーム・コミュニケーションの社会情緒的機能によって，メンバーの協調関係や信頼，チームの一員としての社会的アイデンティティが高まり，間接的にチーム・パフォーマンスが促進される可能性がある。ニューマン他（Newman et al., 2017）は，心理的安全性に関する研究のレビューを行い，ソーシャルサポートや対人ネットワークに内在する社会関係資本がチームの心理的安全性の重要な先行要因であること，そして，メンバー間の交流や親密さ，信頼などのチームの関係性は，心理的安全性を介して，チームの学習やパフォーマンスにポジティブに影響することを指摘している。

チーム・コミュニケーションの社会情緒的機能がチームの効果性へ影響するダイナミックなプロセスについて，レーマン＝ウィレンブロックとアレン（Lehmann-Willenbrock & Allen, 2014）は，興味深い知見を示している。彼らは職務チームのミーティングを分析し，ポジティブなユーモアの出現にパターンがあること，ユーモアパターンの出現によって「褒める」「参加を促す」などの関係指向的メッセージが促進されること，さらに，ユーモアパターン出現の直後に新しいアイデアや問題解決の提案など課題指向的メッセージが増大することを示した。重要なのは，個々のユーモラスな発言の出現頻度ではなく，たとえばユーモア発言に続いて笑いが起こりさらに別のユーモア発言が続くというような一連のコミュニケーションパターンの出現が，効果的なチーム・コミュニケーションを増大させ，パフォーマンスを促進するという点である。この結果は，個々のメッセージではなく，チーム・コミュニケーションのダイナミックスに着目することの重要性を示すものといえよう。

集団研究はながらく，課題指向的コミュニケーションやそのパフォーマンスへの影響を中心的なテーマとしてきた（Keyton & Beck, 2009）。チーム・コミュニケーションの社会情緒的機能が，どのようなダイナミズムによってチームの創発性や効果性に影響するのかについて明らかにすることは今後の検討課題であり，実践的なチームマネジメントにおいても有用であろう。

［3］チームの発達を生み出す創発機能

チームには，相互作用を経て，個人レベルでは存在しない，また個人レベルに還元することのできない，チームの特性として創発状態が生まれる（Marks et al., 2001; Waller et al., 2016）。創発状態は，チームの置かれた文脈やインプット，個々のメンバーの特性から予測できるものではなく，チーム・プロセスの発達を経て動的に生み出され変化するものである（Waller et al., 2016）。チーム・コミュニケーションは，このダイナミックスにおいて中心的な機能を果たす。

チームの創発状態は，図 4-1 で示したコミュニケーション前提の共有部分が増大していくことにより生み出される。コミュニケーションを重ねて，課題やメンバーに関する知識が前提として共有されるようになると，チームの相互作用はパターン化され構造化される。多くの集団発達モデルで示されてきたように（e.g. Tuckman, 1965），集団活動では，形成からしばらくは課題やメンバーについて知るための相互作用に多くの労力を要する。しかし，一定期間が過ぎそれらが把握されるようになると，コミュニケーションのための労力が減少する。

たとえば，チームで達成すべき課題やその手順を十分に理解し，メンバーの特性や，役割，専門性を熟知していれば，いつ誰にどんなタイミングでコミュニケーションをとるのかについて深く考えずに，質問や報告を行うことができる。「このことに精通しているのはメンバーAとメンバーBだけれども，Aは今あの案件に取り組んでいるだろうからBに尋ねよう」とか「この件は，次回のプロジェクトに必要となる可能性が高いからメンバーCに報告しておこう」など，瞬時に，場合によってはほとんど無意識に判断しながら，的確で過不足のないコミュニケーションをとることが可能になるだろう。

このようなスムーズなコミュニケーションは，コストが小さくてすみ，円滑な情報共有や連携を生む。課題やメンバー，置かれた状況に関するコミュニケーション前提の共有が進むことによって，チーム・コミュニケーションは効率化されることになる。チームの創発状態は，このようなチーム・コミュニケーションの発達を通じて生み出される。

ウォーラー他（Waller et al., 2016）によると，チームの創発状態には3つの現象がある。1つ目は，共有メンタルモデルや集団凝集性などの集合的な認知や感情の状態，2つ目は，会話や葛藤解決，フィードバック探索などの行動パターン，そして，3つ目は，サブグループや階層などの構造である。これらさまざまな創発状態は，チーム・コミュニケーションの時間的なダイナミックスを経て，一定の安定性に達し，また変化しながらチームの効果性を規定する。

チームワークの発達メカニズムを明らかにするうえで，チーム・コミュニケーションのこのようなダイナミックスについて検討することは重要な課題である。しかし，これらを実証的に明らかにするには，リアルタイムでチーム・プロセスをコード化する構造化された方法が必要となる（Van Swol & Ahn, 2021）。測定の難しさからこのダイナミックなプロセスに焦点を当てた研究は十分に行われてきたとはいえないが，近年，方法論の進歩により可能になってきている（Van Swol & Ahn, 2021）。

たとえば，田原と山口（2017）は，企業のプロジェクトチームを対象に，11か月にわたってチーム・コミュニケーションの発達プロセスを検討した。メンバー間に対面の会話が生じた時間を1分ごとにデータベース化できる名札型センサーノード（森脇他，2007）を用いて，チーム・コミュニケーションを測定し，ネットワーク指標を算出した。その結果，パフォーマンスの優劣にかかわらず，チームの発達に伴い対面時間は減少を示した。また，ネットワーク密度と集中度（次数）の時系列的な変化から，パフォーマンスが高いほど，特定の対象に限定された効率化した対面的コミュニケーションを行っていることが示された。

このように，チームの発達とコミュニケーションの効率化が，高度なチームワークと関連していると考えられる。リコ他（Rico et al., 2008）は，明示的なコミュニケーションを必要としない「暗黙の協調（implicit coordination）」により，チームの作業負荷が軽減され最適なパフォーマンスを維持できることを指摘している。ただし，暗黙の協調は，単に作業の反復や習慣化によってコミュニケーションがルーチン化され省略されることとは異なる。暗黙の協調には，共有メンタルモデルを前提とした明確な協調プロセスが伴う。メンバーのニーズや課題遂行における必要性を予測し，その状況に応じた情報やフィードバックの提供，互いの支援とモニタリングなどが行われることによって，外からはコミュニケーションが行われていないように見えても，意思疎通や連携などのチーム・プロセスが確実に実行されているのである（Rico et al., 2008）。暗黙の協調は，チーム・コミュニケーションを通じて共有メンタルモデルが創発され，そのような創発状態がさらにコミュニケーションの効率化を生み出すというダイナミックなプロセスを経て実現する。

チームの創発状態を生み出すのは，このようなチーム・コミュニケーションの効率化だけではない。共有メンタルモデルの構築に，フィードバックのタイミングや内容が影響するという指摘もある（Mathieu et al., 2000）。どのようなチーム・コミュニケーションがどのようなダイナミックスを経てチームの創発状態を生み出すのかについて，今後，より質的な測定と分析が行われることによって検証されることが期待される。

3. チーム・コミュニケーションとチーム・パフォーマンス

高度なチーム・パフォーマンスを発揮するうえで，チーム・コミュニケーションが必要であるということは一般的に知られており，多くの研究もこれを裏付けている（Marlow et al., 2018）。一方で，上述の「暗黙の協調」のように，必ずしも明示的なコミュニケーションがなくとも高度なチームワークが発揮されうることも指摘されてきた。効果的なチームは，言語的コミュニケーションを用いる明示的な協調モードと，ほとんど言葉を交わすことのない暗黙の協調モードを使い分けて，作業負荷が高い状況下においても高いパフォーマンスを示す（Entin & Serfaty, 1999）。職務チームの対面的コミュニケーション行動を記録測定し検討した田原他（2013）では，頻繁で緊密なチーム・コミュニケーションは必ずしも優れたチームワークを保証するものではないことが示された。過剰な情報はかえって衝突や意思決定の負荷を増し，合意に至ることを困難にしてしまう可能性もある（Ashford et al., 2009）。

チーム・コミュニケーションとチーム・パフォーマンスとの間に，このような一見矛盾する関連が見られるのは，表4-2に示したとおり，チーム・コミュニケーションの測定指標が研究によってさまざまであることによると考えられる。マーロー

(Marlow et al., 2018) は，チーム・コミュニケーションとパフォーマンスとの関連に関する150の研究のメタ分析を行い，さまざまな指標の中で，情報の精緻化と情報の共有が，他のコミュニケーション指標よりも強くパフォーマンスと関連することを示している。以下では，チーム・コミュニケーションの量と質という観点から，パフォーマンスとの関連について触れておく。

[1] チーム・コミュニケーションの量と質

チーム・コミュニケーションの測定指標は，表4-2に示したように，メンバー間で交わされるコミュニケーションの頻度に基づく量的指標と，メンバー間のコミュニケーションが効果的であるか否かを扱う質的指標とに大別できる。

マーロー (Marlow et al., 2018) のメタ分析によると，パフォーマンスと強い関連を示すのは，チーム・コミュニケーションの質的指標であり，コミュニケーション量が多すぎる場合パフォーマンスはむしろ低下する可能性が示唆された。このことは，業績向上を目的とした実践介入を行う際に，コミュニケーション量の増大のみを対象とせず，質的な側面に焦点を当て，たとえば効果的な情報の精緻化や知識の交換のあり方などを重視するほうが有用であることを示している (Marlow et al., 2018)。

チーム・コミュニケーションとパフォーマンスとの関連については，今後さらなる検証が必要である。まず，チーム・コミュニケーションの量と質を同時に測定し，両者の交互作用やチーム・パフォーマンスとの関連を検証することが期待される (Marlow et al., 2018)。また，チーム・コミュニケーションの量とチーム・パフォーマンスとの間に逆U字型の曲線関係が見られるかについても，今後の検討課題である (Marlow et al., 2018; Shockley et al., 2021)。豊富な情報の効果性には閾値が存在し，情報過多は個人のパフォーマンスにかえってネガティブな影響を及ぼすことは指摘されているが (e.g. Eppler & Mengis, 2004)，チーム・プロセスに関する検討は不足している (Shockley et al., 2021)。

チーム・コミュニケーションの量について，山口 (2012) は，チームワークの発達との関連を図4-2のような理論モデルとして提示している。このモデルでは，チーム・コミュニケーションの多さは，チームが直面する課題の性質とチームの発達過程に応じて，4つの位相間を移動する関係にあることが示されている。山口 (2012) によると，チームの形成間もない「初期位相」から「活性位相」にかけてチーム・コミュニケーションの量が増大し，さらに，共有メンタルモデルを基盤にチームワークが発達すると，「暗黙の協調」を実現する「安定・円熟位相」へと変化する。また，「安定・円熟位相」のチームであっても，新規課題に直面した場合には，コミュニケーション量が再び増大する「変革・問題解決」位相に変化したり，あるいは，何か

表 4-2 チーム・コミュニケーションの測定指標の例（Marlow et al., 2018 を参照）

チーム・コミュニケーションの測定指標	測定方法や測定項目の例	量的指標・質的指標の区別
情報共有（行動測定） 各メンバーに分散している独自情報が，メンバーの間で共有されている割合を数値化する。	集団内で，すべてのタイプの情報（重要情報，非重要情報，及び詳細情報）が言及された回数のうち，重要情報に言及された回数の比率を算出。 (Stasser & Stewart, 1992)	量的指標かつ質的指標
情報共有（質問項目） チーム内で情報交換がどの程度行われたかについて回答させる。	「重要な決定に用いられる情報が，チームのメンバー間で自由に共有されていた」 「チームメンバーが互いに自分の活動について情報を常に刷新するよう努めていた」 「チームメンバーが事業部に影響を及ぼす重要な問題について『輪の中』に入れられていた」 (Bunderson & Sutcliffe, 2002)	質的指標
コミュニケーションの開放性 チームメンバーがどの程度オープンに情報を共有しているかに関する質問項目に回答させる。	「このグループのメンバー全員とオープンに話すことは容易である」 「このグループのどのメンバーからもアドバイスをもらうことは容易である」 (O'Reilly & Roberts, 1977)	質的指標
内容分析 コミュニケーションの内容を分析し，カテゴリー分けする。	特定の期間に記録されたテキストデータを 7 つのカテゴリー（戦略の計画，緊急時の計画，実行，調整，フィードバック，情報交換，タスクに無関係な情報の交換）に分類し，出現頻度をカウント。 (Minionis, 1995)	量的指標
メンバー間の接触頻度（質問項目） メンバー同士の交流の頻度などを回答させる。	「平均して，チームメンバー全員が参加するミーティングはどれくらいの頻度で行われていますか――『少なくとも 3 か月に 1 回』『少なくとも 1 か月に 1 回』『少なくとも 2 週間に 1 回』『少なくとも 1 週間に 1 回』『毎日』」 (Boerner et al., 2012)	量的指標
知識共有 メンバーそれぞれがもつ知識と専門性をチーム内で共有する程度を回答させる。	「私たちのチームのメンバーは，特定の知識や専門性を互いに共有している」 「より知識が豊富なチームメンバーは，入手困難な知識や専門スキルを他のメンバーに自由に提供している」 (Song et al., 2015)	質的指標
情報の精緻化 チームメンバーと共有する情報がどのようなものであったかを詳細に尋ね回答させる。	「課題遂行中，メンバーは多くの情報を提供した」 「課題遂行中，メンバーは独自情報を提供した」 「課題遂行中，利用できるすべての情報を利用しようとした」 (Homan et al., 2008)	質的指標
コミュニケーション頻度（行動測定） メール交換の総数などの通信量全体を測定する。	特定の期間に，個人がチームメンバーに対して送信した電子メールの数をカウント。 (Jarvenpaa et al., 2004)	量的指標

図 4-2　チーム・コミュニケーションの発達モデル（山口，2012，p. 179，図 6-3 を参照）

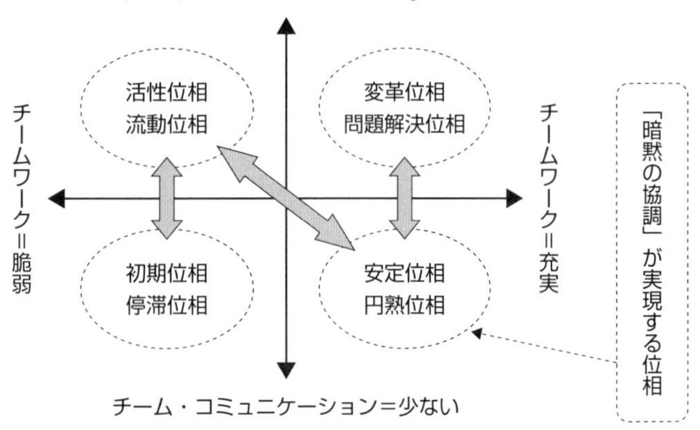

しらの問題を抱えて混乱し「流動位相」へ，さらには，必要なコミュニケーションが不足する「停滞位相」へと変化することも考えられる。

これに関連して，チームを分析対象としたものではないが，ショックレー他（Shockley et al., 2021）の研究が参考になる。この研究では，経験サンプリングを用いて，COVID-19 流行期にリモートワークへの移行を余儀なくされた多様な職種の従業員を対象に，コミュニケーションの量（頻度）と質の両側面と，個人の日々の成果（1 日にこなした仕事量についての自己評価）との関連が検討された。分析結果は，情報過多はかえって成果を減少させるだろうとした仮説に反して，コミュニケーション頻度が高いほど成果が高いことを示した。ショックレー他（Shockley et al., 2021）は，この結果が，COVID-19 下の初めてのリモートワークという新規で不確実な課題状況によるものである可能性を指摘している。未経験の課題状況下にあっては，コミュニケーションの不足がパフォーマンスの停滞を招くこと，そして，十分なコミュニケーション量が必要となることを示唆しているといえよう。また，コミュニケーションの質が，量よりもパフォーマンスと強い関連をもつという結果も得られ，どのようなコミュニケーションが行われているのか，その質的な側面からパフォーマンスとの関連を検討することの重要性も指摘されている。

読書案内

Beck, S. J., Keyton, J., & Poole, M. S. (Eds.). (2021). *The Emerald handbook of group and team communication research*. Howard House, UK: Emerald Group Publishing.

――チーム・コミュニケーションのプロセスや構造，方法論，理論，および多様な実践チームについて，学際的網羅的にまとめられている。
Bushe, G. R., & Marshak, R. J. (Eds.). (2015). *Dialogic organization development.* Oakland, CA: Berrett-Koehler Publishers.（ブッシュ，G. R.・マーシャク，R. J.（編）中村和彦（訳）(2018). 対話型組織開発――その理論的系譜と実践　英治出版）
――コミュニケーションによる意味形成プロセスが，どのようにチームや組織の創発を生み出すのかについて理解を深めることができる。

第５章
チーム・プロセス

縄田健悟

Key Words
チーム・プロセス，チームワーク行動，チーム・パフォーマンス，チームレベル，創発性

1．行動的側面としてのチーム・プロセス

これまで，チームワークは態度・感情（Attitude/Affect），行動（Behavior），認知（Cognition）の３側面から説明されてきた（三沢，2012；田原，2017）。その頭文字をとって「チームワークの ABC」とも呼ばれる（Bell, Brown, Colaneri, & Outland, 2018）。本章で検討するチーム・プロセスとはその名のとおり，チームで起こるさまざまなことをメンバー間の相互作用の中で処理する過程を指す。この処理とは主にチームメンバーもしくはチーム全体による行動を指すことが多く，チーム・プロセス研究では，チームワークの行動的側面が中心的に検討されてきた。チーム・プロセスにも行動的側面だけではなく，感情や認知も含めて検討すべきだという指摘がされることもあるが（Ilgen, Hollenbeck, Johnson, & Jundt, 2005），本書では第６章でチーム認知を，第８章でチーム・モチベーションを扱っていることもあり，本章ではチーム・プロセスとして行動的側面に焦点を当てて議論していく。なお，この ABC の３側面からのメタ分析研究に関しては，第 10 章にて整理している。合わせて参照いただきたい。

2．チームワーク行動の分類に関する先行研究

チームワーク行動には複数の次元が指摘されてきた。チームワーク行動にはどのようなものがあるのか。いくつかの代表的な分類をもとに紹介する。ここでは４つのモデルを取り上げる。

1）マークスらのチーム・プロセスの３分類　マークスらによるチーム・プロセスの分類としての３側面は広く用いられている分類である（Marks, Mathieu, &

表 5-1　チーム・プロセスの 3 分類（Marks, Mathieu, & Zaccaro, 2001）

①移行過程（Transition processes）：目標と戦略に関する過程
ミッション分析
目標の明確化
戦略の公式化
②行為過程（Action processes）：実際の行動に関する過程
進捗のモニタリング
システムのモニタリング
チームのモニタリングと支援行動
協調・調整
③対人過程（Interpersonal processes）：対人関係に関する過程
葛藤管理
モチベーションと自信の構築
感情マネジメント

Zaccaro, 2001)。①移行過程（transition），②行為過程（action），③対人過程（interpersonal）の 3 側面からチームワーク行動が分類されてきた（表 5-1）。

①移行過程とは，これまでの活動を振り返り，将来の活動に向けて準備を行い，目標と戦略に関して評価や計画立てを行っていく過程である。ミッション分析，目標の明確化，戦略の公式化がここに含まれる。

②行為過程は，目標の完遂に向けて実際に行為・行動するチーム過程を指している。ここには 4 つの過程が含まれる。目標への進捗のモニタリング，システムのモニタリング，チームのモニタリングと支援行動，協調・調整（coordination）である。

③対人過程は，チーム内の対人関係の維持・円滑化に関するチーム過程である。これは移行過程，行為過程の効果性を促進する基盤としての機能をもっている。ここには，葛藤管理，モチベーションと自信の構築，感情マネジメントの 3 つが含まれている。

ルパインらによるメタ分析でも，この 3 過程それぞれがチーム・パフォーマンスと正の関連があることが示されている（LePine et al., 2008)。個別の行動の効果性に関するメタ分析の結果は，第 10 章で議論しているため，そちらもご覧いただきたい。

2）ルソー他によるチームワーク分類　ルソー他（Rousseau, Aubé, & Savoie, 2006）は，マークス他の 3 過程モデル（Marks et al. 2001）よりも詳細な階層構造を想定し，チームワーク行動を分類している（図 5-1)。ここではチームワーク行動はまず「チーム・パフォーマンスの統制管理」と「チームの円満な対人関係の維持」の 2 側面に分類される。これはリーダーシップの PM 理論をはじめ，組織内集団行動に一

図 5-1　チームワーク行動の分類モデル (Rousseau, Aubé, & Savoie, 2006)

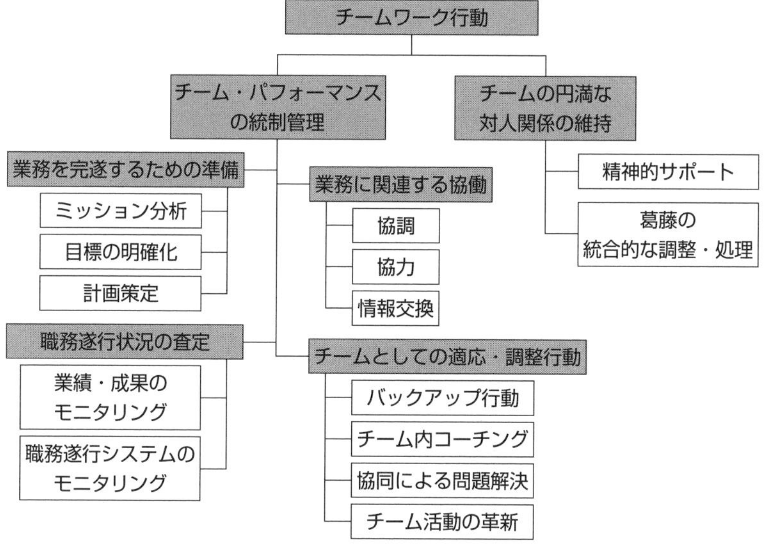

貫して見られる「課題遂行行動」と「対人関係維持行動」の２軸にそれぞれ対応している。前者の「チーム・パフォーマンスの統制管理」に関しては，いわゆる PDCA サイクルのチームワーク版とすると理解しやすいだろう。PDCA サイクルとは，Plan-Do-Check-Act からなる一連の過程で業務を改善しながら遂行する取り組みの仕方を指す。「Plan」にあたるのが「業務を完遂するための準備」であり，ミッション分析，目標の明確化，計画策定が含まれる。次に実際に行う「Do」として「業務に関連する協働」があり，協調，協力，情報交換が含まれる。次に「Check」として「職務遂行状況の査定」であり，業績・成果のモニタリング，職務遂行システムのモニタリングが含まれる。最後に，以上を踏まえて「Act」つまり行動を修正し，次の活動へとつなげていく側面としての「チームとしての適応・調整行動」である。ここにはバックアップ行動，チーム内コーチング，協同による問題解決，チーム活動の革新が含まれる。

もう１つの側面が，「チームの円満な対人関係の維持」である。これは精神的サポート，葛藤の統合的な調整・処理が含まれ，チームメンバーが落ち込むことなく活き活きと働けるように，また，対人関係上の対立が生じないように，対人的な支援をしていくという側面である。

図5-2　ディッキソンとマッキンタイアのチームワーク・モデル（Dickinson & McIntyre, 1997）

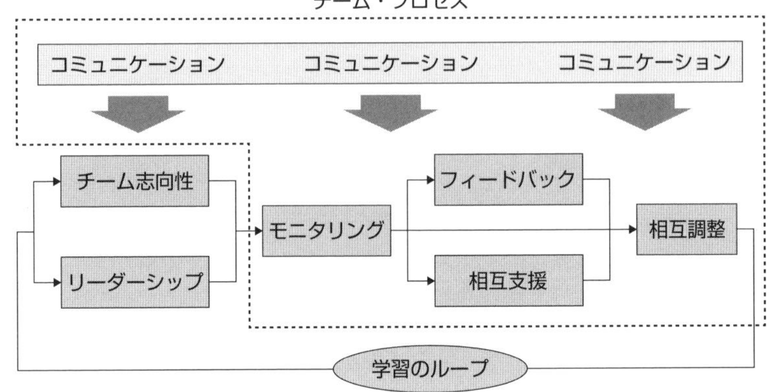

3）ディッキンソンとマッキンタイアのチームワーク・モデル　3つ目としてディッキンソンとマッキンタイアのチームワーク・モデルを紹介する（Dickinson & McIntyre, 1997; 図5-2）。日本国内のチーム研究はこのモデルに基づくものが多い。このモデルの特徴は，各チームワーク行動を分類するのみならず，その機能的な関係性を踏まえて，チーム効果性へと結びつく流れが想定されているという点である。

まず，コミュニケーションは，報告・連絡・相談により情報を伝達する機能があり，さらにはモチベーションを維持・向上させるよう鼓舞する役割も担う。これはチームワーク行動に関する他のプロセス要素間を結びつける機能をもち，チームワーク全体の基盤となるものである。こうしたコミュニケーションがあることによって，チーム内の連携行動が取れるようになる。そして，メンバー同士がお互いの仕事の状況を「モニタリング」することで現状を把握し，その現状把握に基づいて，問題解決のための「フィードバック」をし合い，また問題を抱えたメンバーに「相互支援」し合いながら，仕事全体の活動を「相互調整」する。こうした連携行動全般からチームは「学習」しながら，また新たな活動に向けてチーム・プロセスを行っていく。

4）サラス他によるチームワークのビッグファイブ・モデル　最後にサラス他のチームワークのビッグファイブ・モデルを紹介する。サラス他（Salas, Sims, & Burke, 2005）はチームワークに関して5つの中核要素と3つの調整機能をあげている。5つの中核要素とは，「チーム・リーダーシップ」「チーム志向性」「相互パフォーマンス・モニタリング」「バックアップ行動」「適応性」である。これを性格特性の5因子理論になぞらえて，チームワークのビッグファイブ・モデルと呼んだ。さらにこの

“ビッグファイブ”に促進的な影響を与える3つの調整機能として「共有メンタルモデル」「クローズドループ・コミュニケーション」「相互信頼」をあげた。

3. チーム・プロセスがチーム・パフォーマンスへと結実する過程

日本国内で，チーム・プロセスを検討した研究は多くない。特に，チームレベルの現象としてチーム・プロセスを検討した研究は，非常に乏しい。本節では，チームレベルのチーム・プロセスに関して，チーム・パフォーマンスとの関連性を示した日本国内の研究を3つ紹介していく。それぞれ，本書の編者ならびに本章の著者が携わる研究グループで実施した研究である。

[1] 看護師チームのチーム・プロセス

三沢・佐相・山口 (2009) は，上記のディッキンソンとマッキンタイアのチームワーク・モデルに基づいて，日本の看護師チームを対象に質問紙調査を行った。

チーム・プロセスに関する部分を中心に説明していく。まず，全国24総合病院で働く看護師568名の質問紙への回答を対象に分析が行われた。チーム・プロセスに関しては28項目の質問で測定された。因子分析の結果から，「モニタリングと相互調整」「職務の分析と明確化」「知識と情報の共有」「フィードバック」の4因子が得られた。これは図5-2で示したディッキンソンとマッキンタイアのモデルに含まれるチームワーク要素ともおおむね重なるものであった。

次に，これらチーム・プロセス変数が看護場面でのチーム・パフォーマンスとどう関連しているのかも検討された。この研究では九州地方の大学病院の部門をチーム単位として，32チーム，650名の回答が分析対象とされた。看護場面でのチーム・パフォーマンスとしては，部門ごとのインシデントの発生率（件数／(病床数×病床稼働率)）を指標にした。インシデントとは，看護場面において実際に生じたエラーを指す。回答した病院では，エラーの重篤性に応じてレベルが分けられていた。

ここでは，インシデント件数と質問紙の照合ができた20チームを対象とした分析結果をみていこう。各レベルのインシデント件数とチーム・プロセスとの相関関係を分析した（表5-2)。その結果，チーム・プロセスと「レベル0」という非重篤なインシデントには特に強い負の関連性が確認された。また，チーム数が20と少ないために有意には至らないものが多いが，「レベル1」以上のインシデント発生率とも，同様に負の関連性が全体に確認された。すなわち，看護師チームで検証したときに，優れたチーム・プロセスを発揮したチームでは，エラー発生率が低かったといえる。日本の看護組織における，チーム・プロセスの重要性がここから示された。

表 5-2　看護師チームにおけるチーム・プロセス得点とインシデント発生率の順位相関係数（三沢・佐相・山口，2009）

	インシデント発生率（件数／（病床数×病床稼働率））				
	レベル 0	レベル 1	レベル 2	レベル 3	総件数
チーム・プロセス：					
モニタリングと相互調整	−.43†	−.27	−.27	−.06	−.26
職務の分析と明確化	−.36	−.13	−.12	−.24	−.12
知識と情報の共有	−.50*	−.46*	−.31	−.19	−.41
フィードバック	−.52*	−.37	−.29	−.23	−.34

† $p<.10$, * $p<.05$, team $N=20$

注：レベル 0 は「間違いが生じたが患者に実質的な影響がなかった事象」，レベル 1 は「患者に何らかの影響を及ぼした可能性がある事象」，レベル 2 は「処置や治療は行わなかったが，患者に軽度の影響を及ぼした事象」，レベル 3 は「患者への簡単な処置や治療を要する中等度の影響を及ぼした事象」を指している。

[2] 企業組織のチーム・プロセス

縄田・山口・波多野・青島（2015）の研究では，[1] で紹介した三沢・佐相・山口（2009）で得られた知見に基づきながら，さらにチーム数を増やし，また組織チームワーク研究が主たる検討対象としてきた企業組織場面での検討を行った。この調査では，5 企業 161 チーム，1,400 名の回答を対象に分析した結果，次のことが明らかになった。

まず，因子分析の結果から，チーム・プロセスは「コミュニケーション」と「目標への協働」の 2 因子から構成されていた。「目標への協働」は図 5-2 で見たところの「モニタリング」「フィードバック」「相互支援」「相互調整」にあたる質問項目から構成されていた。つまり，チーム行為過程としての多様な側面を含んだ「目標への協働」，ならびにその前提となる「コミュニケーション」の 2 因子から構成されていることが確認された。これは，個人回答に基づく個人単位の因子分析と，チーム内平均値に基づくチーム単位の因子分析の両者でほぼ同様の結果であった。

また，マルチレベル構造方程式モデリングに基づいて影響過程を分析した。マルチレベル分析を用いることで，個人レベルと集団レベルを分離した影響過程を検討することができ，ここで議論の対象であるチームレベルの効果をより的確に議論することができる（詳細は第 13 章参照）。分析の結果，「コミュニケーション → 目標への協働 → チーム・パフォーマンス」というチームレベルの影響過程が確認された。つまり，日常的によくコミュニケーションを取り合うことが土台となり，モニタリング，相互支援といった目標に向けた協働がチーム全体でできるようになった結果，さまざまな側面でチーム・パフォーマンスが高まることが示された。「1 人あたりの経常利

図 5-3　企業組織におけるチーム・プロセスと定量パフォーマンスの関連性（縄田・山口・波多野・青島，2015）

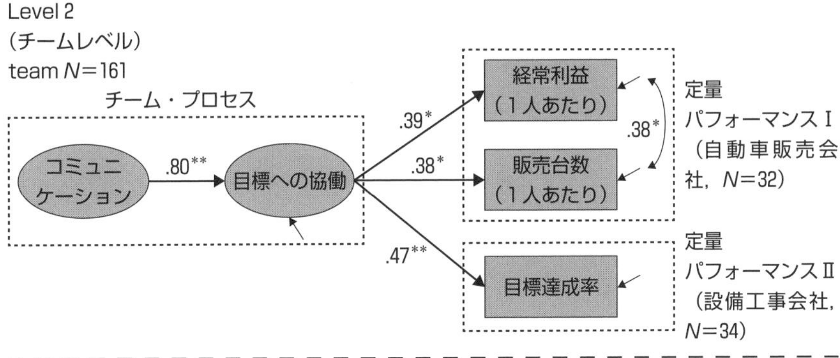

注：適合度：$\chi^2=3.775$，$df=4$，$p=.477$；CFI = 1.000；RMSEA = .000；AIC = 4870.123；SRMR = .000（level-1），.051（level-2）
係数は標準化係数である。* $p<.05$，** $p<.01$.

益」や「目標達成率」といった定量的業績をチーム・パフォーマンスの指標とした際の分析結果を図 5-3 に示した。なお，チーム・パフォーマンスの指標を上司評定や自己評定にしたときにも同様のプロセスが得られた。

さらに，モデル適合度の比較を行うことで，どのようなチーム・プロセスの順序が妥当かを検討した。その結果，「目標への協働→コミュニケーション→チーム・パフォーマンス」よりも「コミュニケーション→目標への協働→チーム・パフォーマンス」という因果のほうが，当てはまりが良いことも確認された。つまり，図 5-3 に示すような順序での影響過程が適切であったといえる。

なお，本データを含めた 800 以上のチームデータを対象として，リーダーシップを先行要因として含めた統合的影響過程に関する分析結果に関しては，縄田・池田・青島・山口（2024）も参考にしていただきたい。

[3] 暗黙の協調行動に注目して

3つ目として，暗黙の協調行動に特に注目して検討を行った縄田他（Nawata, Yamaguchi, & Aoshima, 2020）の研究を紹介しよう。協調行動は，明示的なものと暗黙的なものの2つに分類される。前者は，明示的協調と呼ばれ，メンバー同士が相互に計画立てやコミュニケーションを取りながら行う協調である。もう1つが，暗黙の協調（implicit coordination）である。暗黙の協調とは，メンバー同士が言語的および行動的コミュニケーションをとることなく互いの意図を予測し合って，チームが協調や調整を行うことを指す（Rico, Sánchez-Manzanares, Gil, & Gibson, 2008; Wittenbaum, Stasser, & Merry, 1996）。これは日本語で「阿吽（あうん）の呼吸」と呼ばれるものとおおむね同義である。スポーツ場面ではバスケットボールやサッカーでのノールックパスがあげられる。また，企業組織場面では職場での援助要請される前の自発的な援助提供・業務負担調整が例としてあげられる。冗長なコミュニケーションを取らずとも，的確かつ円滑に連携できる暗黙の協調は，チーム・プロセスの効率性を高

図5-4　暗黙の協調がチーム・パフォーマンスに結実するチーム・プロセス（Nawata, Yamaguchi, & Aoshima, 2020）

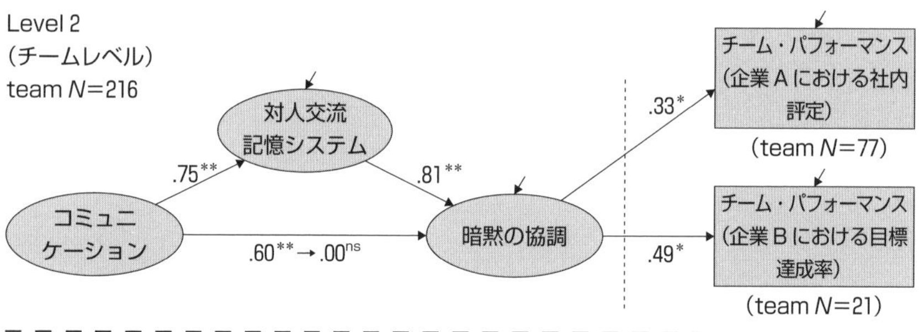

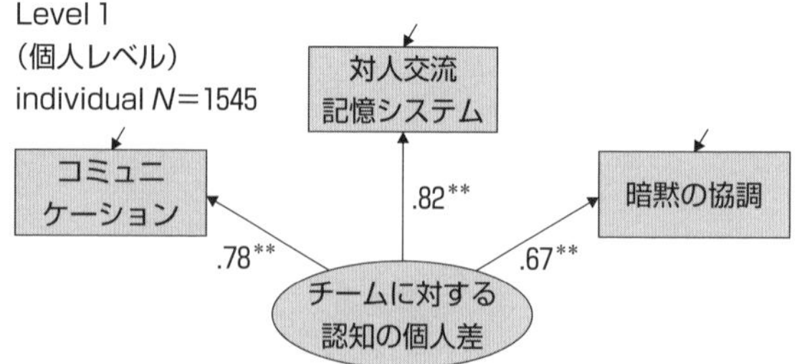

注：値は標準化係数。* $p<.05$, ** $p<.01$，適合度は次のとおり：$\chi^2=1.476$, $df=5$, $p=.92$；RMSEA = .000；SRMR = .000（Within-level），.036（Between-level）。図には記載していないが，チームサイズは統制されている。「コミュニケーション」から「暗黙の協調」への直接パス（.60**）は，「対人交流記憶システム」を媒介すると非有意となる（0.00ns）。

めるうえで重要な役割を担うと考えられる。

そこで，縄田他（Nawata et al., 2020）は，企業組織における暗黙の協調行動の役割に注目し，日本国内の3企業を対象に実証研究を行った。分析対象となったのは，216チーム，1,545名の回答である。

マルチレベル構造方程式モデリングによる分析結果は，図5-4のとおりである。図の上半分にあたる部分がチームレベルの影響過程を描いたパス図である。「日常的コミュニケーションは，対人交流記憶システムを高めた結果，暗黙の協調行動が適切に取れるようになった。そしてその結果，チーム・パフォーマンスが高まった」というチームレベルの影響過程が確認された。対人交流記憶システム（transactive memory systems）とは，「who-knows-whatの共通理解」という言葉で端的に示されるように，誰が何を知っているかをお互いに理解できている状態である（Lewis & Herndon, 2011; Ren & Argote, 2011）。つまり，日常的にコミュニケーションをよくとっているチームでは，チーム内で誰が何を知っているかを共有できたチーム認知状態が結実する。その結果，チームメンバー同士がコミュニケーションをとらずとも“阿吽の呼吸”で相互に支援や調整ができるようになる。そして，ひいては高いチーム・パフォーマンスをあげられるようになるというチームの影響過程が確認された（対人交流記憶システムを含めたチーム認知の詳細に関しては，第6章も合わせて参照していただきたい）。

4. 個人のチームワーク行動研究からチームレベルのチーム・プロセス研究へ

以上，3つほど，筆者たちの研究グループで行っているチーム・プロセスに関する研究を紹介した。これらの研究に共通していることの1つは，分析のレベルとしてチームを単位として，チームレベルでチーム・プロセスを検討している点である。

特に日本のチームワーク研究の大半は，個人のチームワーク行動を検討してきた。心理学分野では，たとえば，相川らは，社会的スキルの一種としてチームワーク行動を捉え，5つの下位カテゴリーからなるチームワーク能力の測定尺度を開発した（相川・高本・杉森・古屋，2012）。ここでは，個人がどの程度チームワークに関する行動スキルを身につけているかを測定している。また，太幡（2016）では，このチームワーク行動スキルをどうトレーニングするかという研究が行われている。やはりこの研究でも，個人がチームワーク行動を行う主体であるという理解がなされている。それ以外にも，国内の看護・医療領域でもチームワークが研究されることがあるが，ここでも同様に個人単位で各種のチームワーク行動ができているかどうかが測定・検討されている。つまり，日本国内のほとんどのチームワーク研究では，チームワークを個々人が実施する行動として捉えてきたといえる。もちろんこうした研究がチームワーク研究の進展に寄与する重要な知見を示してきたのはいうまでもない。

一方で，チームワークの重要な点として，その所属メンバー個々人に帰属することが難しいようなチーム全体で優れたチーム・プロセスが発揮されるという側面が存在する。個人のチームワーク行動だけに注目していては，チーム全体の相互作用の中で，どのようにチームが機能するのかを理解できなくなってしまう。たとえば，個人のチームワーク行動にも，送り手と受け手がいる。仮に送り手が適切なチームワーク行動をとるスキルを有していたとしても，それを受け取る他のメンバーが適切にそれを受け取らなくては，チーム全体としては良いパフォーマンスを発揮することは難しいだろう。つまり，個人間の相互作用過程から生じるチームの全体的連動性を見ていくことが重要となる。

だからこそ，本章の「チーム・プロセス」は，行動的側面を指すと述べた一方で，そのまま単純に個人のチームワーク行動と言い換えずに，チームのプロセス，つまりチーム全体の相互作用によって課題に向けて処理される過程全般を指す言葉として示した。

このとき分析単位としても，個人の行動のみならず，チーム全体がどのように機能しているのかを扱っていくことが必要となる。ここでは主たる分析単位はチームである。これは第13章でも述べるような方法論的な困難さも伴う。また，もちろんチーム現象は多層で生じる現象であり，その下位階層としてのメンバー個人と，その上位階層としての組織の両者の影響を同時に考慮することが必要となるのは当然である。しかし，創発的なチーム・ダイナミックスとしてチーム・プロセスを理解しようとすると，こうした視点はかならず必要となる。さらなる理解が求められるであろう。

5. チームのダイナミズムと創発性

こうしたチームレベルのチーム・プロセスを研究するうえでは，チームメンバーがどのように行動し合い，相互作用し合いながらチーム全体が変動するのかを理解していくことが求められる。

近年は，チームの全体性とそのダイナミックな変動過程に関する議論がなされるようになった。クローニン他（Cronin, Weingart, & Todorova, 2011）は，文脈的要素（contextual），累積的要素（cumulative），創発的要素（emergent）の3つの集団の動的状態を指摘した。文脈的要素とは，たとえば，集団間競争の強さや集団課題の相互依存性の程度などの，集団が置かれた文脈や環境に関する要因である。個人レベルは存在せず，集団レベルの効果のみが存在する。次に，累積的要素とは，個人がもつ特性の加算や組み合わせによって生まれるもので，各成員の性格特性の平均値や性別の割合といったものが指標となる。個人のもつ特性から集団レベルの特性として生まれているものである一方で，要素間の相互作用は想定していない静的な特性である。最後に，創発的要素とは，個人レベルの相互作用によって，集団レベルで生み出される特性である。相互作用のパターンの変化やメンバー間の態度変化を含む，非常に動的な要素である。

ダイナミズムが最も高いのは，この最後の創発性である。チームメンバーが相互作用していくなかでチーム状態が創発し，変化していくプロセスにアプローチしていくことが今後のチーム研究として必要となる。

こうした創発性にアプローチするためには，方法論的なブレイクスルーが必要である。組織心理学・組織行動論の分野で最も多用されてきた質問紙調査や実験室実験は，チームの状態に関して，自己評定を中心とした質問項目から，ないし実験環境でのその場での１つないし数個の行動指標からデータを収集し，研究が実施されてきた。もちろん今も有用な手法ではあるが，チームのメンバー間が相互作用する中で変容していくミクロな過程の詳細まで理解するのは難しいだろう。

こうした創発的な要素を理解するためには，成員間の相互作用の状態を，比較的短期に縦断的に測定していくことが必要となる。こうした測定には，現在のところ，標準的な研究パラダイムは存在しない。ひとつの可能性として，デジタルデバイスの活用が考えられる。スマートフォンやスマートウォッチなどのデジタルデバイスを使って，チーム内コミュニケーションの逐次記録が可能となってきた。これに，経験サンプリング法による，日々のチーム状態を自己評定してもらうといった手法を組み合わせたデータは非常に有用なデータとなるだろう。さらには，かつてはソシオメトリーとして描かれたコミュニケーション・ネットワークの状態とその変動過程を自動で記録することも可能となっている。

このような新たな研究手法と分析手法を取り入れていくことが，チームワークがチームレベルでどのように創発しているのかといった，メンバー間のミクロな相互作用のダイナミックスを検討していくうえで，今後必ず必要となっていくと考えられる。今後は，ワンショットの質問紙調査や実験室実験からの脱却とその超克を意識していくことが必要だろう。

読書案内

山口裕幸（2008）．チームワークの心理学　サイエンス社

――チームワークの心理学研究に関わる入門書であり，行動面としてのチーム・プロセスを含め，

チームの諸現象に関して詳しく説明されている。

Salas, E., Rico, R., & Passmore, J. (2017). The psychology of teamwork and collaborative processes. In E. Salas, R. Rico, & J. Passmore (Eds.), *The Wiley Blackwell handbook of the psychology of team working and collaborative processes* (pp. 1–11). West Sussex, UK: John Wiley & Sons.

——チームワークやチーム・プロセスを体系的に議論した海外の書籍として，大著であるが重要である。

第６章
チーム認知

秋保亮太

Key Words
チーム認知，共有メンタルモデル，対人交流記憶システム，チーム状況認識

本章は，近年のチーム研究において主要な研究領域の１つになっているチーム認知に関する研究を概観する。チーム認知とは，メンバーの認知的側面に焦点を当てた，チーム内の認知の集合を表す広範な概念であるといえる。本章では，その中でも特に代表的な概念である，共有メンタルモデル，対人交流記憶システム，チーム状況認識の３つを取り上げる。これらの概念は，学術的に異なる文脈から誕生してきたがゆえに，それぞれ特有の理論的発展を遂げてきた。まず，各概念のレビューとして，概念定義と理論的枠組みの明示，これまで議論・検討されてきた関連要因の整理，一般的な測定方法の紹介を行う。そのうえで，３つの概念の比較を通して概念間の類似性・相違性について議論を加え，チーム認知の各概念の統合的理解を試みる。

1．チーム認知の重要性

第 10 章で詳しく説明されているように，IPO モデルはチーム研究の中でも代表的・伝統的な理論の１つである。その拡張版にあたる IMOI モデルでは，チームがインプットしたものがアウトプットへと結実していく過程の間にさまざまな媒介変数が想定されてきた。この媒介変数については，感情的側面（Affect or Attitude），行動的側面（Behavior），認知的側面（Cognition）の３つに大別されて議論・検討されることが多い。これら３側面は，それぞれの頭文字をとってチームワークの ABC と呼ばれる（e.g. Bell et al., 2018）。この点に関連して，デチャーチとメスマー＝マグナス（DeChurch & Mesmer-Magnus, 2010）は，メタ分析を通して認知的側面が感情的側面や行動的側面よりもチーム・パフォーマンスに強い影響を与えることを主張している。これに伴い，チームレベルで現れる認知活動はチーム認知（team cognition）として概念化され，その機能についてさかんに議論が行われてきた。近年のチーム研究では，主要な研究領域の１つになっている。チーム認知は，チームに関連する知識の

内容と構造の収束の程度を特徴づける知識構築プロセス・創発的心的表象と定義される（Mohammed et al., 2021）。この定義が意味しているように，チーム認知は，メンバーの認知的側面に焦点を当てた，チーム内の認知の集合を表す広範な概念であるといえる。

2. 共有メンタルモデル

[1] 共有メンタルモデルの概念定義と理論的枠組み

共有メンタルモデル（shared mental model）は，メンバーが共有している体系化された知識・理解・心的表象と定義される（Cannon-Bowers et al., 1993）。そもそもメンタルモデルとは，スキーマの一種として認知心理学で用いられてきた用語であり，システム（物事のまとまり）の記述・説明・予測を生み出す認知的メカニズムを意味する（Rouse et al., 1992）。記述とは，システムの目的や構造についての知識のことを，説明とは，システムがどのように機能し，現在どのような状態にあるのかといった解釈のことを，予測とは，システムに対する将来の状態への期待のことを指す。あるシステムに関するモデルを心的に構築することによって，そのシステムへの理解を深め，実際に行動を起こす前に何が生じ得るか予測することが可能となる。共有メンタルモデルに代表されるように，このメンタルモデルの考えはチームに関する物事の認知にも応用されている。たとえばマチュー他（Mathieu et al., 2005）は，チームの文脈におけるメンタルモデルを，チームの取り組むタスクに関連するものと，メンバーや相互作用などといったチームそのものに関連するものの2つに大別している。

メンタルモデルを共有しているメンバーは，対象となるシステム（e.g. タスク，チーム）に対して同様の認知をするようになる（Rouse et al., 1992）。このように共通の記述・説明をすることは，そのシステムに対する予測が類似することにつながる（Cannon-Bowers et al., 1993）。これにより，メンバーが互いの要求や行動を予測し合うことが可能となり，円滑な連携が期待できる。

なお，共有メンタルモデル研究はその概念定義にも表れているとおり，メンバーがメンタルモデルを共有すること，すなわち，チーム内におけるメンタルモデルの類似性に焦点が当てられてきた。しかし，いくらメンタルモデルを共有していようと，その内容が誤っていた場合，高いレベルのチーム活動は望めない。この点を踏まえ，研究によっては，専門的知識を有するエキスパートのメンタルモデルに近しい程度，すなわち，メンタルモデルの正確性についても併せて議論されることがある（e.g. Mathieu et al., 2005）。

[2] 共有メンタルモデルに関連する要因

先述のとおり，共有メンタルモデルは円滑な連携を引き起こす概念として理論化されてきた。これに応じて，実証研究ではチーム内の協調行動との関連性が検討されることが多い。さまざまな研究において，共有メンタルモデルによって協調行動が向上することが確かめられている（e.g. 秋保他，2018）。また，最終的なアウトカムであるチーム・パフォーマンスとの関連性についても検討が行われている。企業や医療組織などさまざまなチームで，共有メンタルモデルの類似性や正確性がチーム・パフォーマンスに正の効果をもつことが示されている。

これらの知見を踏まえると，メンタルモデルを共有することによってチーム内の行動的側面（i.e. チーム・プロセス）が改善され，その結果として高いチーム・パフォーマンスが発揮されるという影響過程が想定される。この点について，マチューらはフライト・シミュレータを用いて一連の影響過程について検討を行っている（Mathieu et al., 2005）。その結果，共有メンタルモデルがチーム・パフォーマンスに及ぼす効果を，チーム・プロセスが媒介することを明らかにしている。

この他，共有メンタルモデルは，チーム内コミュニケーションがチーム・パフォーマンスに及ぼす効果に対して，調整効果を有することも知られている（秋保他，2016）。具体的には，メンタルモデルを共有しているチームの場合，チーム内コミュニケーションが少なくても高いチーム・パフォーマンスを維持できるのに対し，メンタルモデルが共有されていないチームの場合，チーム内コミュニケーション量がチーム・パフォーマンスを左右する。

共有メンタルモデルを促進する主たる要因としては，チーム内のコミュニケーションがあげられる。各メンバーは，他メンバーとの相互作用を通してメンタルモデルの相違に気づくだけでなく，その中で自分のメンタルモデルを徐々に修正していくものと考えられる。また，各メンバーが他メンバーのタスクや役割を学ぶ方略である，クロス・トレーニングの効果についても盛んに研究が行われてきた。実験室実験の結果，クロス・トレーニングの中でも，他メンバーの役割を実践して互いの役割について学習する，役割の交代と呼ばれる手法が最も効果的であることが示されている（Marks et al., 2002）。

なお，タスク関連とチーム関連のメンタルモデルを分けて検討した場合，その機能や関連要因が異なることがたびたび示されている。類似性と正確性の間においても同様の事態が生じている。こうした知見の相違は，測定方法の相違に起因している可能性が考えられる他（後述），対象となるチームの特性や取り組むタスクの内容など，文脈に依存することも考えられている。

[3] 共有メンタルモデルの測定方法

共有メンタルモデルは，各メンバーのメンタルモデルの共有度・類似性を客観的に捉えるべく，その測定方法が開発されてきた。これまでさまざまな手法が提唱されてきたが，その中でも，ネットワーク構造の一致度を算出する測定方法が最も用いられている（Resick et al., 2010）。この手法ではまず，タスク遂行やチーム活動において重要な物事を複数提示し，各メンバーにそれぞれの物事がどの程度関連し合っていると思うか，その関連度合いの認知を尋ねる。たとえば，フライト・シミュレータを用いた研究の場合，速度調整とレーダーの読み取りの関連性についての認知や，方向転換と武器選択の関連性の認知などがあげられる（e.g. Mathieu et al., 2005）。分析者は，その認知のネットワーク構造を全メンバー分割り出す。そのうえで，チーム内におけるネットワークの一致率，すなわち，ネットワークのリンクが重複している割合を算出し，その値を共有メンタルモデルの指標として用いるのが一般的な手続きである。

しかし，共有メンタルモデルの測定方法は，ネットワーク構造の一致度以外にも，順位評定の一致度や重要度評定の相関など，さまざまなものが提唱されてきた（cf., Resick et al., 2010）。これらは，各メンバーのメンタルモデルの共有度・類似性を捉えようという点では共通しているものの，指標化の手続きがそれぞれ異なり，研究者間で同意が得られているとはいいがたい状況にある。特に，タスク関連のメンタルモデルについては，チームが取り組むタスクの内容に依存して項目が決定されるという性質上，汎用性の高い測定方法の開発には至っていない。

3. 対人交流記憶システム

[1] 対人交流記憶システムの概念定義と理論的枠組み

対人交流記憶システム（transactive memory system）は，メンバーがもつ多種多様な知識をチームで符号化・貯蔵・検索するための認知的な分業体系と定義される（e.g. Wegner et al., 1985）。この対人交流記憶システムは，認知資源の観点からその重要性が指摘され，理論化が行われてきた。人が個人で情報処理に費やせる労力や保持できる知識量には限界がある。そのようななか，少しでも知識を蓄えるべく，人は日常的にメモやPCなどといった外部媒体を利用してきた。他者もその外部媒体の1つと捉えれば，他者を頼ることによって自身の認知負荷が軽減できるのみならず，場合によっては他者のもつ知識の活用も期待できる（Moreland, 1999）。実際，親密な2人組は，自然に役割分担が行われ，初対面の2人組よりも効率よく多くの単語を記憶できることが知られている（Wegner et al., 1991）。この点を踏まえると，チーム内のメンバーが分担して知識を保有すれば，個人よりも多くの知識を効率的にチーム内に蓄積しておくことが可能になると考えられる。そのうえで，メンバーの誰が何を知っているかを互いに把握していれば，それぞれの知識を漏れなくチームへ用いることができるだろう。このように，チームに対人交流記憶システムが形成されれば，メンバーがもつ知識の効率的な活用が促されるため，チーム・パフォーマンスの向上が期待できる。

「対人交流（transactive）」という概念名にも表れているように，対人交流記憶システムは，メンバーの相互作用のなかで互いの知識の符号化・貯蔵・検索が行われることが想定されている（Wegner et al., 1985）。知識をただ分有しているだけでは対人交流記憶システムとして不十分であり，チームが１つの記憶回路となっているかのように互いに知識を自由に引き出し合えて初めてシステムが機能しているといえる。こうした考えから，対人交流記憶システムは，専門化・信頼・調整という３つの下位次元によって構成されていると考えられている（Lewis, 2003）。専門化とは，チーム内における知識の分化のことを，信頼とは，他メンバーの知識に対する信頼のことを，調整とは，各メンバーの知識の効果的な調整のことを指す。

［2］対人交流記憶システムに関連する要因

共有メンタルモデル同様，対人交流記憶システムについても，チーム・パフォーマンスとの関連性が検討されてきた。企業のプロジェクト・チームや学生チームなどといったさまざまな文脈で，対人交流記憶システムが主観的指標・客観的指標を問わずチーム・パフォーマンスに正の効果をもつことが示されている（e.g. Bachrach et al., 2019）。また，近年は対人交流記憶システムがチームの創造性を向上させる可能性も指摘されている。この他，研究数は多くないものの，対人交流記憶システムはメンバーの満足度などといった心理的側面にも正の効果をもつことが知られている。チームに対人交流記憶システムが形成されれば，メンバー間で円滑に知識の交換が行われ，効率的なタスク遂行が実現されやすい。こうした機能的背景から，満足度などの正の感情が生じやすいものと推察されている（e.g. Bachrach et al., 2019）。

対人交流記憶システムの先行要因は，チーム要因・個人要因・コンテクスト要因の３つに大別される（cf. Ren & Argote, 2011）。その中でも特に関心がもたれてきたのが，チーム要因である。たとえば，チーム内でコミュニケーションをとることや共同作業をすることは，誰が何を知っているかの理解に結びつくため，対人交流記憶システムに正の効果をもつことが明らかにされている。

個人要因についての研究は，チーム要因のものと比較すると十分な数とはいえない。しかし，近年は個々人の感情や学習努力，認知スタイルなどさまざまな観点から議論が行われるようになっている。特に感情については，負の感情が対人交流記憶システムの低下を招く可能性が指摘されている。

コンテクスト要因についてはさらに研究が少なく，今後さらなる研究が期待されている領域である。これまで検討されてきたものとしては，ストレス状況や地理的分散，外部環境の変動などがあげられる。こうした環境にチームが適応していくには，チーム内で分散している各知識を十分に活用していく必要性が生じてくるため，結果として対人交流記憶システムが高まる傾向にあることが知られている（e.g. Bachrach et al., 2019）。

［3］対人交流記憶システムの測定方法

対人交流記憶システムは，チーム内で形成された対人交流記憶システムの状態を捉えるべく，その測定方法が開発されてきた。一般的に用いられているものとしては，ルイス（Lewis, 2003）の尺度があげられる。この尺度は，対人交流記憶システムの下位次元である専門化・信頼・調整の3因子で構成される。具体的には，以下のような項目によって測定が行われる。

まず，専門化は，「各メンバーは，我々のプロジェクトのある側面について，専門的な知識をもっている」や「私は，他のメンバーがもっていないような，プロジェクトのある側面についての知識をもっている」などの5項目によって，メンバーがそれぞれ専門的知識をもつ程度が捉えられる。次に，信頼は，「私は，プロジェクトに関する他のメンバーの知識が信頼できるものであると信じていた」や「私は，他のメンバーの専門的知識をあまり信用していなかった（逆転項目）」などの5項目によって，他メンバーの知識を受け入れる程度が捉えられる。最後に，調整は，「我々のチームは，何をすべきかについての誤解がほとんどなかった」や「我々が仕事をどのように遂行するかについては，多くの混乱があった（逆転項目）」などの5項目によって，メンバーの知識が効果的に調整される程度が捉えられる。

ただし，この尺度では，チーム内で知識がどのようにやり取りされているのかなどといった，対人交流記憶システムのダイナミックな側面が捉えられていないという指摘もある。

4．チーム状況認識

［1］チーム状況認識の概念定義と理論的枠組み

チーム状況認識（team situational awareness）は，メンバーが共有している，とある時点の状況についての理解と定義される（Salas et al., 1995）。元来，状況認識は個人レベルの認知の概念であり，とある時間・空間における環境中の要素を知覚し，それらの意味を理解し，将来の状況を予測することを意味する（Endsley, 1995）。この説明に表れているように，状況認識は知覚・理解・予測という3つのレベルに分けられる。

一連の認知は，現在の環境に存在するさまざまな要素（e.g. 事物の状態）を知覚することから始まる（レベル1：知覚）。その後，知覚したさまざまな要素を統合的に情報処理することで状況の評価を行い，その重要性やパターンなどを理解する（レベル2：理解）。こうしたプロセスを経ることで，置かれている状況の将来についての予測が可能となる（レベル3：予測）。

このように，状況認識は，流動的に変化する環境や複雑な環境の中で的確な意思決定や行動を行ううえで重要とされてきた認知的側面である。特に環境変化が著しい航空場面で着目され，精力的に研究が行われてきた。

チーム状況認識は，メンバー個々人の状況認識をチームレベルに集約した概念である。共有メンタルモデル同様，状況認識が類似しているメンバーは，チームが置かれている状況に対して同様の知覚・理解・予測をするものと考えられる。これにより，チーム全体で的確かつ迅速な意思決定が可能となり，高いチーム・パフォーマンスが生み出されることが理論的に指摘されている（e.g. Salas et al., 1995）。

ただし，近年は上述のものとは異なる形態のチーム状況認識も提唱されている（e.g. Stanton et al., 2017）。具体的には，対人交流記憶システムのように，メンバー間で状況認識を分有してチーム内で補完し合うという考えである。これは，分散型チーム状況認識などと呼ばれる。分散型チーム状況認識は，各メンバーの状況認識が異なることを想定しており，知覚・理解・予測がすべて個人内で完結するという元々の状況認識の考えとは理論的に矛盾する。一方で，軍隊などのように役割分担が明確なチームには整合的な考えであるといえる。

[2] チーム状況認識に関連する要因

チーム状況認識は，他の2つのチーム認知と比較すると実証研究自体が多くない。その理由としては，チーム状況認識の最大の特徴である「とある時点」というダイナミックな側面を捉えることの難しさや，先述のような概念的な揺らぎに由来するチームレベルで扱うことの難しさがあげられる（Uitdewilligen et al., 2010）。そのため，関連する要因についても網羅的に議論されているとはいいがたい状況にある。

しかし，そのようななか，チーム・パフォーマンスとの関連性については航空場面などでいくつか検討がなされてきた。その多くで，チーム状況認識がチーム・パフォーマンスに正の効果をもつことが報告されている（e.g. Prince et al., 2007）。この効果の背景には，チームがチーム状況認識を形成することによって生じる，エラーの減少や反応速度の向上が関与している可能性が指摘されている（Mohammed et al., 2017）。一方で，測定方法（後述）や対象とするチームによっては，チーム状況認識とチーム・パフォーマンスが無関連な結果を示すこともある。

チーム状況認識の形成に正の効果をもたらす主な先行要因としては，チーム内のコミュニケーションがあげられる（Mohammed et al., 2017）。コミュニケーションが少ないチームは，メンバー間で情報量の不均衡や意見の相違が生じやすい。これに伴い，置かれている環境が同じでもそれに対する着眼点などが異なり，結果として知覚・理解・予測が一致しにくくなるものと考えられる。ただし，これらは医療場面を中心とする質的研究での議論が多く，引き続き効果の精査が求められる。この他，航空場面では，さまざまなチーム・トレーニングがチーム状況認識に与える影響について，散発的ながらも検討が行われている（cf. Mohammed et al., 2017）。一般化可能性には議論の余地が残るものの，これらの研究では，チーム・トレーニングがチーム状況認識に正の効果をもたらすことが示されることが多い。

［3］チーム状況認識の測定方法

チーム状況認識は，SAGAT（Situation Awareness General Assessment Technique）と呼ばれる手法を応用した測定方法が最も普及している（Endsley, 2021）。SAGATは，個人レベルの状況認識の測定方法として開発され，初期の状況認識研究から用いられてきた。この手法では，対象者にシミュレータ上などでタスクを実際に遂行させ，ランダムなタイミングでそのタスクを停止する。そのうえで，停止された時点の状況について，知覚・理解・予測のそれぞれに関連する質問を提示する。たとえば，航空交通管制の研究の場合，表示されている航空機の数についての質問，それらの状態の理解についての質問，今後の対応方針についての質問などがあげられる。こうした手続きが，一連のタスク遂行において複数回行われる。これらの回答は，専門的知識を有するエキスパートによって指標化される。一般的には，正答率が用いられる。このように，SAGATは，状況認識のダイナミックな側面を捉えることに重きが置かれている一方で，逐一タスクを中断するため，コストの高い測定方法であるといえる。

チーム状況認識は，上記の手続きで測定されたメンバー個々人の状況認識の値をチームレベルに集約することで指標化される。具体的には，チーム内の回答の一致率・類似性を算出している研究が最も多く，次いでチームの平均値・合計値を算出する研究が多い（cf. Endsley, 2021）。また，研究数は少ないながらも，チーム内のメンバーで共同して1つの回答を出すことを求める研究や，他メンバーの状況認識についてのメタ認知を尋ねるような研究も見受けられる。

SAGATのほか，タスク遂行中にリアルタイムに口頭で質問を提示され，それに対して口頭での応答が求められるSPAM（Situation Present Assessment Method）という手法を応用した測定方法も存在する（Endsley, 2021）。こちらの測定方法の場合，質問への応答内容のみならず，反応時間も指標として用いられることが多い。

5. 3つのチーム認知の比較と整理

本章では，チーム認知の中でも代表的な概念である，共有メンタルモデル，対人交流記憶システム，チーム状況認識の3つを取り上げ，レビューを行ってきた。これまでレビューしてきたとおり，これらの概念は，学術的に異なる文脈から誕生してきたがゆえに，それぞれ特有の理論的発展を遂げてきた。こうした背景からか，これら3つの概念を合わせて取り上げてその比較を行った研究は少ない。3つの概念をすべて取り上げたレビュー論文として，ウィトデウィリジェン他（Uitdewilligen et al., 2010）の研究などはあるが，体系的な整理には至っていないのが現状である。以上を踏まえ，ここからは3つの概念の比較を行い，概念間の類似性・相違性を整理する。

まず，3つの概念の間で共通するものとして，いずれもメンバーの認知の集合を扱うチームレベルの概念であり，チームに備わることでメンバー間の相互作用を改善する機能を有する点があげられる。まず，共有メンタルモデルは，メンバーが互いの要求や行動を予測し合うことが可能となり，阿吽の呼吸のような円滑な連携が実現される。次に，対人交流記憶システムは，タスク遂行に必要・重要な知識をより豊富に保有しておくことが可能となり，各メンバーの知識の効率的な活用が促される。最後に，チーム状況認識は，複雑で流動的な環境下においてもメンバーが同様の予測を立てることが可能となり，チームとしては的確かつ迅速な意思決定を行うことができるようになる。このように，詳細なメカニズムは異なるものの，いずれのチーム認知もチーム・パフォーマンスの向上が期待できる概念である。

相違点としては，扱われる認知の側面の違いと，認知の集合形態の違いの2点が主にあげられる（表6-2）。各概念のレビューで説明してきたとおり，共有メンタルモデ

表6-2　チーム認知の3つの概念の整理

	扱われる認知の側面	
認知の集合形態	スタティックな側面	ダイナミックな側面
認知の共有	共有メンタルモデル	チーム状況認識
認知の分業	対人交流記憶システム	分散型チーム状況認識

ルと対人交流記憶システムは，長期的に安定しえるスタティックな認知的側面（e.g. タスク一般に対するメンタルモデル，メンバーのもつ専門的知識）を扱う概念である。一方，チーム状況認識は，状況依存的でダイナミックな認知的側面を扱う概念である。このように，扱われる認知の側面から考えると，共有メンタルモデルと対人交流記憶システムが類似概念，チーム状況認識がこれらと対比的な概念として捉えることができる。

ところが，認知の集合形態の違いから考えると，共有メンタルモデルとチーム状況認識が類似概念，対人交流記憶システムと分散型チーム状況認識がこれらと対比的な概念として捉えることができる。測定方法にも表れているように，共有メンタルモデルとチーム状況認識は，メンバーの認知の共有を扱う概念である。一方，対人交流記憶システムと分散型チーム状況認識は，メンバー個々人の認知が異なることを想定しており，チーム内でその認知を補完し合うという考えの概念である。こうした2つの相違点は，概念によって捉えようとしている現象が異なることに起因して生じているものと考えられる。

これまで議論してきたように，3つの概念にはそれぞれの間に類似点・相違点が存在する。表6-2の比較・整理から考えると，これらは相補的な観点をもつ，いずれも欠かせない概念であるといえる。この点を踏まえると，今後のチーム認知研究では，3つの概念を同時に測定したうえで，より直接的に機能的差異などについて精査していく必要があるだろう。しかし，共有メンタルモデルの測定方法では汎用性の低さが，対人交流記憶システムの測定方法では捉えている内容に不足点があることが，チーム状況認識の測定方法ではコストの高さが問題となっており，こうした議論・検討の停滞を招いている。チーム認知の各概念の統合的理解のためにも，さらなる研究が求められる。

読書案内

Mohammed, S., Hamilton, K., Sanchez-Manzanares, M., & Rico, R. (2017). Team cognition: Team mental models and situation awareness. In E. Salas, R. Rico, & J. Passmore (Eds.), *The Wiley Blackwell handbook of the psychology of teamwork and collaborative processes* (pp. 369-392). West Sussex, UK: John Wiley & Sons.

——共有メンタルモデルとチーム状況認識の2つに焦点を当て，それぞれの近年の研究をレビューしたものである。

Uitdewilligen, S., Waller, M. J., & Zijlstra, F. R. H. (2010). Team cognition and adaptability in dynamic settings: A review of pertinent work. In G. P. Hodgkinson & J. K. Ford (Eds.), *International review of industrial and organizational psychology* (Vol. 25, pp. 293-353). Oxford, UK: Wiley-Blackwell.

——共有メンタルモデル，対人交流記憶システム，チーム状況認識の3つを包括的にレビューしたものである。

各論 II

チーム・パフォーマンス

第7章
チーム・リーダーシップ

池田 浩

Key Words
チーム・リーダーシップ，共有型リーダーシップ，フォロワーシップ，サーバント・リーダーシップ，エンパワーリング・リーダーシップ

高質なチームワークを醸成するためには，チームにおいてリーダーシップの機能を共有して，リーダーのみならずメンバーもリーダーシップを発揮する共有型リーダーシップが求められている。しかし，それを醸成するためには，特定のリーダーが取り組む課題や状況を適切に認識して，それを踏まえた働きかけを行いながらも，メンバーが主体的にチーム活動に取り組むエンパワーメントを促す働きかけが必要不可欠である。本章では，チームにおいてどのようなリーダーシップが求められるかについて概観する。

1．チームにおいてなぜリーダーシップが必要か

昨今，組織は先行きが不透明で，将来の予測が困難な状況に直面している。そのため，多様な専門性をもつメンバーからチームを構成して，高質なチームワークを発揮しながら，優れた創造性やイノベーションを実現することが期待されている。本書の第5章をはじめ他の章でも議論してきたように，チームによる高い成果（業績や創造性など）を実現する鍵は高質なチームワークにあるといえる。そして，そのチームワークを醸成する役割を担っているのが，本章で議論するチーム・リーダーシップである。

しかしながら，チームにおけるリーダーシップについては，リーダーシップ研究やチーム研究において現状として十分な知見が蓄積されているとはいえない。リーダーシップに関する研究は，名著として知られるバス（Bass, 1990）やユークル（Yukl, 2006）において莫大な知見がレビューされているが，その多くは階層的な組織におけるある特定の地位や権限を備えた特定の個人のリーダーシップを想定している。

本章では，チームにおいて考慮すべき状況や課題の特性を理解しながら，チームで求められるリーダーシップのあり方を示していく。

[1] チームワークを醸成する入力変数としてのリーダーシップ

チームにおいてリーダーシップが求められる主な役割は，業績や創造性などのアウトカム（結果）や，それにつながるチームワークなどのプロセスを醸成する入力変数としての役割である。伝統的な小集団研究やグループ・ダイナミックス研究では，まさに特定の人物によるリーダーシップが，集団のパフォーマンスを左右する要因として研究がなされてきた。

この前提は，チームワーク研究にも明瞭に受け継がれている。たとえば，チームワークをモデル化したディッキンソンとマッキンタイア他（Dickinson, McIntyre, Ruggeberg, Yanushefski, Hamill, & Vick, 1992）のモデル（60ページの図5-2を参照）でも，高質なチームワークを生み出す入力変数として，リーダーシップが位置づけられている。すなわち，高質なチームワークを引き出すためには，チームにおいて目標を共有し，相互に連携や協働を促すようにメンバーを導く影響力が不可欠であることがわかる。

しかし，ディッキンソンらのチームワークモデルでは，チームにおいてどのようなリーダーシップが求められるかまでは明確に議論されているとはいえない。当然ながら，チームが置かれた種々の状況によって求められるリーダーシップのあり方が変わりうることは想像に難くない。これは，リーダーシップ研究においても，効果的なリーダーシップは，状況によって変わりうることを説いたコンティンジェンシー・アプローチが示唆するところである。

図7-1　チームワークモデル（Dickinson et al., 1992を参照）

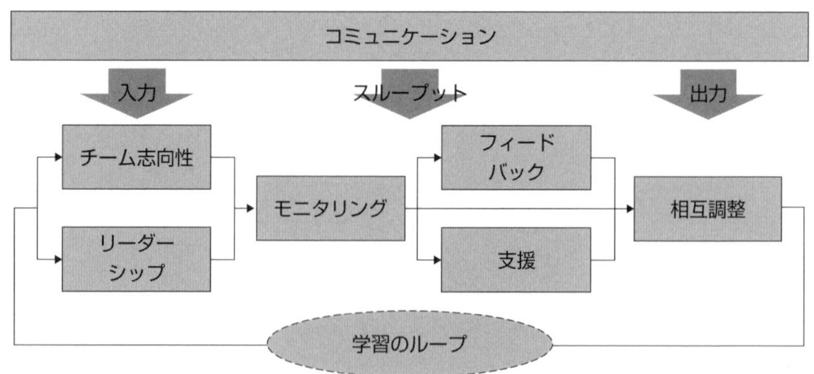

[2] チームが取り組む課題とリーダーシップ

チームにおいてどのようなリーダーシップが求められるかを見極めるうえで，最も重要な要因は，チームが取り組む課題の特性である。チームはもとより，いかなる集団や組織も，リーダーが先に存在するのではなく，課題が先に存在するからである。その課題がいかなるものかを見極める課題認識こそが，求められるリーダーシップを規定して，後続するチームの成果を左右する。

1）状況即応理論に見られる課題特性　リーダーシップ研究において，その効果性を左右する要因として「課題」特性にいち早く気づいたのが，ワシントン大学のフィードラー（Fiedler, 1967）の状況即応理論である。フィードラーは，課題志向リーダーと関係志向リーダーの効果性は，メンバーとの関係性やリーダーの地位勢力に加えて，「課題の構造化度」にも左右されるとして，これに着目している。構造化された課題とは，目標や課題に取り組む手続き，必要な知識が自明であることを意味する。他方，構造化度の低い課題とは，何にどのように取り組めばよいのか不明確なものを指す。そして，課題の構造化度を含めた3つの要因の組み合わせによって，求められるリーダーシップ・スタイルが異なることを理論的かつ実証的に示している。

2）パス-ゴール理論　「課題の構造化度」に応じて求められるリーダーシップのあり方を別の観点から理論化したのが，ハウス（House, 1971）によるパス-ゴール理論である。この理論は，モチベーション研究における期待理論——努力をすれば成果につながり（期待），成果をあげれば報酬が得られる（道具性）という合理的な計算によってモチベーションを説明する理論——に基づいている。そして，パス-ゴール理論では，チームのメンバーを動機づけるため「メンバーがうまく目的・成果（ゴール）に到達するために，どのような道（パス）をたどればよいのかをリーダーが的確に把握し，効果的な働きかけをすることが重要である」と主張している。

そのうえで，リーダーは，メンバーに有効なパス（道筋）を示すために2つの要因を考慮する必要がある。その1つがメンバーの要因（能力など）であり，他の1つが課題特性である。たとえば，仕事や課題が構造化されていない場合（非定型的な仕事）では，メンバーは自らの役割や課題をどのように進めるべきかを明確化することが難しいと考えられる。このときには，仕事や課題を方向づける「構造づくり」行動のほうが「配慮」行動よりも，メンバーの満足感や業績を高める効果をもつと指摘されている。逆に，役割や課題が構造化されている場合（定型的な仕事）では，メンバーは単純反復作業を強いられるために，強いストレスを感じることが多くなる。このときには，「配慮」行動のほうがより効果的であると指摘されている。

3) リーダーが見極めるべき課題特性　チームや集団が取り組む課題を整理した代表的な理論として，スタイナー（Steiner, 1966）は「加算的課題（各メンバーの働きの合計がチームとしての成果になる課題）」，「補償的課題（各メンバーの働きの平均がチームとしての成果になる課題）」，「分離的課題（少なくともメンバーの1人が課題遂行に成功すればチーム全体としての目標を達成できる課題）」，「結合的課題（メンバー全員が遂行できなければチームとしての目標を達成できない課題）」の4つに分類している。

さらに，マグラス（McGrath, 1984）は，チームが取り組む課題を2つの次元から包括的に整理している（詳細は11ページの図1-2参照）。1つ目は水平方向の「認知的-行動的」次元であり，もう1つは垂直方向の「協働-調整-葛藤解決」の次元であり，合計で4つの四分円からなる8つの課題に分類している。第1四分円は「創出」である。アイディア創出が求められる創造性課題や計画立案が求められる計画立案課題が含まれる。第2四分円は「選択」であり，知的問題解決課題や意思決定課題などチームで意思決定が求められる課題群である。第3四分円は「交渉」である。利害が絡む葛藤解決に関わる混合動機的課題や認知的葛藤課題が含まれる。そして最後の第4四分円は「実行」であり，競争・闘争課題と所定の手続きによる遂行課題である。

このように，ひと言でチームといっても実に多様な課題に取り組んでいることがわかる。そして，こうしたチームが取り組むべき課題を適切に認識することは，その課題で必要とされるチーム・プロセスやチームワーク，さらには求められるリーダーシップのあり方を見出すうえでも重要な意味をもつ。

[3] チームやメンバーの成熟度とリーダーシップ

チームにおいて効果的なリーダーシップのあり方を考えるうえで，もう1つ考慮すべき要因は，メンバーとチームの成熟度である。チームにおいて課題に取り組む主体は，各メンバーであり，そのメンバーがチーム全体の協力や連携を行っていく。そのように考えると，メンバーの成熟度に応じた働きかけをすることで，メンバーの能力や意欲を形成し，さらにメンバーの成熟度が高まり自律性を引き出すことにつながる。したがって，チーム全体の発達や成熟度によっても，リーダーの役割は変わりうる。

1) メンバーの成熟度　ハーシーとブランチャード（Hersey & Blanchard, 1977）は，メンバーの成熟度の違いに応じて，効果的なリーダーが変わることを主張し，ライフ・サイクル理論と名づけている。この理論では，リーダー行動を指示的行動（課題志向）と協労的行動（関係志向）の2次元，そして状況特性をメンバーの成熟度で捉えている。ここでいう「メンバーの成熟度」は，与えられた職務に必要な「能力」

（知識や技術の習得度など）と職務を遂行しようとする「意欲」という2つの要素からなる。そして，それらの組み合わせによって成熟度を4段階（低い，やや低い，やや高い，高い）に設定している。

また，ハーシーとブランチャードは，先述した2つのリーダー行動それぞれの高低の組み合わせによって，4つのリーダーシップ・スタイルを設定している。まずメンバーの成熟度が最も低く，職務を遂行する能力も十分ではない段階では，指示的行動を中心とした「教示的リーダーシップ」が最も効果的とされている。次の，メンバーの成熟度が十分ではない段階でも，リーダーの指示的行動は必要になるが，それに加えて，メンバーの情緒的な面も配慮する必要が出てくるため，協労的行動を増やした「説得的リーダーシップ」が必要になる。次の段階では，メンバーの成熟度がやや高くなるために，リーダーの指示的行動の必要性は低くなる。それに対してメンバーのモチベーションを高める必要があるため，協労的行動を増やした「参加型リーダーシップ」が有効となる。最後に，メンバーの成熟度が最も高い段階では，メンバーの職務に必要な能力や意欲は最も充実した状態となる。ここでは，リーダーの指示的行動や協労的行動の必要性が低くなるため，メンバーの自主性や自律性を尊重した「委譲的リーダーシップ」が有効となる。

2）チームの発達　チームも我々人間と同じように発達する存在である。集団が発達する段階を理論化したものとしてタックマン（Tuckman, 1965）のモデルがある。タックマンは，成員が互いに知り合いとなる「形成期」に始まり，成員間で競争と葛藤が生じる「騒乱期」，さらには集団目標が明確になり，規範が成立し，凝集性が高まる「規範期」，集団が協力して，課題遂行にエネルギーを集中するようになる「遂行期」，最後に目標が達成されるか，あるいは失敗してメンバーが集団から離れる「解散期」に整理している。タックマンは必ずしも，集団発達とリーダーシップについては論じていないものの，発達段階ごとに求められるリーダーシップが異なることは想像に難くない。

集団発達とリーダーシップとの関連について論じたのが，古川（1988）の集団年齢理論である。古川は，集団の発達を集団年齢という視点から青年期，中年期，老年期に分け，それぞれ発揮するべきリーダーシップの理論を述べている。

一方で，チームの発達とチーム・リーダーシップの形態との関係性を論じたのが池田（2009）のモデルである。池田は，チームの発達を①チームが形成されてからの期間と②メンバーの成熟度から図7-2のように4つのフェイズに整理している。

図7-2　チームの発達とチームリーダーシップ形態（池田，2009）

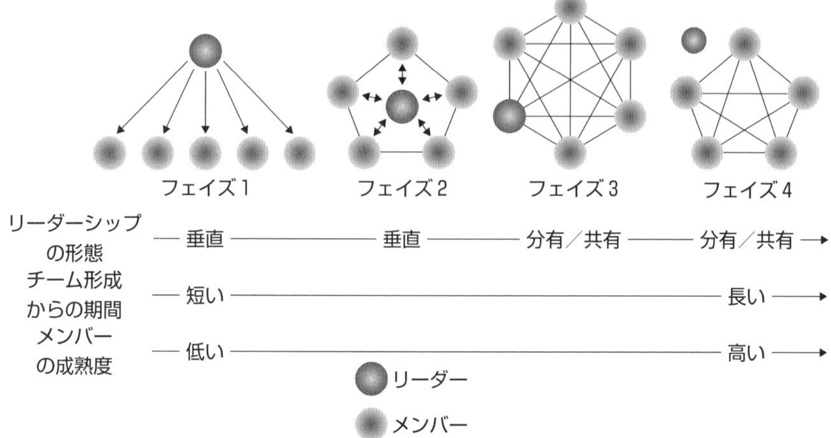

フェイズ１　チームが形成されてから間もないか，あるいはメンバーの成熟度が低いメンバーから構成されているチームである。ここでは，メンバー間の連携は十分ではなく，もっぱら公式なリーダーからメンバー個々に対して垂直的なリーダーシップが優勢になる。従来の主要なリーダーシップ論のなかでも２要因論などは，こうした形態を前提としていたことに気づかされる。

フェイズ２　このチームでは，各メンバー間で相互に連携が確立する時期である。リーダーからそれぞれのメンバーに対する垂直的なリーダーシップが主であるが，一方でメンバーからの上方向による影響も発生する。すなわち，リーダーとメンバーの相互影響過程が見られるようになる。リーダー－メンバー交換理論を示したグラーエンによるLMX理論（Leader-Member-eXchange Theory; Graen & Uhl-Bien, 1995）は，こうしたリーダーとメンバーとの関係性の質を捉えようとしたものである。

フェイズ３　このタイプでは，メンバー相互の連携や協力は綿密になり，チームワークも充実した状態である。ここでのリーダーの役割は，垂直的な影響力を発揮するのではなく，もはやリーダーもメンバーの１人としてチームの目標達成に貢献するようになる。すなわち，リーダーだけでなくメンバーもリーダーシップの役割を分担したり，またそれぞれがリーダーシップを発揮するようになる。共有型リーダーシップ（shared leadership; Pearce & Conger, 2003）やチームのメンバーがリーダーシップを発揮しうるチームレベルのリーダーシップ能力（team leadership capacity; Day, Gronn, & Salas, 2004）の重要性の根拠はここにある。

フェイズ４　さらに，メンバーの成熟度が増し，メンバーによるリーダーシップが発揮されるようになると，もはやチーム内においてリーダーに求められる役割は極端に減少することになる。近年，理想的なチームとして取り上げられ，メンバーが自律的に取り組む「自律管理型チーム」(Manz & Sims, 1993) は，フェイズ 4 を意味しているといえる。また，メンバーの成熟化によって，公式的なリーダーシップが不要になる状態は，まさにリーダーシップ代替論 (Kerr & Jermier, 1978) の示すチームの状態ともいえる。

[4] 本書で着目するチーム・リーダーシップ

次節からチームにおけるリーダーシップを議論していくうえで，まず基本となるリーダーシップの定義を確認しておく必要がある。一般的にリーダーシップは「集団目標の達成に向けてなされる集団の諸活動に影響を与える過程」と定義されている (Stogdill, 1974)。この定義から，リーダーシップには 2 つの機能が包含されていることに留意する必要がある。

1 つは，リーダーシップが，ある特定の地位に就いているリーダー（管理者など）の影響力や影響過程を意味する「個人の機能」をもつという視点である。もう 1 つは，特定の個人だけでなく，チームのメンバーも影響力を発揮することができる「チームの機能」としてのリーダーシップである。

従来のリーダーシップに関する研究の多くは，経営者や部長，マネージャーなど，公的に任命された役職に就いた個人を想定した議論が行われてきた (Zaccaro, Rittman, & Marks, 2001)。しかし，効果的なチームになるほど，後述するように特定の個人（チーム・リーダー）だけでなく，メンバーも発揮しうるチームの機能としてのチーム・リーダーシップを考える必要がある。実際，リーダーシップに関する最新の知見が紹介されている The Leadership Quarterly 誌においても，最近，チームの機能として，メンバー間で共有（分有）されたリーダーシップのアプローチに関する特集が組まれるなど，チーム・リーダーシップ研究の新しい枠組みについて実証的な検討が進められてきている (Day, Gronn, & Salas, 2004)。

次節では，図 7-2 のチームの発達とチーム・リーダーシップの形態を念頭に置きながら，チーム・リーダーシップとして求められる 2 つの機能について概説する。

2. 個人の機能としてのチーム・リーダーシップ

いかなるチームも，ある課題やプロジェクトのもとに新たにメンバーが構成されてすぐに，高質なチームワークや，それぞれが互いにリーダーシップを発揮することは難しい。そうした成熟したチームを作り上げる中心的な役割を担うのが，公式的な役割を担うチーム・リーダーである。図7-2でいえば，フェイズ1やフェイズ2に該当する。これらのフェイズでは，従来の伝統的なリーダーシップ理論が重要な意味をもつようになる。

［1］構造づくりと配慮機能

チームのフェイズ1では，チームが取り組む課題を適切に理解しながら，そこで相応しい目標を設定して，チームで共有する必要がある。また，課題を柔軟かつ効果的に遂行するためには，チームの各メンバーの役割も明確化する必要がある。さらに，必要に応じてメンバーが知識やスキルを獲得できるようコーチングなどの働きかけも求められる。

こうしたリーダーシップは，集団が活動するための基盤を作り，成果を上げるための基本的なリーダーシップとして，古くからリーダーシップの2要因論やPM理論として検討されてきた。

1）リーダーシップの2要因論　ストッディルらのオハイオ州立大学のグループ（Halpin & Winer, 1957）は，まず職場の管理者（リーダー）の行動を部下から多数収集し，それをもとに150の質問項目からなる「リーダー行動記述調査票」を開発している。そして，そのデータから，リーダー行動は，職務活動を明確化したり，部下の役割や責任を定義する「構造づくり」行動と，リーダーと部下との相互の尊敬や信頼を作り出す「配慮」行動に集約できることを明らかにしている。構造づくりと配慮のリーダーシップはそれぞれパフォーマンス（集団の生産性，メンバーの満足感）との関連性をもつことが明らかにされている。

2）PM理論　2要因論に後続して，わが国では，上記の2次元の両方の行動を発揮することが重要であるとし，九州大学の三隅二不二はPM理論を提唱している。三隅（1984）は，リーダー行動のパターンをP機能とM機能の2つに分類している。P機能とは，課題達成（performance）機能を意味し，課題志向的な側面についてのリーダーの行動パターンを表している。具体的には，メンバーを最大限働かせる，仕事量をやかましくいう，所定の時間までに仕事を完了するように要求する，目標達成の計画を綿密にたてるなどの行動を指す。

それに対して，M機能とは，集団維持（maintenance）機能を意味し，リーダーの人間関係志向的な側面の行動パターンを示す。具体的には，リーダーがメンバーを支持する，メンバーの立場を理解する，メンバーを信頼する，メンバーが優れた仕事をしたときには認める，メンバーたちを公平に取り扱うなどである。

[2] 方向づけ機能

チームでは，ときにプロジェクトチームなど従来の伝統や前提を覆すような変革が求められることもある。あるいは，前例にとらわれない新しい取り組みが求められることもある。そのようなケースでは，リーダーは，その変革へのビジョンを設定して，チームのメンバーと共有する必要がある。それが，チームメンバーがビジョンを実現するための推進力となると同時に，メンバー同士の協力や連携をいっそう促す働きをもつようになる。これらは，リーダーシップの「方向づけ機能」と呼ぶことができる。これに関わる理論が，ニューヨーク州立大学のバスらによる変革型リーダーシップ理論（Bass, 1985）である。

変革型リーダーシップ　変革型リーダーシップ（transformational leadership）とは，組織外部の環境に関心をもち，それに適応するために組織に変化を導入したりする，革新の創出を指向したリーダーシップである。それに対して，従来の2要因論などのリーダーシップ理論は，基本的に組織内部に関心があり，メンバーとの相互交流を通じて，目標や課題を確実に遂行することを目指したものであり，これは交流型リーダーシップ（transactional leadership）と呼ばれている。

バス（Bass, 1985）は，変革型リーダーシップを，メンバーに影響を及ぼすリーダーの効果性の観点から定義している。それによると，リーダーは，メンバーに明確かつ理想的な目標の重要性や価値を気づかせて，組織のために私欲から抜け出させ，そしてより高いレベルの欲求を活性化させることで，メンバーの質を変容することを目指すものと述べている。

[3] エンパワーメント機能

チームでは，単に公式的なリーダーの指示や命令に従うだけでは，メンバーの能力を活かすどころか，潜在的に備えているチーム力を十分に発揮することはできない。チームのメンバーが，高いモチベーションを保持して，互いに高質なチームワークを発揮し，さらにチーム全体がリーダーシップを発揮するためには，公式的なリーダーが，チームのメンバーをエンパワーメントする働きかけが不可欠である。

1) サーバント・リーダーシップ　これまでのリーダーシップとは，リーダーはメンバーを上から指示・命令したり，先頭に立って引っ張ったりするものとイメージされてきた。しかし，そうしたリーダーの働きかけでは，メンバーが受動的な態度となり，リーダーからの指示待ちになる。

それに対して，昨今，目標の達成に向けて，メンバーが活躍しやすいように支援し，奉仕するリーダーシップとして，サーバント・リーダーシップ（Greenleaf, 1970）が注目を集めている。サーバント・リーダーシップは，リーダーがメンバーから信頼を獲得するだけでなく，メンバーの自律的なモチベーションを喚起して，チーム内で協力する風土を醸成する役割をもつことが明らかにされている（池田，2017）。

2）エンパワーリング・リーダーシップ　チームのメンバーが相互に協力・連携を行うチームワークを発揮するだけでなく，それぞれが局面によってリーダーシップを発揮するためには，チームメンバーが自律的でイニシアティブ（主導性）をとる必要がある。そのためには，メンバーがエンパワーされていることが必要になる。このメンバーの状態は，単にチームのリーダーの指示や命令に無批判に従う状態とは趣を異にする。

そうした背景から，昨今，エンパワーリング・リーダーシップ（empowering leadership）の概念が提案されている（Kirkman & Rosen, 1999）。エンパワーリング・リーダーシップを構成する次元には，主に①チームに責任を付与する，②チームにその責任を行使するように促す，③チームへの信頼を伝える，から構成されている。そして，チーム・リーダーによるエンパワーリング・リーダーシップによって，チームメンバーの心理的エンパワーメントが醸成され，チーム・パフォーマンスを規定することが明らかになっている（Chen, Kirkman, Kanfer, Allen, & Rosen, 2007; Kirkman & Rosen, 1999）。

3．チームの機能としての共有型リーダーシップ

前節では，図7-2のフェイズ1とフェイズ2を想定しながら，特定個人によるチーム・リーダーシップについて議論してきた。いずれも，チームが創造性を発揮して，高い成果を実現するため，チームメンバーが柔軟かつ高質なチームワークを発揮するだけでなく，チームメンバーがリーダーシップを発揮するための素地となるものである。この議論を踏まえて，本節では，チーム全体がリーダーシップという役割を共有して発揮する共有型リーダーシップについて議論する。

[1] 共有型リーダーシップ

チーム研究が盛んなペンシルベニア州立大学のピアースらは，チームのすべてのメンバーがリーダーシップという役割を共有して，相互に影響を及ぼすことを共有型リーダーシップとして理論化している（Pearce & Conger, 2003）。共有型リーダーシップは先述したエンパワーリング・リーダーシップの結果としてチームが発達した

状態と見なすことができる。また，図7-2でいえば，公式的なリーダーも他のメンバーと同様に相互に影響を及ぼし合うフェイズ3や，公式的なリーダー以外のメンバーが相互にリーダーシップを発揮し合うフェイズ4がそれに該当する。

共有型リーダーシップが求められるようになった背景には，次の2つが関わっているといえる。1つ目は，組織を取り巻く環境が大きく変動していることである。環境の変化に柔軟に適応するためには，プロジェクトチームなどを結成し，そして，それぞれの専門性を有機的に発揮するため，すべてのメンバーがイニシアティブを発揮することが期待されている。2つ目は，複雑で不確実性（曖昧性）のある課題に直面していることである。昨今の組織が取り組む課題は，管理職でさえも何をどうすればよいか知識や経験をもち合わせていないことが多い。そのため，各メンバーのリーダーシップが強く期待されるようになっている。

もちろん，リーダーシップを共有するといっても，すべてのメンバーが同時にリーダーシップを発揮するわけではない。石川（2016）が示すように，チームが取り組む課題のプロセスにおいて，それぞれの局面ごとにあるメンバーがリーダーシップを発揮して，それ以外のメンバーはフォロワーとなる。そして別の局面では，別のメンバーがリーダーシップを発揮するとそれ以外のメンバーがフォロワーとなり課題を遂行していくことになる。このように考えると，共有型リーダーシップが発揮されているチームでは，各メンバーの知識と専門性を最大限活かすために，メンバー同士が“主張”や“主導”と，“承認”や“受容”を柔軟に使い分けながら課題を進めていくことになる。そして，あるメンバーのリーダーシップのもとで，課題を進めるプロセスこそがチームワークと位置づけることができる。

[2] リーダーを支えるフォロワーシップの役割

共有型リーダーシップを支えるもう1つの役割が「フォロワー」である。そして，リーダーによる影響力を受けて，さらにリーダーに影響力を発揮することを「フォロワーシップ」と呼ぶことができる。フォロワーシップとは，「集団の目的達成に向けてフォロワーがリーダーの働きかけを支援し，また影響を及ぼす過程」と定義することができる。従来は，特定個人の「リーダーシップ」に関心が寄せられるあまり，その受け手であるフォロワーの役割について看過されてきた。しかし，フォロワーシップ研究の第一人者であるケリーは，組織の業績に対してリーダーシップが与える効果は10～20%に過ぎず，残り80～90%はフォロワーの貢献によることを喝破している（Kelley, 1992）。これは，「フォロワーシップ」が，リーダーシップと組織業績との関係を左右する重要な変数であることを意味している。

では，フォロワーシップにはどのようなタイプが存在するのだろうか。現在，最も

図7-3　フォロワーシップのタイプ（Kelley, 1992）

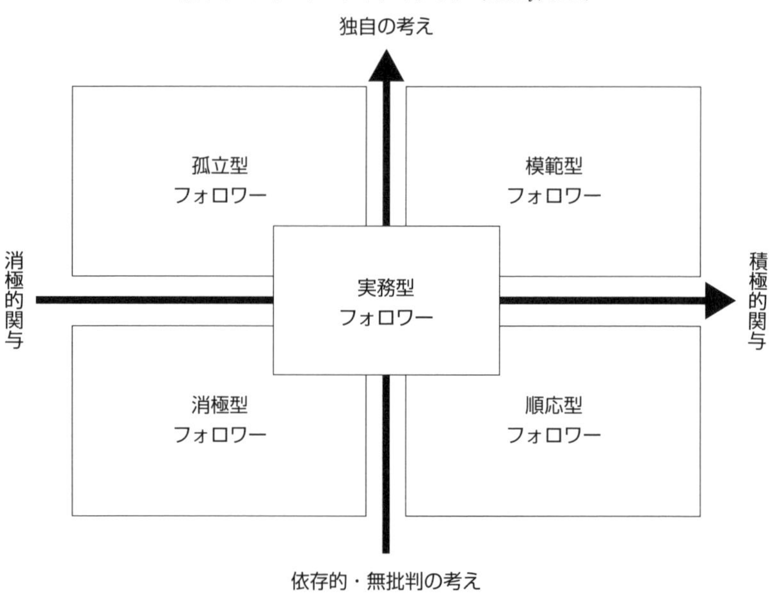

よく知られたフォロワーシップ理論として，ケリーによるモデルがある。ケリーは，フォロワーシップを，リーダーと交流する程度として「積極的関与」-「消極的関与」，もう1つはフォロワーが独自の考えや意見をもつ程度として「独自の考え」-「依存的・無批判の考え」に分けて，フォロワーシップを大きく5つに類型化している（図7-3）。

最も理想的なフォロワーシップは，フォロワーが独自の基準や価値判断で思考し，また建設的な意見をリーダーに進言し，同時にリーダーとも積極的に交流する「模範型フォロワー」である。このタイプのフォロワーシップは，リーダーにとっても貴重な存在となる。

2つ目は，フォロワーは独自の考えや意見をもつものの，リーダーにあまり関与しない「孤立型フォロワー」である。リーダーの意向や考えを批判するものの，それをリーダーに伝えないため，やや孤立した存在である。

3つ目は，リーダーや組織に対して積極的に交流するものの，フォロワーとして独自の考えや意見をもたず，リーダーの意向を無批判に受け入れ，依存する「順応型フォロワー」である。俗に「イエスマン」とも称される。

4つ目は，独自の考えや意見ももたず，かつリーダーや組織にも積極的に関与しようとしない「消極的フォロワー」である。このタイプは，リーダーに依存して単なる指示待ちになってしまっている。

最後は，「実務型フォロワー」である。このタイプは，独自の考えも一定程度もちつつ，リーダーや組織とも最低限は交流するものの，それ以上のリスクや関与は行わないフォロワーである。

チームが共有型リーダーシップを発揮するためには，自らがリーダーシップを発揮するだけでなく，自身がフォロワーの役割を担う場合にもときにリーダーに躊躇なく意見や進言を行う必要がある。そのように考えると，上記のタイプでいう模範型フォロワーにもなり得ることが望まれる。言い方を変えると，自らが「リーダー」と「フォロワー」という役割を柔軟に変容できる柔軟さが求められるだろう。これを，ラピエール他（Lapierre & Carsten, 2014）は，リーダーとフォロワーとのスイッチングと呼んでいる。

読書案内

金井 壽宏（2005）．リーダーシップ入門（日経文庫）日経 BP

――リーダーシップについて学術的研究はもとより，経営者などの事例も豊富に紹介しており，リーダーシップを幅広く理解するうえで最適な 1 冊である。

古川 久敬（2004）．チームマネジメント（日経文庫）日経 BP

――チームをマネジメントしていく上で、学術的な知見を根拠にしながら，具体的な運営方法や成果を上げていくための実践的な示唆をわかりやすく概説したものである。

第８章
チーム・モチベーション

池田 浩

Key Words
モチベーション，社会的手抜き，腐ったリンゴ効果，社会的促進，モチベーションの伝染

チームにおいて高い成果を実現するためには，チーム力とともに，チーム全体が目標達成に向けて邁進するチームのモチベーションが欠かせない。しかし，チーム研究において，これまで真っ正面からチームのモチベーションを議論した研究は必ずしも多いとはいえない。本章では，グループ・ダイナミックスの知見を基盤に，チームで課題に取り組むさいにメンバーのモチベーションがどのように影響を受けるかについて議論する。特に，集団やチームでは，メンバーの人数が増えることで，単独個人で課題に取り組むときよりもモチベーションが抑制されることを支持する知見が多数を占める。そうした社会的手抜きの知見を踏まえ，モチベーションを抑制する原因を整理するとともに，チームにおいてモチベーションが向上するモチベーション・ゲインの知見を示し，そしてチーム全体のモチベーションを高めることを示唆するモデルと知見を提示する。

1．チーム活動におけるモチベーション

チームでは，個人では成しえない複雑な課題を，複数のメンバーが協力連携して遂行する。そこには，各メンバーが保有する能力を十分に発揮するだけでなく，メンバー同士が協力して高質なチームワークを発揮するために必要不可欠なものがある。それは「チームのモチベーション」である。しかし，個人のモチベーションとは異なり，チーム全体のモチベーションを高めることは決して容易ではない。従来の社会心理学や集団心理学の知見が示唆するように，複数のメンバーが集まることでかえってモチベーションが抑制される現象が生じることも珍しくない。

そこで，本章では，チームにおけるモチベーションを３つの視点から論じる。１つ目は，チームにおけるメンバーのモチベーションについて論じる。一般的に，ワーク・モチベーション研究では，組織で働く労働者やチームのメンバーの個人に焦点が

当てられ，目標を達成することに向けたモチベーションについて数多くの研究がなされてきた（Latham, 2012）。しかし，チームにおいては，その目標達成を達成することに向けたモチベーションに加え，それを実現するために他のメンバーと協力することに向けたモチベーションも必要不可欠であることを確認する。

2つ目は，チームにおいてモチベーションが抑制される心理メカニズムである。モチベーションの抑制メカニズムは，従来の社会心理学で検討されてきた社会的手抜き（Latané, Williams, & Harkins, 1979）や腐ったリンゴ効果（Felps, Mitchell, & Byington, 2006）などを取り上げながら，なぜ，どのようなときにチームにおいてモチベーションが抑制されるかを確認する。

3つ目は，2つ目と対照的に，チームにおいてモチベーションを高めるメカニズムを概観する。ここでは，チームに所属する特定個人のモチベーション向上という現象と合わせて，リーダーからメンバーや，メンバー同士でモチベーションが影響を及ぼし合う「モチベーションの伝染効果」について概説する。

［1］チームにおけるモチベーション

1）チームプロセスにおけるモチベーションの役割　チームにおけるモチベーションの問題を議論するうえで，まずはワーク・モチベーションについて理解しておく必要がある。個人であれチームであれ，モチベーションの意義は不変である。個人であれば，職務行動や成果（業績や創造性）を規定する要因であり，他方，チームであればチームワークやチームで成し遂げる業績を規定する。かつて，マイヤーは，パフォーマンスは，能力とモチベーションの関数であると論じている（Maier, 1955）。関連して，ポーターとローラーは，職務行動や成果は，モチベーション（Motivation）と能力（Ability），役割認識（Role perceptions）によって規定されるとしMARsモデルを提唱している（Lawler & Porter, 1967）。

これらのモデルは，いずれも組織で働く個人を想定したものではあるものの，チーム活動においてもモチベーションの重要性は変わらない。しかしながら，これらのモデルをチーム活動に適用する際には，メンバーによる個人レベルとチーム全体を意味するチームレベルの2つに留意する必要がある。

メンバーによる個人レベルとは，チームにおいて，各メンバーが自身の役割を遂行するうえで，自らの能力とその課題を遂行するためのモチベーションの両方を備えておく必要があるということである。

もう一方のチームレベルとは，各メンバー個人の能力を超えたチーム独自の能力（これを「チーム力」と呼ぶ）とメンバーが相互に協力しようとするモチベーションを意味する。特に，後者のモチベーションは，メンバー個人の能力とチーム力を引き出すうえで重要性をもつ。

2) 多側面ワーク・モチベーション・モデル　ここで，モチベーションの定義について確認しておく。組織において，自らの職務や目標に向かって意欲的に遂行している状態のことをワーク・モチベーションと呼ぶ（池田，2021）。ワシントン州立大学のミッチェルは，ワーク・モチベーションを「目標に向けて行動を方向づけ，活性化し，そして維持する心理的プロセス」（Mitchell, 1997, p. 60）と定義している。そして，この概念には，目標を，なぜ，どのように成し遂げるのかの明確性を意味する「方向性」と目標の実現に向けた努力や意識の高さを意味する「強度」，そして目標を追求・実現するための継続性を意味する「持続性」という3つの次元が内包されている（Barrick, Mitchell, & Stewart, 2003; 池田・森永，2017）。

また，組織における職務は多様な特性をもつ。それゆえ，その職務特性の要請に応えるように，職務に特化したモチベーションが求められる。池田・森永（2017）は，職務特性に応じたモチベーションとして，多側面ワーク・モチベーション・モデルを提案している（図 8-1）。

このモデルでは，達成志向モチベーションがあらゆる職務に共通して求められる中核的なモチベーションとして位置づけられている。広くモチベーションとして議論するのは，この達成志向モチベーションである。

しかし，この種のモチベーションに加えて，各メンバーが担う仕事の特性に応じた

図 8-1　多側面ワーク・モチベーションモデル（池田・森永，2017 を参照）

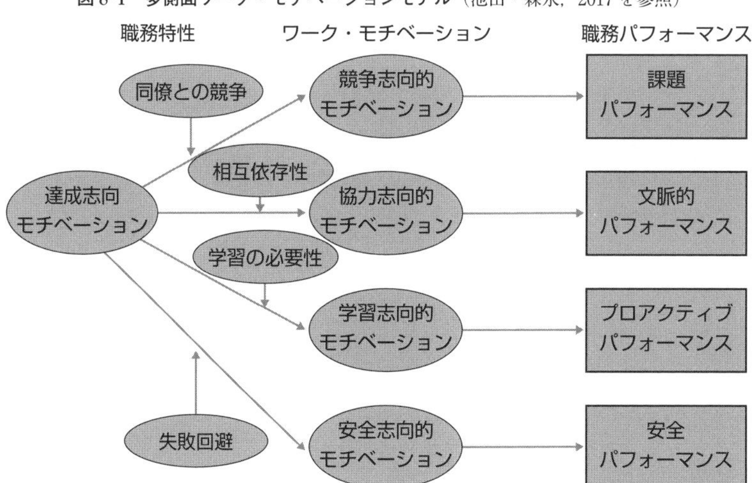

モチベーションも求められる。たとえば，同僚と営業成績などの成果を競う職務であれば「競争志向モチベーション」，絶えず新しい知識やスキルを身につけることが求められる仕事では「学習志向モチベーション」，さらに，医療や安全の現場など失敗を回避して，必要な業務をミスなく完遂する仕事では「安全志向モチベーション」が求められる。そして，チームで働く仕事のように他のメンバーとの協力が不可欠な職務ほど「協力志向モチベーション」が求められる。

チーム活動は，基本的に各メンバーが与えられた役割を遂行するタスクワークと，他のメンバーとの協働による相互作用としてのチームワークに分けられる。それぞれの活動に求められるのが，達成志向モチベーションと協力志向モチベーションといえる。

2. チーム・モチベーションの抑制メカニズム

チームでは，各メンバーが自らの役割を遂行する達成志向モチベーションとともに，他のメンバーと連携による相互作用を生み出すための協力志向モチベーションの2つをもちながら課題を遂行する必要がある。しかし，従来の社会心理学や集団心理学の知見からは，チームで取り組みさえすればチーム全体のモチベーションが自然と醸成されるわけではなく，むしろその反対にモチベーションが抑制される可能性があることが示唆されている。

[1] チーム活動におけるモチベーションのロス（損失）

スタイナー（Steiner, 1972）は，集団生産性の理論において，集団のメンバーの人数が増えるにつれて，理論的には集団の生産性は増していく可能性があるものの，現実的には，集団過程において損失（ロス）が増加することを説いている。スタイナーによれば，集団過程における損失は，大きく2つの種類に分けられるという。1つは，調整ロス（coordination loss）と呼ばれるものである。チームで働くメンバー同士がお互いにやり取りを行うさいに，人数が増えるほど，調整がうまくいかなくなり，結果としてチームの潜在力を十分に発揮できなくなるというロスを意味する。これは，チームが取り組む課題（職務）に適正かつ最適な人数を設定するとともに，チーム活動において，相互に適切な支援や協力を行うことで最小化することができる。

もう1つの損失が，モチベーション・ロス（motivation loss）と呼ばれるものである。これは，チームで働くことでかえってメンバーのモチベーションが低下する現象であり，後に，ラタネとダーリーによって「社会的手抜き」として理論化されている（Latané et al., 1979）。社会的手抜きについて，ラタネらは数多くの実験研究によって検証している。たとえば,「大声をあげる」あるいは「手をたたいて大きな音を出す」といった課題を,集団のメンバーの数を増やしながら行っている。その結果,集団メンバーの人数が多くなればなるほど,1人あたりのパフォーマンス(音量など)が低下することを明らかにしている。

この結果は,チーム場面においても,大きな影響を与えている。たとえば,プロジェクトチームで,新しい提案を考える際に,1人であれば必死になって考えざるをえないものの,複数のメンバーからなるチームで話し合いをすると他の人が提案するアイディアに甘えてしまい,あまり必死に考えないこともあるだろう。また,職場全体で売り上げの目標達成を目指しているさいに,人一倍売り上げを上げている人がいるため,自分はほどほどにしか頑張らなくてもよいだろう,と考えることも,社会的手抜きに当てはまる。

モチベーション・ロスを表す社会的手抜きの現象は,その後も数多くの研究によって検証され,カラウとウィリアムズ(Karau & Williams, 1993)は,130以上の研究に基づいてメタ分析を行ったところ,社会的手抜きは再現可能な頑健な現象であることを結論づけている。

[2] チームにおけるモチベーション・ロスの原因と克服条件

チームでは,このようにモチベーション・ロスと呼ばれる社会的手抜きが発生する可能性を秘めているが,決して常に生じるわけではない。モチベーション・ロスが生じる状況や条件もすでに明らかにされていることから,チームでモチベーションを引き出すためには,こうした心理的落とし穴を生み出す条件に対して,適切に対応することが求められる。

1) モチベーション・ロスの原因　社会的手抜きが生じる原因の1つは「責任性の拡散」と呼ばれるものである(Kerr, 1983)。これは,チームの人数が増えれば増えるほど,1人あたりの責任が小さくなり,それに伴って一生懸命頑張って成果を上げようとするモチベーションも抑制される。

2つ目の原因は「評価可能性の欠如」である(Harkins, 1987)。チーム活動では,各メンバーの存在や活動がチーム全体に隠れやすくなる。そのため,チームによっては一人ひとりの匿名性が高くなり,誰がどのように貢献したかが不透明になることもある。こうした状況だと,他のメンバーの頑張りに便乗する「フリーライダー(ただ乗り)」が発生しやすくなる。

2）モチベーション・ロスの克服条件　モチベーション・ロスが生じる原因とともに，それを克服する条件も明らかにされている。

1つ目は，チームが取り組む「課題の意義や価値」である（George, 1992）。チームのメンバーにとって課題が魅力的で，意義を感じ，さらにその課題と自分自身との関連性を強く感じられるときに，チームのメンバーは課題にコミットするようになる。

2つ目は，チーム課題に対する各メンバーの努力が明確になり，評価される場合にも，社会的手抜きが抑制される。さらに，チームの課題に対して，メンバーの責任感が高まる場合にも手抜きが抑制される効果をもつことも明らかにされている（Hoon & Tan, 2008）。チームにおいて各メンバーの役割や責任を明確にして，そのメンバーへの期待を寄せることで，チーム活動に対するモチベーションを引き出すことができるといえる。

［3］チーム全体のモチベーションを蝕む「腐ったリンゴ効果」

チーム全体のモチベーションを蝕む現象として，最近「腐ったリンゴ効果」と呼ばれる現象がある。これは，フェルプスらが，問題のあるチームのメンバーの存在や行動がチーム全体を機能不全に陥らせる心理メカニズムを理論的に整理し，これを「腐ったリンゴ効果」（the bad apple phenomenon）と呼んでいる（Felps et al., 2006）。この現象は，ことわざである「1つの腐ったリンゴが樽全体をダメにする」（the bad apples spoil the barrel）を語源とするものである。

こうした現象は，わが国でよく知られる「不機嫌な職場」（河合・高橋・永田・渡部, 2008）と同様の現象といえる。チームにおいて，同僚のことを考えず自分の都合の良いように振る舞うことで，仕事に関わる生産的なコミュニケーションが影を潜め，もっぱら愚痴や悪口，不平不満を吐き散らすことなどが該当する。

こうしたあるメンバーによる否定的な言動がチーム全体を機能不全に陥らせるプロセスについて，フェルプスらは次の5つの段階を示している。

①きっかけは，ある1人のメンバーのネガティブな言動から始まる。具体的には，「力を出そうとしない」「ネガティブな感情を表出する」「対人的規範を無視する」の3つの行動がある。これらが，チームに悪影響を与え，またそれが慢性的に表出されれば大きな問題の引き金となる。

②チームのメンバーは，①で記述したようなあるメンバーの困った行動を改めさせようと努力する。しかし，その言動が改善されなければ，他のメンバーは次第に不公正感を感じるようになり，さらなるネガティブな情動が生まれてくる。当然，否定的な言動を発するメンバーとの信頼関係も崩れていく。

③さらに時間が経過すると，チーム内の他のメンバーはそれぞれ防衛的行動をとる

ようになる。すなわち，困ったメンバーに対して怒りを表出し，水面下で嫌がらせも行われるようになる。最終的には，そのメンバーを拒絶したような態度をとるようになる。チーム内の他のメンバーの気持ちも穏やかではなく，何とか仕事に専念しようと試みるが，一方で，一生懸命に仕事をすると憂き目を見るため，次第に手抜きをしたり，怠けるようにもなる。

④チーム内のそれぞれのメンバーがこれらの行動をとるようになると，これはチームレベルへと波及するようになる。そして，チームの活力ともいうべきチーム・モチベーションは減衰し，相互協力はおろか，メンバー間にネガティブな感情や葛藤が生じる。

⑤最終的に，チーム業績や効率性も低下することになる。

腐ったリンゴ現象そのものを実証した知見はそれほど多くはないものの，ケネディとシュワイツァーは「腐ったリンゴ」となる非倫理的行動を行うメンバーがいるとき，その他のメンバーにネガティブに伝染するか，それともその否定的行動を補う行動をとるかについて，外集団メンバーの存在の有無によって実験的に検証している(Kennedy & Schweitzer, 2018)。その結果，外集団メンバーが存在する場合には，腐ったリンゴであるメンバーを含めて自分たちの集団であるという自己カテゴリー化が生じ，その結果として腐ったリンゴによる悪影響を補う補償行動をとることが明らかにされている。特に，そうした補償行動には，罪悪感の感情が強く関わっていることが確認されている。

3. チーム・モチベーションの向上メカニズム

前節では，複数のメンバーが集まるチーム状況では，かえってモチベーションが抑制される現象を見てきた。そこでは，チームが目標の達成に向かうように適切にマネジメントできなければ，かえってチームのモチベーションを損なうような逆効果が生じる可能性があることを意味している。しかし，チームでは常にモチベーションが抑制されるわけではない。時に，チームであるからこそ，特定のメンバーのモチベーションが向上することもあれば，チーム全体のモチベーションが底上げされることもある。これを，モチベーション・ゲインと呼ぶ。

[1] チームにおけるメンバーのモチベーション向上

1) 社会的促進　他者の存在によって，モチベーションが促進することを示した古典的な研究として社会的促進研究があげられる。米国の社会心理学者であるトリプレットは，自転車競技に興味をもち，一緒に作業を行う「共働者」の存在が，モチベーション（パフォーマンス）を促進することを示している（Triplett, 1898）。

社会心理学のザイアンスは，社会的促進の現象は，共働者だけでなく，観察者として存在する場合も生じることを明らかにしている（Zajonc, 1965）。彼は，観察者の存在は，本人の覚醒水準（arousal level）を高めさせ，それによってそのときに支配的な行動傾向（熟練した習慣化された行動）をさらに促進する傾向を明らかにしている。

これらの研究は，必ずしもモチベーションを測定しているわけではないものの，共に同じ作業を行う共働者（たとえば，チームメンバーなど）や観察者（たとえば，管理者やチームリーダー）の存在は，意識が高まる覚醒水準を生じさせ，それがモチベーションを向上させることを示唆しているといえる。

2）他のメンバーの不足を穴埋めしようとする社会的補償効果　チームにおける特定のメンバーのモチベーションが高まる現象の1つとして，「社会的補償効果」が明らかにされている（Williams & Karau, 1991）。これは，チームにおいて，相対的に能力の低いメンバーがいると，能力の高いメンバーは，そのメンバーの分を補おうと，よりモチベーションを高めて，パフォーマンスを発揮する現象を意味する。

ウィリアムズとカラウは，実験室実験から，チームで取り組む課題の重要性が高く，かつ共働者が十分にパフォーマンスをあげることが難しい（能力が低い）と予期されるときに，相対的に能力の高いメンバーは，より高いモチベーションを発揮することを明らかにしている。これは，チームは相互に依存し合った関係であるため，メンバー同士が穴を埋めないとチーム全体のパフォーマンスに影響が生じるために発生したと理解できる（Williams & Karau, 1991）。

3）自身の能力の不足を償うよういっそう努力するケーラー効果　ウィリアムズらの実験で明らかにされたもう1つの興味深い知見は，同じメンバーでも能力ではなく「意欲」が低い場合には，他のメンバーによるモチベーション・ゲインは発生しないことである。その原因は，メンバーの意欲が低いと，それは他のメンバーから見て，手を抜いていると見なされてしまうからである。

こうして，社会的補償効果は，相対的に能力の高いメンバーのモチベーション・ゲインを明らかにしたものであるが，一方で，チームにおいて相対的に能力の低いメンバーのモチベーションはどのような影響を受けるのだろうか。

これについて，古典的ではあるが，ゲシュタルト心理学のメンバーであるケーラー（W. Köhler）は，チーム内に能力の高いメンバーがいると，相対的に能力の低いメンバーは，チームに貢献しようとモチベーションを高めることを実証的に明らかにしている。この現象を，研究者の名前にちなんで「ケーラー効果」と呼ぶ（Hertel, Kerr,

& Messe, 2000)。

[2] チーム・モチベーションを高める集合努力モデル

では，チームのすべてのメンバーが目標達成に向けてモチベーションを高めるためには，どのような心理的なプロセスが存在するのだろうか。それを直接的に説明できる有力なモデルは未だ存在しないが，カラウとウィリアム（Karau & Williams, 2001）による集合努力モデルはチーム全体のモチベーションを考えるうえで有益な示唆を提供している。

カラウとウィリアム（Karau & Williams, 1993）は，社会的手抜きに関する78もの研究をもとにしたメタ分析の結果を踏まえて，社会的手抜きを説明する独自のモデルとして集合努力モデル（Collective Effort Model: CEM）を提示している（図8-2）。これは，個人は，単独で課題に取り組むときと比べて，集団による課題に従事するときにはなぜモチベーションが低下するかを説明している。

集合努力モデルでは，個人のモチベーションを期待理論（Vroom, 1964）の観点から説明している。期待理論とは，努力がパフォーマンスにつながると考える主観的な「期待」とそのパフォーマンス（たとえば，業績達成など）が報酬などの成果の獲得に役立つと考える「道具性」，そしてその成果の好ましさや魅力，重要性，あるいは満足感としての「誘意性」の積によって，個人のモチベーションを説明するものである。すなわち，このモデルに基づけば，個人は，自らの努力が価値ある結果を得るために役立つと期待されるときに，集団の課題に努力を払うようになるといえる。

図8-2　集合的努力モデル（Karau & Williams, 2001を参照）

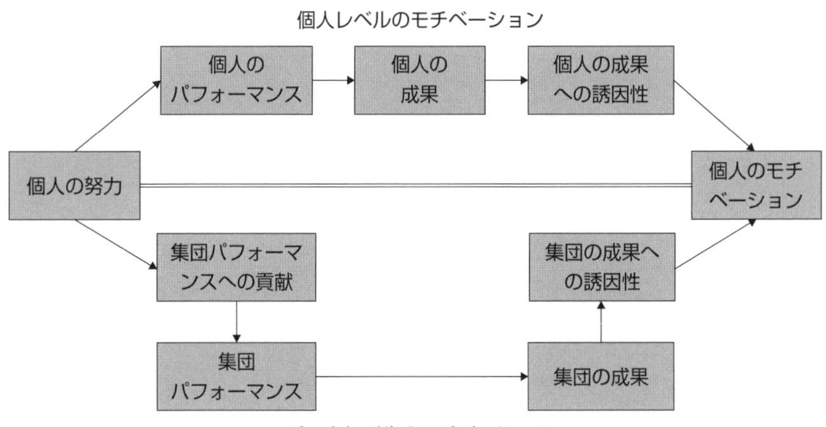

しかし，集団で取り組む課題では，個人と比べて「期待」や「道具性」などを左右する要因が多数存在する。すなわち，たとえば，個人の努力がチームのパフォーマンスに結びつかない場合や，たとえチームで高い成果をあげたとしても，個人が評価されない場合である。しかし，逆にいえば，メンバーの努力や取り組み次第でチームのパフォーマンスを導けるときには，チームのメンバーのモチベーションは増大することも案に示唆している。つまり，メンバーが一生懸命に働いたパフォーマンスがチームのパフォーマンスに役立ち，そしてチームのパフォーマンスによってチーム全体の成果に結びつき，それがチームで共有されるときに，各メンバーから構成されるチームのモチベーションは高くなる可能性を示唆している。

[3] モチベーションの伝染

先述した腐ったリンゴ効果の現象は，あるメンバーのネガティブな言動だけでなく，それに伴うネガティブな情動が他のメンバーに伝染して，チーム全体のモチベーションを低下させたとみることができる。それは，裏を返せば，チームのメンバーやリーダーのポジティブな情動やモチベーションが他のメンバーに伝染する可能性も示唆している。

それに関わる先駆的な研究として，ペンシルバニア大学のバーセイド（Barsade, 2002）は，チームにおける情動伝染を実験的に検証している。彼は，実験のために集められたチームのメンバーの中に演劇専攻のサクラ（実験協力者）を1名加えていた。そして，そのサクラに，明るく振る舞うか（ポジティブ情動），不愉快そうに振る舞うか（ネガティブ情動）を行ってもらったところ，その後のチームの情動が変化したことを実証している。この知見を踏まえると，チームにおいても，リーダーやメンバーのモチベーションは他のメンバーに伝染していくと考えられる。そして，その伝染がさらに別のメンバーへの伝染につながり，チーム全体で高いモチベーションを生み出す可能性をもつ。

それを裏づける希少な研究の1つに，菊入・岡田（2014）の研究が存在する。菊入らは，モチベーション伝染には，達成動機（堀野，1987）の自己充実的達成動機と競争的達成動機の2側面が関わっていると仮定し，チームの他のメンバーの高い自己充実的達成動機と競争的達成動機を認識することで，そのメンバーのようになりたいと考える参照勢力の認知を高め，それが結果として本人の自己充実的達成動機と競争的達成動機を高める可能性があることを調査研究によって裏づけている。

さらに，こうしたチーム全体のモチベーションをポジティブに伝染させる役割を担うのがリーダーである。サイ他は（Sy, Côté, & Saavedra, 2005）は，比較的長期的な感情状態を表す気分（mood）を取り上げ，リーダーのムードがメンバーやチーム全体のムードや，チームプロセスに影響をおよぼすことについて実験的に検証している。その結果，ネガティブな気分をもつリーダーよりも，ポジティブな気分を有するリーダーのチームメンバーは，日常においてポジティブな気分を経験することが多く，それによってメンバー同士においてより多くの調整行動（チームワーク行動）を示していたことを実証的に明らかにしている。感情の一形態である気分は，モチベーションと密接に関連した概念であることを考えると，リーダーのポジティブな気分や情熱などの情動は，チーム全体に伝染していくものと予想される。

読書案内

レイサム，G. 金井 壽宏（監修）依田 卓巳（訳）(2009). ワーク・モティベーション　NTT 出版（Latham, G. P. (2007). *Work motivation: History, theory, research, and practice*. Thousand Oaks, CA: Sage Publications.）

――モチベーション研究は莫大な理論や研究が蓄積されているが，それらを幅広くかつ深く理解するときに役立つ１冊である。

池田 浩 (2021). モチベーションに火をつける働き方の心理学　日本法令

――「自律的モチベーション」をキーワードに，その心理的メカニズムや関連する理論，またそれを引き出すリーダーシップが概説されている。

第９章 チーム力の源泉としてのダイバーシティ

池田 浩

Key Words
ダイバーシティ，インクルージョン，社会的アイデンティティ理論，葛藤，包摂的リーダーシップ

チームを構成するメンバー個々の性別や国籍，知識，専門性が多様に富むダイバーシティは，チームに新しい視点や活力，創造性をもたらす潜在的な可能性をもつ。しかし，そうしたメンバーの相違点は，ひとたびそれが顕在化すると，チームに葛藤と混乱をもたらす諸刃の剣となる。本章では，チームにおけるダイバーシティがもたらすダイナミックスな現象を説明しながら，ダイバーシティをチーム力につなげるための示唆として，インクルージョン（包摂性）について概説する。

1．チームにおけるダイバーシティ

［1］高いチーム力の源泉はチームのダイバーシティ

チームは，複数のメンバーによって構成される。そのため，チームがどのようなメンバーによって構成されるかは，チーム力やチームワーク，さらには創造性やパフォーマンスを実現するための源泉となる。たとえば，各メンバーが，それぞれ独自の能力やスキルを備えていれば，チームとしてさまざまな課題に柔軟に対処することが可能になる。さらに，チームのメンバーが，多様な視点や知識をぶつけ合うことで，新しいアイディアや発想が生まれ，イノベーションにつながる。このように考えると性別や国籍などの属性や，知識やパーソナリティなどの特性が多様性に富むほど，チームにおいて潜在的な可能性をもつことになる。事実，昨今，わが国でも，ダイバーシティを普及させるため女性の活躍が掲げられ，女性を積極的に管理職に登用するなどの取り組みが進みつつある。しかし，ダイバーシティが意味するものは，必ずしも性別のみとは限らない。また，ダイバーシティがもつ潜在的な可能性については，広く組織において期待されているものの，ダイバーシティの理解やそれがチームにどのような影響をもたらすかについては十分に知られていない。

本章では，チーム力の源泉であり，チームの重要な人的資源であるダイバーシティ

を取り上げる。そして，ダイバーシティが意味する内容と種類を整理する。そして，チームがダイバーシティに富むことが，チーム内にどのようなダイナミックスをもたらすのかについて関連する理論を紹介し，ダイバーシティとチーム・パフォーマンスとの関連について概説する。最後に，チームにおいてダイバーシティのもつ潜在的可能性を引き出すためにインクルージョンの最新知見を概観する。

［2］ダイバーシティに関わる歴史的背景

ダイバーシティが，社会的に関心を集め始めたのは1960年頃とされている（Jackson & Joshi, 2011）。アメリカでは，公民権運動や女性運動が活発化し，組織の経営者は，人種や性別にかかわらずすべての国民に平等な雇用機会を提供する義務が課せられるようになった。その後，組織においても徐々にさまざまな人種や性別が広がりつつあったものの，そうした雇用機会を認める施策は訴訟を回避するリスクマネジメントという意味合いが強いものだった。

ところが，1980年代になると，ダイバーシティは，差別的な雇用施策を回避する後ろ向きの取り組みから，組織目標を達成するためにすべての従業員の能力を活用するための新しい人的資源管理として考えるようになった。そうした動向から，2000年頃には，特に人種やジェンダーに隔たりなく雇用や登用をするなど，組織においてダイバーシティを推進するための取り組みが広がりつつある。

［3］チーム・ダイバーシティとは

チームにおけるダイバーシティとは「チーム内で相互依存的な関係をもつメンバー間の個人的な属性の違い」と定義される（Jackson, Joshi, & Erhardt, 2003）。この定義が意味するように，ダイバーシティとはチームにおいてメンバー同士のさまざまな個人差がどの程度存在するかを示すものである。そのため，個人差については，先述の通り歴史的には，白人や黒人などの人種をはじめ，男性と女性などのジェンダーなどがダイバーシティを意味するものとして取り上げられてきた。ところが，ダイバーシティを組織力の源泉として見なすようになるにつれて，知識や専門性，価値観などの違いがダイバーシティとして考えられるようになった。ウェスト他（West, Tjosvold, & Smith, 2003）は，チーム・ダイバーシティが意味する内容について表9-1のように整理している。ダイバーシティは，勤務年数や課題知識などの課題志向的属性と，年齢やジェンダー，パーソナリティなどの関係志向的属性に大別される。さらにそれらは，即座に判別可能な属性（表層レベル）と，即座にはわからない潜在的属性（深層レベル）に大別される。

また，ハリソン他（Harrison & Klein, 2007）は，ダイバーシティのタイプを「在職

表 9-1　チーム・ダイバーシティのタイプ（West, Tjosvold, & Smith, 2003）

	関係志向的な属性	課題志向的属性
即座に判別可能な属性 （表層レベル）	ジェンダー 年齢 民族性 国籍 宗教	部門／部署に関わるアイデンティティ 在職年数 教育水準 資格や肩書き
潜在的属性 （深層レベル）	パーソナリティ 態度 価値 人種／民族的アイデンティティ	課題知識 組織に関わる知識 専門性 コミュニケーション・スキル認知能力

年数，人種，給与など，共通の属性についての，ユニット・メンバーの間の違いの分散」と定義して，表 9-2 のような整理を行っている。表 9-2 を見ると，ダイバーシティには 3 つの種類があり，「分離（separation）」「多様性（variety）」「格差（disparity）」に分類される。

分離とは，チーム内での意見や価値観，態度の違いを意味しており，それらがチーム内で極端なほどダイバーシティが大きいことを意味する。次いで，多様性とは，知識や情報，経験などがメンバー同士で異なることを意味する。ここでいうダイバーシ

表 9-2　タイバーシティのタイプ（Harrison & Klein, 2007）

ダイバーシティのタイプ	ダイバーシティの程度：小・中・大
分離（separation） 集団内の意見，価値観，態度の違い 〔横方向の違い〕	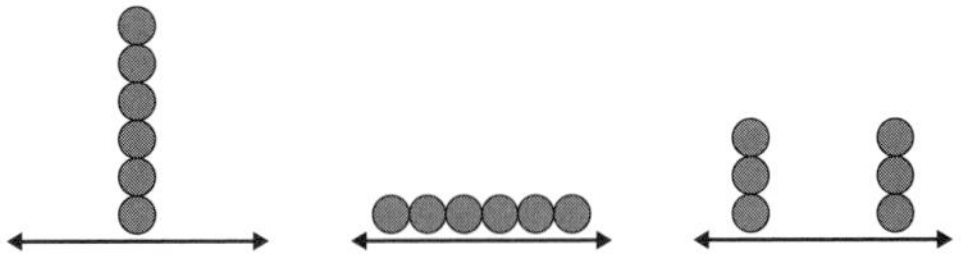
多様性（variety） 集団内の情報，知識，専門性の違い 〔オーバーラップの程度〕	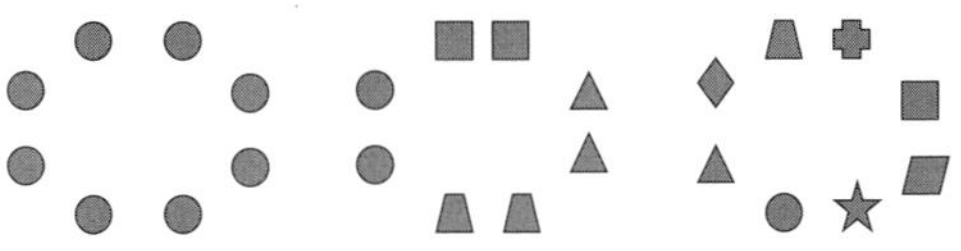
格差（disparity） 集団内の権力，地位，収入の違い 〔縦方向の違い〕	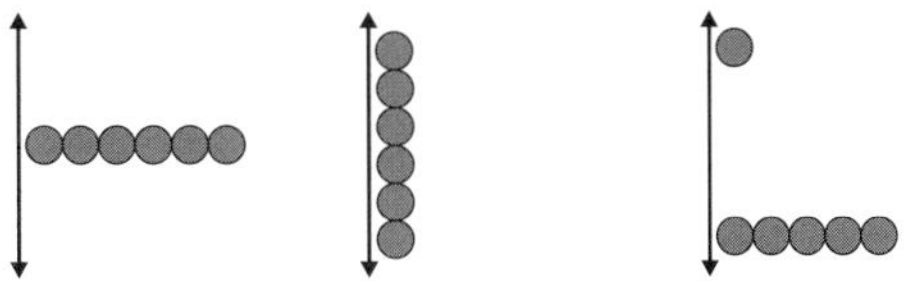

ティとは，それらがメンバー一人ひとり異なる程度を意味する。最後の，格差は，チーム内の縦方向の違いを意味するダイバーシティのタイプである。地位や権力，給与の違いがそのタイプに含まれる。

［4］ダイバーシティの測定と指標化

ダイバーシティは，チームのメンバー間においてある属性が相互に異なる程度によって操作的に定義されることから，チームごとにダイバーシティの程度が指標化される。それは，メンバーによって主観的に評価するような心理尺度を用いたものに限らず，客観的な指標が用いられることが多い。たとえば，メンバーの属性が評価され，その情報をもとに，チームごとに分散の程度を算出することで，チームレベルのダイバーシティが把握されている。先の，分離，多様性，格差に関するそれぞれのチーム・ダイバーシティの算出方法については，ハリソン他（Harrison & Klein, 2007）を参照されたい。

2．チームにおけるダイバーシティを理解する理論

チームを構成するメンバーの属性が多様であることは，チームにおいてどのようなダイナミックな現象を生み，さらにチームのパフォーマンスにつながるのであろうか。ダイバーシティが組織やチームのパフォーマンスにつながるかについて，1960年代から実証的な研究が蓄積されてきたが，高いパフォーマンスや創造性に結実することを報告する研究が存在する一方で，必ずしも関連性が認められないか，あるいはかえってチームに混乱をもたらすとする知見も存在する。そのため，しばしば，組織やチームでダイバーシティを取り入れることは「諸刃の剣（double-edged sword）」効果と評される。

本節では，チームにおけるダイバーシティがもたらすさまざまな現象を説明する理論を概観する。

［1］社会的アイデンティティ理論

ダイバーシティに対する関心の始まりは，人種やジェンダーに関わる問題であった。こうした人口統計学的なカテゴリーの多様さは，チーム内外のメンバーにとっても客観的でわかりやすい。そうしたカテゴリーの違いは，ときに“我々”と“彼ら”というカテゴリーを生む。社会的アイデンティティ理論（Ashforth & Mael, 1989; Tajfel & Turner, 1979）によると，ある属性によって内集団（我々）と外集団（彼ら）というカテゴリー化が顕在化すると，メンバーは内集団のメンバーを肯定的に評価するよ

うになる（内集団びいき）のに対し，外集団のメンバーは相対的に否定的に評価するようになる（外集団差別）ことが多くの実証的な研究によって裏づけられている。

当然ながら，1つのチームであっても，チーム内である属性によるカテゴリー化が生じれば，サブカテゴリーが発生することになる。そのため，サブカテゴリー内のメンバー同士は，関係性を強めるものの，もう1つのメンバーらとは相互のコミュニケーションや信頼，協力，結束が十分に生まれず，対立が生じる可能性がある(Williams & O'Reilly, 1998)。したがって，社会アイデンティティ理論の視点からチームのダイバーシティについては，必ずしも効果的に機能することを予測できるわけではなく，実際にこうした人口統計学的なカテゴリーの多様さが，チームにネガティブな結果をもたらす知見が多数報告されている。

［2］情報処理的パースペクティブ

もう1つのダイバーシティに関する関心は，必ずしも人種やジェンダーなどの表層的な属性だけにとどまらず，チームのメンバーが内的に保有している知識や情報，経験，専門性，スキルなどの深層的なダイバーシティにある。こうした属性が，チームで多様であるほど，チーム内でさまざまな情報が共有されて，精緻化され，意思決定などにも大きく寄与することにつながる。したがって，人口統計学的なダイバーシティについては比較的チームにマイナスの影響をもたらす可能性が強調されていたが，深層的なダイバーシティはむしろチームに活力や刺激，新規の発想やアイディアなどの創造性を高めるプラスの面を強調している（e.g., cf. Jackson, 1992)。

［3］フォルトライン（断層）理論

ダイバーシティに関する初期の研究では，チームにおけるある属性が，社会的なカテゴリー化を生むのか，あるいは多様な情報をもとに精緻化することにつながるのかについて，さまざまな論争が繰り広げられたが，最近では，性別や年齢などの「単一の属性」の多様性に着目するのではなく，性別や年齢，職能などの複数の属性が組み合わさりどれくらい強くサブグループに分断されるのかに注目が集まっている。こうしたサブグループの分断は，地質学上の断層になぞらえて「フォルトライン」と呼ぶ(Lau & Murnighan, 1998; 内藤，2014)。

たとえば，表9-3を見ると，グループ1は，人種（白人），性別（男性），年齢（20），職種（セールス）もすべて同じであることから，メンバー間の同質性は高く，したがってチーム内に属性によるフォルトラインは存在しない。一方で，グループ3を見ると，白人と黒人の人種によって，2つのサブグループに分かれているだけでなく，その2つは性別や年齢（シニアと中堅），さらには職種も分かれている。このように

表 9-3　フォルトラインの例（内藤，2014）

グループ	A	B	C	D	フォルトラインの強さ
1	白人 男性 20 セールス	白人 男性 20 セールス	白人 男性 20 セールス	白人 男性 20 セールス	なし
2	白人 男性 20 セールス	白人 女性 30 セールス	アジア 女性 30 セールス	アジア 男性 20 セールス	弱い
3	白人 男性 50 プラント・マネジャー	白人 男性 55 プラント・マネジャー	黒人 女性 31 事務	黒人 女性 35 事務	非常に強い
4	白人 男性 50 プラント・マネジャー	白人 女性 31 事務	黒人 男性 55 事務	黒人 女性 35 プラント・マネジャー	弱い
5	ネイティブ・アメリカン 女性 20 スキルなし	白人 男性 30 管理者	黒人 女性 65 エグゼクティブ	アジア 男性 50 メカニック	弱い

複数の属性によって強い断層（フォルトライン）ができていることから，チームにおいても対立やコミュニケーション不全などのネガティブな結果をもたらすことは想像に難くない。事実，ジアン他（Jiang, Jackson, Shaw, & Chung, 2012）は，国際的ダイバーシティ学生プロジェクトチームを対象に調査を行ったところ，国籍と専門教育の違いによってフォルトラインが産まれた結果，強いフォルトラインは，チームにおける情報共有を阻害し，チーム・パフォーマンスにネガティブな影響をもたらすことを明らかにしている。さらに，ポルツァー他（Polzer, Crisp, Jarvenpaa, & Kim, 2006）も，フォルトラインは，地理的に分散したチームの機能にも影響することを確認している。同じ場所にいるサブグループが文化的に同質的であったときほど，地理的に離れた場所にいるメンバーとのフォルトラインのネガティブな効果は顕著であっ

たことが報告されている。

しかし，フォルトラインは，こうしたダイバーシティのネガティブな結果を説明するだけでない。ダイバーシティによるマイナスの面（カテゴリー化）を抑えつつも，プラスの面を生かすことも併せて示唆している。たとえば，グループ4を見ると，白人と黒人の人種によって分かれつつも，それぞれの人種内では，性別や年齢，職種が異なるため，カテゴリー化は生じにくくなり，むしろ情報の精緻化が生まれる可能性をもつ。

3. ダイバーシティとチーム・パフォーマンス

[1] チーム・ダイバーシティを巡る「諸刃の剣」効果

チームのダイバーシティは，チーム力の源泉として注目を集めているものの，ダイバーシティがチーム・プロセスやチーム・パフォーマンスに与える効果については，必ずしも一貫しておらず，チームに活力を与えて，チームの創造性やパフォーマンスを促進するポジティブな効果を報告する研究（包括的レビューは次の文献を参照のこと；Jackson, Joshi, & Erhardt, 2003; Jackson, May, & Whitney, 1995; Williams & O'Reilly, 1998）もあれば，逆にメンバー同士のコミュニケーションを阻害し，互いに葛藤や軋轢を生じさせるようなネガティブな効果をもたらすことを示す研究も存在する。これらの結果を概観すると，チーム・ダイバーシティはどのような効果や機能をもつと考えればよいのだろうか。

たとえば，カークマン他（Kirkman, Tesluk, & Rosen, 2004）は，製造チームを対象に研究を行ったところ，人種的ダイバーシティは生産性と顧客サービス評価などのチーム・パフォーマンス指標にネガティブな効果をもたらしていた。しかし，この結果は，他の産業場面では支持されていない（e.g. Kochan et al., 2004）。また，ダイバーシティでもジェンダーに着目した研究では，パフォーマンスにポジティブな効果が見られるものもあれば（Rentsch & Klimoski, 2001），逆にネガティブな関係（Jehn & Bezrukova, 2003）や，まったく関連性は見られない研究も存在する（Watson, Johnson, & Merritt, 1988）。その他にも，年齢に関するダイバーシティも結果は一貫していない。

[2] ダイバーシティと2つの葛藤

チームにおけるダイバーシティの効果が一貫していない原因の1つは，ダイバーシティによって生じる葛藤（conflict）から説明することができる。チームのメンバーが抱く葛藤には，大きく課題葛藤と関係葛藤の2つが存在する（Jehn, Northcraft, &

Neale, 1999)。

課題葛藤（task conflict）は，職務それ自体に関する意見の不一致によって認知される。適度な課題葛藤は，メンバー同士の意見や考え，情報をぶつけ合うことで，意思決定の質を高め，新たな発想の源泉となる可能性が示されてきた（e.g. Hollenbeck, Ilgen, Sego, Major, & Phillips, 1995; Peterson & Nemeth, 1996; Tjosvold, Hui, Ding, & Hu, 2003）。

一方，関係葛藤（relationship conflict）は，メンバー同士の価値観や対人関係の軋轢によって生じるものである。当然，関係葛藤がひとたびメンバー間で生じれば，チームに緊張感，不快感，敵対意識といった感情が喚起されて，チームワークを損なうだけでなく，チームの意思決定の質にも影響を及ぼす（e.g. Jehn, 1995）。

こうして，ダイバーシティと葛藤との関連を見ると，諸刃の剣効果と称される結果に至る背景には，2つの葛藤が深い関わりをもつことが理解できる。

［3］カテゴリー化 - 精緻化モデル

最近，ダイバーシティとパフォーマンスとの関係性を説明する統合的なモデルとして，ファン・ニッペンバーグらは図9-1にある「カテゴリー化 - 精緻化モデル」を提案している（van Knippenberg, De Dreu, & Homan, 2004）。

「カテゴリー化 - 精緻化モデル」を基本的な前提にすることは，先述した情報処理的パースペクティブで示されたように，チーム内の職務や課題に関連した情報や視点のダイバーシティは，チーム内で情報を共有して，議論を重ね，精緻化することにつながる。それらは，結果としてチームのパフォーマンスや創造性，イノベーション，意思決定の質に結実する可能性をもつ。しかし，こうしたダイバーシティのポジティブな機能は必ずしも生じるとは限らない。図9-1の調整要因として位置づけられているように，チーム活動において情報や意思決定がどの程度要請されているかや，メンバーの課題に取り組むモチベーション，課題遂行能力に依存するからである。それらがなければ，ダイバーシティの潜在的な効果は期待できない。

他方で，チームの内のダイバーシティは，ときに社会的カテゴリー化を生じさせることもある。たとえば，男性のみのチームに複数の女性が加わることで新たな視点や発想が期待されていたものの，男女というカテゴリーが顕在化するのは最たる例である。その結果，メンバー同士に関係葛藤が生まれ，チーム内の凝集性が低下することになる。

図 9-1　カテゴリー化－精緻化モデル

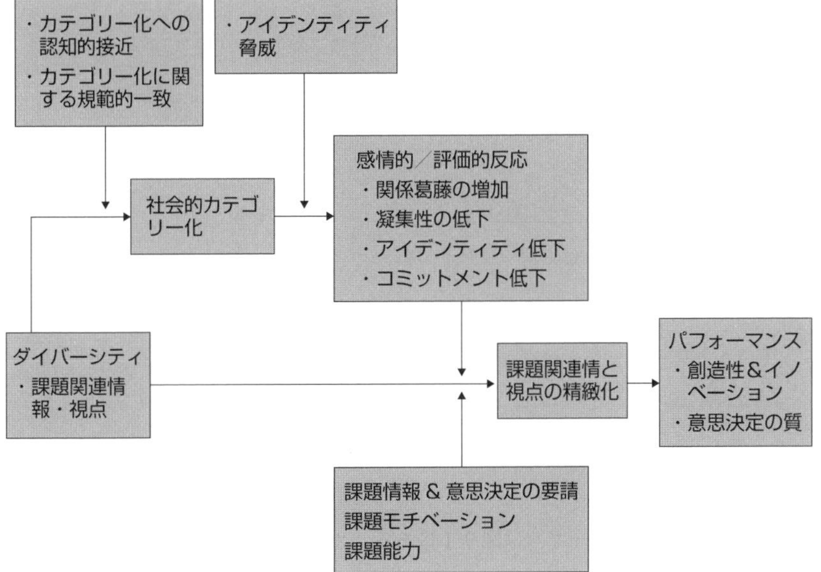

4. ダイバーシティの効果を引き出すインクルージョン

ダイバーシティは，チームや組織にとって潜在的可能性を秘めているものの，性別や人種などの表層的な属性や，学歴や専門性などによっても，ひとたび社会的なカテゴリー化が生じると，チーム内においてメンバー同士のコミュニケーションに偏りが生じてしまい，軋轢や葛藤も生じかねない。こうした背景から，ダイバーシティによるマイナスの効果を抑制し，その潜在的な可能性を引き出すことを意図したアプローチとして，最近，社会学や教育学の分野では，インクルージョン（inclusion, 包摂性）という考え方が広がりつつある。また，組織においても，ダイバーシティとあわせて，インクルージョンという用語がセットで語られることが増えつつある。このインクルージョンとは何を意味して，チームのダイバーシティにどのような効果をもたらすのであろうか。

[1] インクルージョンとは

インクルージョンの考え方は，障害者や少数民族などマイノリティを孤立させずに，社会的に包摂する考えから発展してきている。そのインクルージョンの主な特徴は，①集団内の少数派，つまりマイノリティに焦点を当てていること，さらに②そのマイノリティに位置づけられる人々が，孤立せずに，集団の多数派と同様に扱われることにある。

こうしたインクルージョンの考え方は，産業・組織心理学でもチームのダイバーシティのマイナス効果を抑制して，プラスの効果を引き出すものとして，取り上げられるようになってきている（Roberson, 2006）。インクルージョン研究の第一人者であるショア他（Shore et al., 2011）は，インクルージョンという考え方を，ブルーワー（Brewer, 1992）による最適弁別性理論（optimal distinctiveness theory）から説明している。すなわち，最適弁別性理論によれば，人は所属する集団やチームに対して同一視を求める欲求と，他のメンバーとの違いを求める欲求を併せもっているという。チームに所属するときは，他のメンバーと類似性を求めながら，多くの共通性を認識することでそのチームに対する帰属意識をもつようになる。それによって，メンバーはチームに対して信頼や忠誠心，協力などを発揮するようになる。

しかし一方で，メンバー同士があまりに馴染みすぎてしまうと，チームの中で自身が埋没してしまい，没個性化を引き起こしてしまう。そのために，今度は，自分らしさ（uniqueness）を発揮しようとする。ブルーワー（Brewer, 1991）による最適弁別性理論とは，こうした集団への帰属意識と自分らしさという独自性を求める相反する心理が均衡するようにバランスをとることを説明する理論といえる（船越，2022）。

以上のような議論を踏まえて，ショア他（Shore et al., 2011）は，インクルージョンについて「メンバーが仕事を共にするチームにおいて，その個人が求める帰属感と自分らしさの発揮が，チーム内の扱いによって満たされ，メンバーとして尊重されている状態」（p. 1265）と定義している。

［2］包摂的リーダーシップ

インクルージョンに関する研究は，まだ緒に就いたばかりではあるが，最近，ダイバーシティの高いチームにおいて，包摂性をもたらすリーダーシップとして，包摂的リーダーシップ（inclusive leadership）の研究が進められつつある。カーメリ他（Carmeli et al., 2010）は，包摂的リーダーシップについて，開放性（openness），近接性（accessibility），有用性（availability）の3要素からなる概念を提唱している。この理論の特徴は，チームにおけるダイバーシティを受け入れつつ（開放性），積極的な交流を行い（近接性），そしてメンバーの独自性をも尊重している点である（有用性）。

こうした包摂的リーダーシップが発揮されることで，ダイバーシティの高いチームであっても心理的安全性が築かれ，そしてメンバーによる発言や，職場での失敗共有や学びの促進につながることが明らかにされている（Nembhard & Edmondson, 2006）。

読書案内

谷口 真美（2005）．ダイバシティ・マネジメント――多様性をいかす組織　白桃書房

――ダイバーシティとは何か，どうすればパフォーマンスにつながるか，など我が国においてダイバーシティ研究を幅広くかつ詳細に概説した代表的著作である。

内藤 知加恵（2023）．フォールトライン――組織の分断回避へのアプローチ　白桃書房

――ダイバーシティによって生じるフォ(ー)ルトラインをテーマにした専門書であり，フォ(ー)ルトラインに関わる実証的な研究が豊富に紹介されている。

第 10 章
チームの効果性と意思決定

縄田健悟

Key Words
チーム効果性，IPO モデル，チームワークの ABC（感情/態度・行動・認知），集団意思決定，集団浅慮

1．集団の生産性とチームワークの関連性

集団がいかに高い生産性をあげられるのかは，かねてより重大な関心事であり，心理学の中では社会心理学の集団研究の中で検討されてきた。基本的な集団生産性の考え方として，スタイナーのプロセス・ロスがあげられる（Steiner, 1972）。

スタイナーのモデルでは，集団全体の生産性は，その集団の個々のメンバーがもつ潜在力を合わせたものよりも低いことを指摘した。これは現象としては社会的手抜き（social loafing）として現れる。たとえば，綱引きのような単純に一人ひとりの力を集団で足し合わせるような課題（加算型課題）でさえ，個々人の力の総和よりも集団のパフォーマンスはずっと小さくなってしまう。いわば集団では「1＋1 が 2 未満」となる。その理由として，スタイナーが指摘したのがプロセス・ロスという現象である。プロセス・ロスには，協調ロスとモチベーション・ロスの 2 側面がある。

協調ロス（coordination loss）とは，メンバー同士がお互いに適切な協調を行えないことが原因である。先にあげた綱引きで考えると，メンバー一人ひとりが仮に 50 kg の力をもっていても，5 人で綱を引くときに，メンバー間のタイミングや引く方向がバラバラであれば，チーム全体で 50 kg × 5 人 = 250 kg よりもずっと低い力となってしまう。最大の力を発揮できるようにチームメンバー間で適切な協調ができることが必要となる。

もう一つが，モチベーション・ロスである。人は集団で課題に取り組む際に，他の人に任せて自身は「ただ乗り」して，手を抜いてしまうことがある（Latané, Williams, & Harkins, 1979）。これは特にメンバー個人の貢献量が他者から見られないときに顕著となる（Williams, Harkins, & Latané, 1981）。

こうしたプロセス・ロスがあるがために，集団の生産性は，集団サイズが大きくなるほど，個々のメンバーが潜在的に達成できるはずの水準から乖離し，低い生産性に

とどまってしまう。これは主に古典的な社会心理学研究における実験研究で指摘されてきたことであるが，組織のチーム場面でも同様である。チームが効果的に生産性をあげるためには，チーム協調などのチームワークの状態をより優れたものに変えていくことが必要となるといえる。

2. チーム効果性

本節で扱うチーム効果性（team effectiveness）であるが，これはチームが生み出す効果的な結果のことを指している。後に述べるIPOモデルではアウトプットにあたる部分となる。チーム効果性の基準には，大きく2側面があげられる。①パフォーマンスと②感情的反応である（Mathieu & Gilson, 2012）。本章ではこの2側面から議論する。なお，ハックマン（Hackman, 1987）は，後者の感情的反応を，さらに「満足度」と「存続可能性」の2つに分けた，パフォーマンス（課題アウトプット），満足度，存続可能性の3分類もよく利用される効果性の分類である。

1）パフォーマンス　パフォーマンスはチーム研究において最も広く検討されてきたアウトカムの指標である。前節で取り上げた生産性はこれに該当する。チーム・パフォーマンスに関してはさらに，パフォーマンスの実際の成果とパフォーマンス行動を分けて検討されることも多い（Beal et al., 2003; Mathieu & Gilson, 2012）。パフォーマンスの実際の成果には，経常利益，契約件数，特許数といった客観的に定量化できるような指標もあれば，自己評定もしくは上司評定などの評定指標も広く用いられている。一方で，パフォーマンス行動とは，生産性に直結するチームの相互作用を指す。この意味でチーム・プロセスとほぼ互換的に扱われることもある。

2）感情的反応　最もよく用いられるものは，メンバーの満足度である。満足度は，職業満足度，チーム満足度，組織満足度，など多様な水準・次元で測定が行われている。後ほどチーム効果性の促進要因としても扱う凝集性も，感情的反応に関するアウトカムとして測定され，議論されることがある。また，存続可能性（viability）は，チームとして今後も引き続き働き続けたいという願望を指し（Mathieu, Maynard, Rapp, & Gilson, 2008），これも重要な側面である。

ただし，効果性については，チーム研究の大半がパフォーマンスの側面を中心的に検討してきた。本章でも主にパフォーマンスを中心に議論を進めていく。

3. チームの効果性とは

チーム効果性に関しては，多くのモデルが考案されてきた。まず，古典的な「IPO

モデル」を紹介したうえで，その後の代表的なモデルとして，ハックマンの「集団効果性の規範的モデル」，イルゲンらの「IMOI モデル」の２つを紹介する。

［1］IPO モデル

チーム効果性は，マグラス（McGrath, 1964）が定式化した IPO モデルから検討が行われてきた。「入力(I)-プロセス(P)-出力(O)」という３段階からチームの効果性が生じるプロセスを理解しようとするモデルである。すべてのチーム効果性研究はこの古典的なモデルの考え方を踏まえて発展してきた，基礎となるモデルだといえる。

最初の I はインプット（Input，入力）である。メンバーのスキルや態度のパターンといった個人レベル，集団構造や集団サイズなどの集団レベル，集団課題の特性や報酬システムといった環境レベルの３側面をマグラスはあげている。

次の P はプロセス（Process，過程）である。いわゆる「チームワーク行動」に当たるものがプロセス（P）である。次段階である効果的なアウトプットをあげるべく，メンバー同士が相互作用を行い，連携するチーム・プロセスがこの段階となる。

最後の O がアウトプット（Output，出力）に当たるものである。これが効果性となり，先にあげたパフォーマンスや感情的反応を中心に検討がなされてきた。

つまり，種々のチームに関する変数が入力され，それをチームで処理するプロセスとしてのチームワークが生まれ，パフォーマンスや満足度などの効果性が最終的なアウトプットとして産み出されるというプロセスモデルが IPO モデルである。非常にシンプルながらも汎用性が高いことから，チームワークを研究するうえで最も基本的な考え方として理解すべきモデルとして扱われてきた。そして，この IPO モデルを発展もしくは精緻化させる形でチームワーク研究は進められてきた。

［2］ハックマンの「集団効果性の規範的モデル」

次に，ハックマンの「集団効果性の規範的モデル」を紹介する（Hackman, 1987）。このモデルは IPO モデルに依拠して，これを発展させる形で提出された理論モデルである。このモデルも 1980 年代に提唱された古典的なチーム効果性のモデルではあるが，現在も広く支持されるモデルである。図示したものが，図 10-1 である。

ハックマンは，このモデルをもとに集団の効果性を高めるための方法として，次の３点を指摘している。

１点目が，集団デザインである。課題構造，集団構成，集団規範といった集団のデザインを適切にセッティングすることによって，効果的な課題行動が促進されるとともに，集団パフォーマンスを阻害する要因が取り除かれると指摘した。

２点目が，組織文脈である。集団の組織文脈として，組織の報酬・教育・情報シス

図10-1　ハックマンによる集団効果性の規範的モデル（Hackman, 1987）

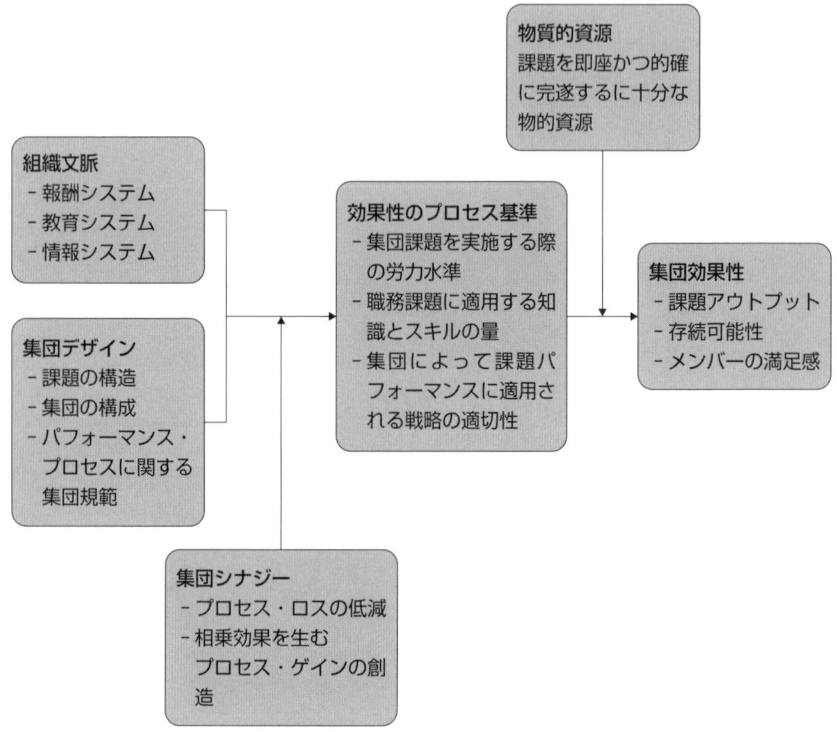

テムを支援し，強化することが必要となる。優れたチーム・パフォーマンスをあげるためには，この1点目と2点目はともに必要なものとなる。

3点目が，集団シナジー（synergy：相乗効果）である。この集団シナジーとはデザインと組織文脈の要因を調整する要因である。集団の相互作用によってプロセス・ロスを乗り越えて，ポジティブな相乗効果を生み出すことができれば，問題となる集団デザインや組織文脈があったとしても，より良いチーム・プロセスを生み出せるだろうと指摘した。

［3］イルゲンらのIMOIモデル

イルゲンら（Ilgen, Hollenbeck, Johnson, & Jundt, 2005）は，IPOモデルを下敷きにしながらも，その限界点を指摘し改善する形で，チームの効果性モデルの改訂を行った。イルゲンらのモデルはInput-Mediator-Output-Input（入力-媒介-出力-入力）の頭文字を取ってIMOIモデルと呼ばれる。彼らはIPOモデルの問題点として次の3

図 10-2　IMOI モデル（Ilgen et al., 2005; Mathieu et al., 2008）

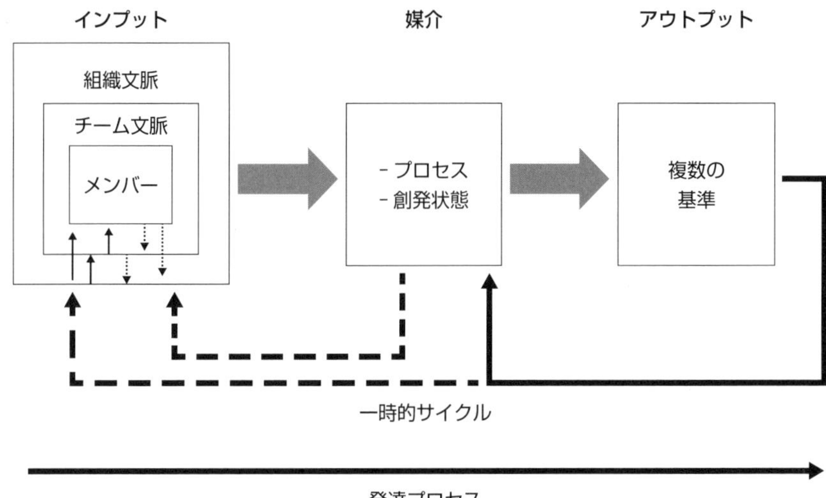

点を指摘した。

1 点目に，IPO モデルでは，入力と出力の間を仲介する役割として「プロセス」をあげている。しかし，プロセスは行動過程を主に指しており，認知・感情的状態としての創発状態は含まれない。そこで，より幅広い媒介要因（Mediator）という言葉を用いて，認知・感情的側面としての創発状態を含むモデルの重要性を指摘した。

2 点目として，IPO モデルでは，I-P-O という一方向の流れが主効果として示されており，I×P，もしくは P×P といった要素間の交互作用の効果が考慮されていない。そのため，Ｉ，Ｐ，Ｏの組み合わせによる交互作用効果も検討すべきだと主張した。

3 点目として，IPO モデルでは「入力-プロセス-出力」という一直線の関係のみが考慮されており，出力から入力へとフィードバックして戻ってくる循環的関係が考慮されていなかった。ここから I-M-O から再度 I へと戻ってくる IMOI という過程を指摘した。

以上の観点から，イルゲンらは IMOI モデルを提示した。イルゲンらのモデルを，マシューらが図示したものが図 10-2 である。

4. チーム効果性の実証的検証

前節では，IPO モデル，さらにはその発展系としてのハックマンの集団効果性の規範的モデルとイルゲンらのIMOIモデルなどを取り上げて，代表的なチームの効果性モデルを見てきた。これ以外にも多くのチーム効果性の理論モデルが提示されてきた。一方で，これらは理論モデルであって，実証レベルとの対応関係を検討する必要がある。他章と重複する部分もあるが，改めて統合的に議論していきたい。

チームワークは，チームワークのABCと呼ばれる，感情／態度（Affect, Attitude），行動（behavior），認知（cognition）の3側面から整理されてきた（Bell, Brown, Colaneri, & Outland, 2018; 三沢，2012; 田原，2017; 図10-3）。以下，これら3側面に関するメタ分析結果を見ていく。

図10-3　チームワークのABCとチーム効果性

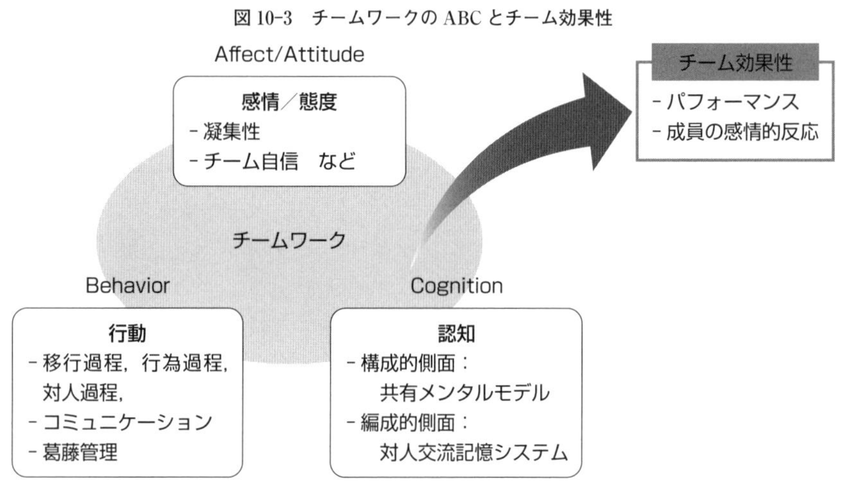

［1］A：感情・態度におけるチーム効果性

まず，最初にA，すなわち感情・態度に関するチーム効果性に関して見ていく。なお，感情・態度に関しては，第8章「チーム・モチベーション」も合わせて参照いただきたい。

感情・態度に関しては，凝集性がかねてより検討されてきた。凝集性とは，いわゆるチームのまとまりの良さのことを指す。「チームが一丸となった」状態と言い換えることもできるだろう。凝集性には，集団が取り組む課題へのコミットメントに関する課題凝集性と，メンバーに対する魅力や好意に関する社会的凝集性の大きく2側面があると指摘されてきた。メタ分析研究によると，チームの凝集性はチーム・パフォーマンスと正の関連があることが一貫して示されている（Beal, Cohen, Burke, &

McLendon, 2003; Castaño, Watts, & Tekleab, 2013; Gully, Devine, & Whitney, 1995)。それは，課題凝集性（ρ =.30）でも社会的凝集性（ρ =.26）でも同程度であった(Castaño et al., 2013)。したがって，高いパフォーマンスをあげるためには，チームの凝集性を高めることは基礎的かつ重要な要因だといえるだろう。

また，チームの自信（confidence）もチーム効果性を高める重要要因である。自信には，チーム効力感（team efficacy）とチーム潜在力（team potency）の２側面があげられる。ともに自分たちのチームはうまくできるという自信を指し，重なる部分のある類似概念であるが，効力感は特定の課題に関する効力感であるに対して，チーム潜在力は，特定の課題ではなく全般に関してうまくいくという自信である。メタ分析の結果では，チーム効力感（.36）とチーム潜在力（.29）ともに，自分たちのチームはやればできるという自信をもって取り組むことが，チームのパフォーマンスを高めることが指摘されてきた（Stajkovic, Lee, & Nyberg, 2009)。

これは，効力感をもつことで，将来の目標達成に向けてさらなる努力を行うようになるとともに，たとえ失敗や困難に直面しても忍耐強く取り組むことができるためだと指摘されている（Bandura, 2000)。また，影響の因果は，「集団潜在力→集合的効力感→集団パフォーマンス」という媒介効果が適切だと指摘されている。一般的な効力感が，各課題に特定の効力感を高めて，その結果，集団パフォーマンスが高まるのである。

［2］ B：行動におけるチーム効果性

２番目の側面が行動（behavior）に関する側面である。行動的側面は，実際にメンバーが行う活動や相互作用によるチーム内過程を指し，チーム・プロセスと呼ばれて検討されることが多い。チーム・プロセスに関しては，第５章も合わせて参照していただきたい。

チーム・プロセスの全効果としては，ルパインらのチームワーク行動に関する包括的なメタ分析が重要となる（LePine, Piccolo, Jackson, Mathieu, & Saul, 2008)。ルパインらは，マークスら（Marks et al., 2001）の分類に基づきチーム・プロセスを３つの側面から検討した。①移行過程（transition)，②行為過程（action)，③対人過程(interpersonal）の３側面である。①移行過程とは，これまでの活動を振り返り，将来の活動に向けて準備を行い，目標と戦略に関して評価や計画立てを行っていく過程である。②行為過程は，目標の完遂に向けて実際に行為・行動するチーム過程を指している。③対人過程は，チーム内の対人関係の維持・円滑化に関するチーム過程である(より詳細に関しては，第５章も合わせて参照いただきたい)。この３側面はいずれも，移行過程で ρ =.27–.35，行為過程で ρ = .17–.30，対人過程で ρ =.26–.34 と，チーム・パフォーマンスと正の関連があることが示されてきた。

また，コミュニケーションに関するメタ分析としては，マーローらの研究（Marlow, Lacerenza, Paoletti, Burke, & Salas, 2018）があげられる。ディッキンソンとマッキンタイアのモデルで示されるように，また縄田他（2015）の日本の企業組織チームの実証研究で示されるように，コミュニケーションはチーム・プロセスの土台となる。メタ分析からも，コミュニケーションは，確かにパフォーマンスと正の関連がある（ρ =.31）。特に，コミュニケーションの量（ρ =.19）よりも，質（ρ =.36）が重要となる。またコミュニケーションの中身は，情報精緻化が最も関連が強かった（ρ =.52）。

最後に，プロセスの一側面として，集団内葛藤に関するメタ分析を紹介する。集団内葛藤とは，メンバーが現実に存在する，もしくは知覚した両立不可能な目標や利益を有する程度として定義される。葛藤に関しては，理論と実証データの食い違いが多いこともあり，メタ分析による“決着”が試みられてきた。以下，デ・ウィット他（de Wit, Greer, & Jehn, 2012）のメタ分析論文に基づいてみていく。葛藤にも多様な側面がありパフォーマンスに及ぼす影響も異なっている。対人関係に関する摩擦である関係葛藤は，チーム・パフォーマンスに負の影響をもつ（ρ = −.16）。一方で，集団で行う課題に関する意見の対立である課題葛藤は，研究ごとに結果が異なり全体としてはパフォーマンスと関連がなかった（ρ = −.01）。ただし，場面次第では課題葛藤もポジティブな効果をもつ。特に重要なのが，相互に正の関係がある課題葛藤を関係葛藤から切り離すことである。つまり，課題に関してオープンにしっかり議論しながらも，人間関係が悪化しないように適切にマネジメントすることが重要となる。実際に，葛藤そのものよりも，そこで生じた葛藤をどのようにマネジメントしていくかという視点が最も重要だと指摘されている（DeChurch, Mesmer-Magnus, & Doty, 2013）。なお，チームの感情的反応の側面には，課題葛藤も関係葛藤もともに負の影響をもつことも示されてきた（de Wit et al., 2012）。

［3］C：認知におけるチーム効果性

3番目が認知（cognition）である。チーム認知に関しても第6章にて詳細に議論しているため，合わせて参照いただきたい。チーム認知は大きく2つの側面が指摘されてきた（DeChurch & Mesmer-Magnus, 2010）。1つが構成的側面，もう1つが編成的側面（compilation）である。

チーム認知の構成的側面とは，個人の認知のチーム内類似性を重視した側面である。代表的なものが，共有メンタルモデルである。体系化された理解や知識に関する心理的表象をチームメンバーが共有した状態として定義される（Cannon-Bowers, Salas, &

Converse, 1993)。職場のチームであれば，メンタルモデルが共有できた状態とは，仕事に関する専門的知識・スキル・仕事の進め方・目標といったものに関する認識が，チームメンバー同士で正確であり，かつ一致している状態を指す。

一方，チーム認知の編成的側面では，異なる情報や認知をメンバー同士で組み合わせることを重視する。代表的なものとして，対人交流記憶システムがあげられる (Lewis & Herndon, 2011)。これは，ビジネス場面で「ノウフー (know-who)」と呼ばれているものに近く，「『誰が何を知っているのか』の共通認識」として端的に示される。これは，円滑な分業や役割分担を行ううえで重要な役割を担う。メンバー同士が，誰が何を得意／不得意であるかを正確に理解し，共有することで，スムーズに業務の分担を行い協調することができる。対人交流記憶システムは，暗黙の協調行動も高めることが指摘されている (Nawata et al., 2020，第5章参照)。

デチャーチらのメタ分析によると (DeChurch & Mesmer-Magnus, 2010)，構成的側面 (ρ = .29) も編成的側面 (ρ = .62) もともにチームの効果性を高めることが示された。特に，対人交流記憶システムに当たる編成的側面の効果は大きい。同一の知識や認識をチームで共有すること以上に，各自が自身の領域で専門性をもち，相互に補い合う関係性を構築することが，チーム・パフォーマンスを高めると示唆される。

なお，このメタ分析では，感情や行動よりも，チーム認知こそが，最もよくパフォーマンスを予測したことが示されている。その意味で，チームの効果性においてチーム認知のもつ役割の重要性が示された。

ここまでABCの3側面からチーム効果性の実証研究をメタ分析研究を概観しながら検討してきた。イルゲンのIMOIモデルで示されるように，チームの効果性を高めるには，チーム・プロセスと創発状態が中核であり，感情・行動・認知の諸側面が媒介要因として適切に機能することが必要となる。

5. チームの意思決定と問題解決

ここからは，適切に集団で意思決定を行う点を議論していく。現代の複雑で変動の激しい職場環境において，チームの効果性を高めるためには，コミュニケーションの中で的確な意思決定を行うことが不可欠となるためである。

[1] 社会心理学で明らかにされた集団意思決定の諸現象

集団の意思決定に関しては，社会心理学において多くの研究が行われてきた。主に実験室実験の手法によって，解明されてきた。個人と集団の意思決定においては，平均的な個人よりも集団による意思決定のほうが的確な判断となること，しかし，集団の中に含まれる最も正確な個人意思決定には劣ることが示されてきた（亀田，1997）。

それとともに，集団の意思決定に関しては，多くのバイアスが存在することも明らかにされている。たとえば，メンバーがもともともっている意見が，集団討議の中でより極端な形となって，意思決定が下されること（集団極性化），メンバーがもっている情報の中で相互に共有されている情報ばかりが注目され討議されてしまうこと（共有情報バイアス），メンバーがお互いに他者の意見・好みを誤って推測してしまった結果，個々人で見ると支持する人の少ない意思決定が集団全体でなされてしまうこと（多元的無知）といったものがあげられる。以上のように集団意思決定には特徴やバイアスがあるがために，ときには的確で優れた意思決定が阻害されることが明らかにされてきた。いわば集団で話し合うからこそ，誤った結論に至ってしまうことがある。

一方で，こうした実験室実験から得られた集団意思決定に関する知見は，組織チーム場面に適用するのが困難であることも多いだろう。なぜならば，組織におけるチームの意思決定は，タイム・プレッシャーが強かったり，環境が刻々と変化していたりと，複雑性・不確実性・曖昧性が高いことが多い。実験室実験が行われる環境は，過度に人工的であり，かつ，主に非日常的な課題の意思決定を行うという点で，組織チーム場面とは異なることも多い。その意味で，チーム意思決定は実験のみから理解しうるものではない。

［2］集団浅慮

特に組織の意思決定では，集団浅慮（グループシンク）と呼ばれる現象が重要となる。集団浅慮は「凝集性の高い集団の中で，集団内の意見の一致を重視する結果，現実的な選択肢を評価しようとしなくなる思考様式」と定義される（Janis, 1982）。ジャニスは，複数の集団意思決定がもたらした失敗事例を整理しながら，その特徴を抽出する形で集団浅慮のモデルを提示した。

集団浅慮のモデルでは，集団凝集性の高さや集団の構造的欠陥，促進的状況文脈といった先行条件の結果として，意見の一致を追求する傾向が集団内に生じる。これが集団の過大評価，閉鎖的精神性，斉一性への圧力を生じさせた結果として，意思決定が欠陥のあるものとなり成功しなくなるとされる。

多くの集団失敗の事例が，集団浅慮モデルから説明されてきた。提唱者のジャニスは，キューバのピッグス湾侵攻，トルーマン政権下の北朝鮮侵攻，ルーズベルト政権下での真珠湾攻撃への対策などの分析を行った（Janis, 1982）。また，スペースシャトル・チャレンジャー号の爆発事故（Esser & Lindoerfer, 1989），イラン・テヘランでの人質救出失敗（Smith, 1985）などの事例が分析されてきた。

ただし，その後の研究の進展のなかで，必ずしもジャニスの指摘が正しいとはいえない点があることも指摘されている。特にジャニスは，集団の凝集性が集団浅慮を引き起こす中核要因だと指摘したのだが，後の実証研究はそれに否定的である。たとえば，実験的にリーダーシップと凝集性が意思決定の質に及ぼす効果を実験室実験によって検証したところ，リーダーシップのみの効果が指摘され，凝集性の効果は見られなかった（Flowers, 1977）。むしろ調査研究の多くは，先のメタ分析でも示したように，凝集性は集団のパフォーマンスを促進する効果があるとする（Beal et al., 2003; Gully et al., 1995）。現在では，凝集性そのものが悪影響をもたらすというよりも，凝集性がもつ負の側面として多様な意見が認められないような硬直化した風土の存在こそが問題だとされる。その他の点でも，集団浅慮を議論する論文のほとんどが，集団浅慮のモデルの修正が必要であることを指摘している。

集団浅慮を組織のビジネスチーム場面で実証的に検討した研究は多くない。事例研究もしくは実験室実験による検討が中心である。組織場面における質問紙調査による研究はチェ他（Choi & Kim, 1999）など限定的であり，しかし，組織の意思決定を考えるうえでは，組織場面を集団浅慮から実証的に検討することが必要となるだろう。

集団浅慮は，いつでもどこでも現れるユビキタス性（ubiquity）をもつ（Baron, 2005）。ジャニスが当初提示した事例のようなある種の特殊集団のみならず，さまざまな集団でいつでも生じておかしくないものである。通常の組織場面におけるチームワークとチーム意思決定の観点からも，実証研究からも支持されるような汎用的な集団浅慮モデルを，わたくしたちは改めて考えていくことが必要だろう。

集団浅慮をもたらす中核要素は，集団全体が一枚岩であることを過度に追求しようとする一致追求（concurrence seeking）である。では，組織における一致追求傾向はいかにして生まれるのか。古典的な社会心理学研究で示された同調圧力とも近い概念であり，応用することもできるだろう。そこでは，閉鎖的で指示的なリーダーシップや，圧力的な集団規範や風土が重要な役割を担うと考えられる。反対に，心理的安全性が満たされ，オープンマインドで議論することが，集団浅慮を防ぎ，パフォーマンスを高めるうえで重要な要因となると考えられる。課題に関する異なる意見が出てきたときに，集団が一致追求に陥ることで，回避行動が取られ，結果として問題が棚上げされてしまうこともあるだろう。そのため，異なる意見という課題葛藤に対する葛藤管理の観点も重要となってくる。特に組織現場のチーム研究として，これらはまだまだ実証的には十分に解明されていない。こういった視点から，今後さらなる実証的な検討が期待される。

集団浅慮は，組織心理学の現象としても，有名なものである。これは，優れた事例分析から提唱されたことによる納得感があったことが最大の原因の1つだろう。一方で，集団意思決定の研究発展の文脈からは取り残されて，「浮いた」トピックとなっているのも事実だろう（Kerr & Tindale, 2004）。これを実証研究として昇華しながら，現代の企業組織のチームにも適用可能なものへとブラッシュアップしていくことが必要だといえる。

読書案内

Salas, E., Rico, R., & Passmore, J. (2017). The psychology of teamwork and collaborative processes. In E. Salas, R. Rico, & J. Passmore (Eds.), *The Wiley Blackwell handbook of the psychology of team working and collaborative processes* (pp. 1–11). West Sussex, UK: Jhon Wiley & Sons.

――チーム効果性を直接的に扱った国内の文献は乏しい。第5章でも紹介したが，本書が重要な海外の体系的な書籍である。

ジャニス，I. L.　細江 達郎（訳）(2022). 集団浅慮――政策決定と大失敗の心理学的研究　新曜社（Janis, I. L. (1982). *Groupthink: Psychological studies of policy decisions and fiascoes* (2nd ed.). Boston, MA: Houghton Mifflin.）

――集団浅慮の提唱者ジャニスの著書が40年越しに翻訳された。当事の時代性も含めて，豊富な事例分析を読むことができる。

第 11 章 チームの創造性とイノベーション

山口裕幸

Key Words
チームの創造性，イノベーション，チーム学習，メンバーの多様性，共有メンタルモデル，対人交流記憶システム，心理的安全性，包摂的リーダーシップ，ヴォイシング

1．チームの創造性とイノベーションが期待される背景

チームで問題解決をはかる場面では，それまでの活動にはなかった新しい選択を考案する必要に迫られることが多い。チームの創造性や独創性は，チーム・ダイナミックスによって創発される特性として注目され続けてきた（Paulus & Nijstad, 2003; West & Sacramento, 2012; Somech & Drach-Zahavy, 2013; Paulus & Kenworthy, 2018; van Knippenberg & Hoever, 2021）。たとえば，創造的な会議を実現する方法としてオズボーン（Osborn, 1942, 1953）が提唱したブレインストーミング技法は，チームの創造性創発を促進する代表的な取り組みとして注目を集め，現在でも多くの組織で活用されている。

健全なチーム活動自体に必要な要素として創造性に注目する視点がある。それに加えて，複数のチームで構成されている組織が，変動する社会環境に適応するために自律的な変革を生み出す取り組みを牽引する機能として，チームレベルのダイナミックスが生み出す創造性に注目するアプローチも生まれてきた。組織を環境に適応する存在として捉えるオープン・システム・アプローチ（Katz & Kahn, 1978）の考え方は，進化論的視点も交えて，持続可能性の高い組織経営を検討する際の基本的枠組みとなっている。環境の変動に柔軟に対応する組織作りを進めるとき，管理者の変革型リーダーシップの発揮と並んで，チーム・メンバー同士が相互に刺激し合って新たなアイディアや選択を生み出す可能性を秘めているチーム・ダイナミックスの活性化も重視されてきたのである。

組織を強化するアプローチとしては，センゲ（Senge, 1990; Senge et al., 1999）が提唱した「学習する組織（learning organization）」論が広く受け入れられるようになっている。これに先立って，アージリス（Argyris, 1977; Argyris & Schön, 1996）が組織学習（organizational learning）の概念を提示している。彼は，既存の方針を維

持・継続したり，目的を達成したりするプロセスは「シングル・ループ学習」と呼ぶべきで，学習を妨げる情報や知ったかぶりからなる誤りを見つけ，修正するためのプロセスである「ダブル・ループ学習」が組織学習の本質であると論じている。この考え方を源流としながら，センゲは，学習する組織とは，人々が能力を伸ばし，希望する結果を実現する組織，革新的で発展的な思考パターンが育まれる組織，共通の目標に向かって自由に挑戦する組織，共同して学ぶ方法をたえず学びつづける組織であり，いかにしてそれを実現するかについて論を展開している。

センゲは学習する組織を実現するための５つのディシプリン（≒課題）を維持している。それは，①システム思考，②自己マスタリー，③メンタルモデル，④共有ビジョン，⑤チーム学習の５つである。ここでは各概念を詳細に説明することはしないが，①～④はいずれも個人レベルで修養し獲得していく特性であるのに対して，⑤はメンバー個々の学習をチームレベルの学習に高める取り組みを意味する。チーム学習は，アージリスが指摘した「学習を妨げる情報や知ったかぶりからなる誤りを見つけ，修正する」ダブル・ループ学習にとどまらず，対話や議論等の相互作用とチーム・ダイナミックスを通して，創造的なアイディアの生成や革新的な業務遂行システムの開発につながっていく。

エドモンドソン（Edmondson, 1999）は，チーム学習の促進が，チームの創造性を高め，組織イノベーションを前進させる強力な推進力になることに注目している。そして，チーム学習を実のあるものにするために，組織の心理的安全性を醸成する取り組みの重要性を指摘してきた。彼女は，チーム・ダイナミックスが，創造性やイノベーションを引き出す方向に働くだけではなく，逆に，変化を忌避し旧来どおりの活動に固執する方向へと働く場合があることも視野に入れている。そのうえで，保守的方向に向かう可能性も秘めているチーム・ダイナミックスを創造的変革に向かう力へと転換させるために，自分の意見を声にするヴォイス行動を助長して，心理的安全性をチームや組織に醸成することの大切さを指摘している。

このような研究の歴史的流れを踏まえつつ，チームの創造性を引き出すチーム・ダイナミックスにはどのような特徴的な特性がみられるのか，整理していくことにしたい。

2. チームの創造性を引き出すチーム・ダイナミックスの特徴

[1] メンバーの多様性

チームの創造性は，何らかの外的刺激あるいは１人のメンバーの強力な影響によって，急に出現するというよりも，それらの外的・内的刺激を受けて，メンバー間で互いに影響し合い，相互作用しながら創発されてくると考えられる。チームに創造性を生み出すチーム・ダイナミックスにはいかなる特性が備わっているのだろうか。

集団の創造性を促進する変数としてメンバーの多様性に注目した研究は多数行われてきた（Han et al., 2014; Jackson et al., 1995; 三浦・飛田，2002; Moreland et al., 1996; 山口，1997）。メンバーの多様性と一口にいっても，研究者によって，性別や人種，宗教などの社会的属性の多様性を取り上げている場合もあれば，思考形態や文化的価値観の多様性を取り上げている場合もあって，多様性の意味自体について詳細に見極めて議論する必要があるといえるだろう。ただ，ここでは，能力や人格，文化的背景，社会的属性等，多種多様な側面で異なる特性をもつメンバーが集まってチーム活動を行うことが，チームの創造性を高め，イノベーションを促進するのかについて議論していく。

チームの創造性やイノベーションを促進する変数として，チームの多様性を取り上げる理由は，互いに異質なメンバーの相互作用が意見の衝突を生み，それが刺激になって，それまでになかった斬新で創造的なアイディアや意思決定につながるという暗黙の期待がある。確かに，自分の考えや価値観とは異なる意見に向き合うことは，認知的不協和を感じ，知的刺激を受け，認知活動の活性化をもたらすことは多いだろう。

ただ，人間の最も鋭敏な認知機能である感情システムを強く刺激することも看過できない。タジフェルとターナー（Tajfel & Turner, 1982, 2004）が，自己カテゴリー化理論や社会的アイデンティティ理論の中で論じているように，わたくしたちはごく些細な基準で自分が所属する内集団とそれ以外の外集団を区別し，内集団を自分と類似性の高い人々で構成されていると思い込み，ひいきすると同時に，外集団は自分とは異質な人々で構成されていると思い込み，差別したり攻撃したりするようになる傾向を強くもっている。異質性の認知は，自分とは異なる意見をもつメンバーを敵視したり，攻撃したりする行為に結びつきやすいことも多く，メンバー間の感情的な葛藤を引き起こす可能性を高める。

メンバーの多様性がもたらす認知的刺激は，新奇な視点の獲得や創造的な発想につながるポジティブな影響と，対立する感情や異なる考えのメンバーを外集団としてカテゴリー化してしまうネガティブな影響が相半ばする状態を作り出す可能性がある。したがって，メンバーの多様性をチームの創造性やイノベーションを促進する変数として生かすには，メンバーが互いの考え方や価値観を受容し合い，尊重し合うチームの文化や風土が重要な役割をもつ。

西欧や北米の欧米文化のもとでは，人間は個々に独立した存在であり，独自の考え方や価値観をもっているのが当然であり，その個人の意見や価値観は尊重されるべきであるという理念が優勢であると指摘されている（Markus & Kitayama, 1991）。欧米文化の基底には，もともと考え方も価値観も異なる人間同士が一緒に協同して社会生活を営むために，自己主張することの正当性だけでなく，他者の意見を尊重する必要性への認識も存在する。他方，日本を含む東アジア文化のもとでは，人間は互いに支え合いながら生きていく存在であり，もし他者と考えや価値観が異なる場合には，自己主張をするよりも多数意見に同調しておくことを優先すべきという理念があると指摘されている。この東アジア文化のもとでは，個人の権利を主張することよりも，集団や社会全体の利益を優先すべきだという集団主義的な考え方が根強く継承されていくことになる。

この文化的観点も併せて考えると，わが国において，メンバーの多様性をチームの創造性やイノベーションに結びつけていくには，単に各種属性の多様なメンバーでチームを構成するだけでなく，異質性がもたらすネガティブな影響を防ぎ，ポジティブな影響を促進する工夫が重要な役割を果たすといえるだろう。職務遂行上の情報交換だけでなく，互いに打ち解け，ざっくばらんに対話（ダイアローグ）する機会を増やす工夫や，皆で集まる場だけでなく1対1で対話するワン・オン・ワンの機会を設ける工夫によって，多様性から生まれる意見や価値観の食い違いを対立の方向ではなく，発見や興味の方向に導くことが期待できる。公的な職務情報の交換を活性化することに注力するばかりでなく，私的で人間味のある情報交換の活性化が，メンバーの多様性をチームの創造性やイノベーションの促進に結びつけるカギを握っている可能性は高いだろう。

［2］認知共有：共有メンタルモデルと対人交流記憶システム

上記のような工夫によってメンバーによるアイディア発想の質と量が高まることは，チームの創造性やイノベーションの促進に直結するのだろうか。チームで創造的なアイディアを生み出すには，メンバー各自が生み出したアイディアを比較したり，組み合わせたり，異なる視点で検討してみたりする合議のプロセスが必要である（Paulus & Brown, 2007）。チーム・コミュニケーションがチームに創造性やイノベーションをもたらすには，互いの思いや考えを共有し，批判や否定的意見にも耳を傾け，議論し合う規範や文化，価値観がチーム全体に備わっていることが必要となる。メンバーによる認知共有の具体的な形態として，共有メンタルモデルや対人交流記憶システムの構築が注目されてきた。

1）共有メンタルモデル　共有メンタルモデル（shared mental model）とは，メンバーが共有している体系化された知識や理解，心的表象を意味する概念である

(e.g. Cannon-Bowers et al., 1993, Orasanu & Salas, 1993)。メンタルモデルとは，物事のまとまりであるシステムを記述し，説明したり，予測したりすることを可能にする認知的メカニズムを指している（Rouse & Morris, 1986)。共有メンタルモデルの構築プロセスは，メンバー同士の異なる意見の衝突を含み，その葛藤の解決によって進むと考えられる。したがって，共有メンタルモデルが成立していることは，メンバーの誰かが批判や否定的意見を提示したときに，それを受け入れ，知的刺激として生かそうとする価値観や判断基準が共有されていることを意味する。

しかしながら，共有メンタルモデルがチームに創造性やイノベーションをもたらす効果については，必ずしも十分な実証的研究データが示されてはいない。また，メンタルモデルの共通性が高いことは，ときに反対意見や異なる視点からの疑義が提示されにくい状況につながり，チームの合議による決定を，共有メンタルモデルに沿った方向に極端に偏ったものにしてしまう集団極性化や集団浅慮に陥るリスクも含まれる。とはいえ，共有メンタルモデルが，円滑なチームワーク活動や俊敏なチームの判断や意思決定を促進する効果については肯定的な実証研究の成果が報告されている（e.g. Mathieu et al., 2000; Ellis, 2006; Rico et al., 2008; 秋保他，2016)。メンバー同士の異論や批判を回避したり排除したりすることなく，受容し理解し合おうとする共有メンタルモデルの共有をはかるチーム・コミュニケーションのあり方が大切になってくると考えられる。

2）対人交流記憶システム　もう一つ取り上げた対人交流記憶システム（transactive memory system）は，メンバーがもつ多種多様な知識を，チーム全体で貯蔵，保存し，活用（再生）するための認知的な分業体系を意味している（e.g. Hollingshead, 1998a; Wegner, 1987)。メンバー各自が記憶できる情報量は限られており，また，それを他のメンバーに提供するのにも認知的なコストがかかる。互いに担当する記憶の情報カテゴリーを明確にして，「こうした情報はAさんがよく知っている」とか「この分野のことはBさんの担当である」といったメタ知識を共有することによって，チーム全体で保有する知識を各メンバーがすべて個人で記憶しなくても，当該の情報を記憶する担当者に尋ねることで，必要な情報を入手できるようにする仕組みが，対人交流記憶システムである。効率的にチーム内の知識を活用することを可能にするシステムである（Moreland, 1999; 図 11-1)。

対人交流記憶システムがチームの創造的アイディア生成を促進する効果については，チーム・パフォーマンスの向上をもたらすことを示した研究（Austin, 2003; Bachrach et al., 2019）がいくつか報告されているものの，必ずしも十分な実証的根拠は得られるに至っていない。ただ，ルイスとハーンドン（Lewis & Herndon, 2011）は，多様

図11-1　チームの対人交流記憶システム（transactive memory system）の概念図

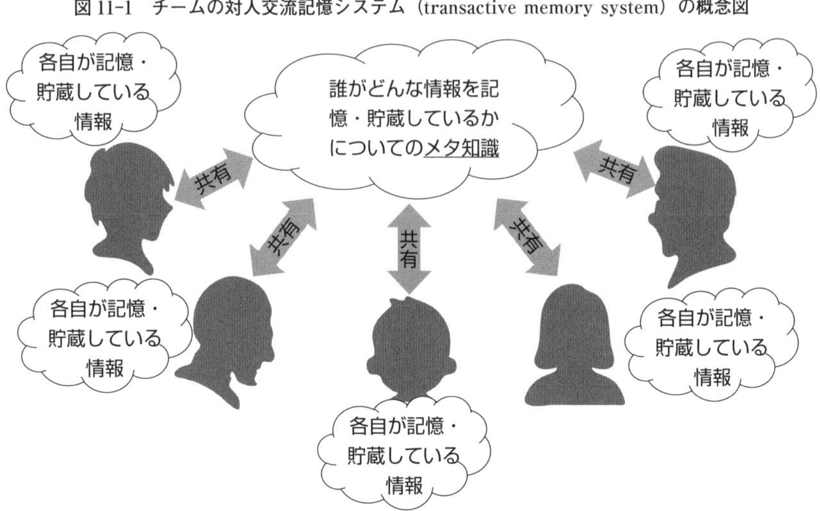

な知識に触れる機会が増えるために，さまざまなアプローチによる問題解決が可能となることを指摘して，対人交流記憶システムの構築は，チームの創造性を促進する効果をもつと主張している。メンバーの認知スタイルの多様性は対人交流記憶システムの機能を高め，創造性を促進することを実証的に確認した研究も報告されるようになっている（Aggarwal & Woolley, 2019）。論理的にはチーム全体の認知的ワークロードを軽減することで，創造的なアイディア生成を促進する効果をもつことが推測され，今後さらに詳細な検討が期待される。

［3］チームの革新的な規範や風土：心理的安全性

チーム・コミュニケーションはさまざまな様相を呈するが，メンバーから提示される疑問や批判が受け入れられ，それを刺激にして議論が活性化することで，創造的アイディアの生成が促進される場合もある。チームに創造性やイノベーションを生み出すチーム・コミュニケーションには，メンバーの誰かが批判や否定的意見を提示したときに，それを受け入れ，知的刺激として生かす規範や文化，あるいは熟成した人間関係等の特性が備わっていることが考えられる。したがって，これまでにもチームの革新的規範や風土の重要性は繰り返し指摘されてきた（Bain et al., 2001; Sethibe & Steyn, 2016）。また，チーム・マネジメントの文脈でも同様の指摘はなされてきた。特に近年注目を集めているのが，心理的安全性（psychological safety）の概念である。

心理的安全性は，20世紀中頃からシャインとベニス（Schein & Bennis, 1965）やカーン（Kahn, 1990）によって提唱されていた概念である。当初，理論的にはさかんに議論される一方で，実証的な検討はまだ十分には行われていなかった。そんななかで，エドモンドソン（Edmondson, 1999）は，学習する組織を作り上げるうえで核となるチーム学習を促進する文脈で心理的安全性に光を当て，新たな発展を主導してきた（Edmondson, 2012, 2018）。彼女によれば，チームの心理的安全性とは，このチームでは率直に自分の意見を伝えても，他のメンバーがそれを拒絶したり，攻撃したり，恥ずべきことだと感じたりして，対人関係を悪くさせるような心配はしなくてもよいという信念が共有されている状態を意味する。こうした信念は，暗黙のうちに当然のことと思われており，メンバー個人としても，チーム全体としてもいちいち注意を払ったりはしないうちに共有されていることがほとんどであるという特徴をもっている。

エドモンドソンらは，多様な研究成果を統合的に分析した結果，心理的安全性が直接的に組織やチームにもたらすものは，一つには「情報の共有」であり，もう一つには「メンバー間の対人的葛藤の緩和と発生頻度低減」であることを示している（Edmondson & Lei, 2014; 図 2-2，28 ページ参照）。このことは，心理的安全性とは，比喩的に表現すれば，組織の風通しの良さ，あるいは自由闊達な組織風土，組織文化を意味するといえるだろう。そのため，心理的安全性の醸成は，居心地の良い組織，チーム作りを意味すると誤解されがちである。

しかし，エドモンドソンは，心理的安全性は，組織やチームの快適で居心地の良い状態を意味するものではないことを強調している。組織やチームが創造的に変革を生み出し，イノベーティブに発展していくには，率直に自分の意見を提示し合うとともに，新たな取り組みへの挑戦が不可欠である。挑戦は失敗に終わることもあるが，その失敗経験を自分一人の経験として秘匿してしまうのではなく，メンバー間で開示し合ったり，問題点を指摘し合ったりして，メンバー全員でより適切で効果的な判断や行動のあり方を学び，共有していくことが大事になる。それを可能にするのが心理的安全性であり，決して居心地の良い，仲良しチームの雰囲気を意味するわけではない点に注意が必要である。

心理的安全性の本質は，メンバー同士が信頼関係を確立しているという信念が共有されていることである。この信念の共有が，活発な意見表明と議論を可能にし，メンバーの多様性や役割の違い，価値観の相違などが生み出す葛藤をチームの創造性やイノベーションに結びつける機能を果たすものと考えられる。チームの創造性やイノベーションを促進するチーム・ダイナミックスを考えるとき，中核をなす重要概念であるが，その研究は理論アプローチや事例研究が主流であり，実証科学的なアプローチは十分な状況に至っていない。より科学的なチーム・マネジメントを検討するためにも，目に見えない特性である心理的安全性を可視化するアプローチも含め，実証科学的アプローチの活性化が期待される。

［4］包摂的リーダーシップ

チームの創造性やイノベーションを引き出す変数としてリーダーの働きかけに注目するアプローチは，変革型リーダーシップ研究の潮流を形成してさかんに研究がなされた（Bass, 2006; Bass & Avolio, 1993; Díaz-Sáenz, 2011）。そこでの検討は，保守的な態度のメンバーに自律的に変革的態度をとることを促す影響力をいかにして身につけ，行使するかに焦点が当てられたものが主流を占めていた。この研究潮流の中で，カリスマティック・リーダーシップをはじめとして，強力に変革を推進しメンバーを鼓舞するリーダーシップが注目を集めた。

しかしながら，学習する組織論の普及によって，リーダーが主導するチームの変革戦略だけでなく，メンバー同士が多様な意見を出し合って，新たな発見をしたり，創造的なアイディアを発想したりしながら，メンバーが主体的に進める組織変革の視点が関心を集めるようになった。自己管理型チームの研究（e.g. Cohen & Ledford Jr., 1994; Kirkman & Shapiro, 1997）は，メンバー全員でリーダーシップを分担する共有型リーダーシップの可能性を指摘する研究へと発展した（Carson et al., 2007; Pearce & Conger, 2002）。

こうしたチームの自律組織性を重視する研究の流れは，チームの創造性やイノベーションを引き出すには，メンバーが保持する多種多様な能力や考え方，行動の取り方をチーム全体で受容しながら，まとめ上げていく包摂性（inclusiveness）を育むことを重視する組織マネジメント方略の発展へとつながっている（Edmondson & Lei, 2014; Javed et al., 2019; Randel et al., 2018）。

ボーク他（Bourke et al., 2020）は，包摂的リーダーシップに備わる要素として，以下の6つをあげている。すなわち，①多様性を尊重することへの「目に見える」コミットメント，②謙虚さ：能力に対して謙虚であり，間違いを認め，他の人が貢献できる場を作ること，③偏見（認知バイアス）への気づき：個人の盲点や制度の欠陥を認識し，実力主義を貫くために努力すること，④他者への好奇心：他者に対するオープンな思考と深い好奇心をもち，話に耳を傾け，共感をもって周囲を理解しようとすること，⑤文化的知性：他者の文化に配慮し，必要に応じて適応すること，⑥効果的コラボレーション：他者を尊重し，多様な考え方や心理的安全性に配慮し，チームの団結力を高めることの6つである。彼女らは，リーダーの立場にある人にとっては，とりわけ①が最も強く求められる要素となると指摘している。

これらの要素は，エドモンドソン（Edmondson, 2018）が心理的安全性の構築を促進するリーダーシップとして指摘していることがらとオーバーラップするところが大きい。エドモンドソンは，当初から，リーダーの開放性（openness），話しやすさ（accessibility），話す機会の作りやすさ（availability）が，心理的安全性の醸成には重要であることを指摘しており（Edmondson, 2004），これら3つの要素を取り入れた包摂的リーダーシップが心理的安全性の醸成を促進して，チームの創造性とイノベーションにつながることを指摘している。

ロバーソンとペリー（Roberson & Perry, 2021）が指摘するように，包摂的リーダーシップの効果性については実証的データに基づく検討がまだ十分とはいえない。とはいえ，チームの創造性やイノベーションを活性化するためには，メンバー同士が安心して忌憚なく自分の考えを述べ合い，闊達に議論する組織風土が重要な役割を果たすことは論理的に理解できるところである。そうした活発な意見交換が，人間関係の悪化を招いたり，攻撃や批判を受けたり，人事考課で低く評価されたりすることにつながることはないという安心感を醸成するために，包摂的リーダーシップの重要性は，さらに注目を集めていくものと思われる。

3. チームの創造性とイノベーションを引き出すチーム・マネジメント方略

[1] ブレインストーミング

アメリカのニューヨーク州バッファローの広告代理店でマネージャーを務めていたオズボーンは，著書の中で，自身の職場で行っていたブレインストーミング技法について説明をしている（Osborn, 1942, 1953）。ブレインストーミングとは，メンバーで集まってアイディアを出し合うことによって相互に知的刺激を与え合ったり，連鎖反応や発想を誘発したりすることを期待する技法である。あまり大人数の集団での議論には適さず，多くとも10人程度までの規模の集団で行うことが望ましいとされている。

連鎖反応や発想を誘発することを阻害しないように，ブレインストーミングでは4つのルールを守ることが重視されている。すなわち，①自由なアイディア抽出を制限するような批判を含む判断・結論は慎むこと，②粗野であろうとも，奇抜な考え方やユニークで斬新なアイディアを重視すること，③質よりも量を優先し，さまざまな角度から多くのアイディアを出すこと，④他人の意見に便乗することを歓迎し，別々のアイディアを結合したり一部変化させたりして，新たなアイディアを生み出すこと，の4つである。

ブレインストーミングによって雑多に大量に生み出されるアイディアは，適切に整理されることで，チームの創造性へと高められる可能性が増す。整理法としては，データをカードに記述し，カードをグループごとにまとめて，図解し，論文等にまとめていくKJ法（川喜田，1967）や，頭の中で考えていることをそのまま脳内の位置どりに近い形に描き出して，記憶の整理や発想をしやすくするマインドマップ（Buzan, 1974）の技法が用いられることが多い。

ブレインストーミングの効果性については，さまざまな視点から検討が加えられてきた。マグラス（McGrath, 1984）はブレインストーミングを導入することで集団のアイディア生成に質的・量的な改善がみられることを実証研究に基づいて報告している。ただし，オズボーン（Osborn, 1953）が主張した「ブレインストーミングによって個人は平均して1人で作業する場合の2倍のアイディアを生み出すことが可能になる」という見解に対しては実証研究によって一貫して否定的な結果が報告されている（Mullen et al., 1991）。これらの研究結果を整理すると，単に話し合うだけだった集団にブレインストーミングを導入することは，アイディア発想量を増やす効果があるが，メンバーが個々に単独で考えて生成したアイディアの総体の質と量に比べて，ブレインストーミングを実施して生成される集団全体のアイディアの質と量は，必ずしもすぐれたものとはならないことが示唆されているといえるだろう。

その理由について，対面状況でブレインストーミングを実施する際には，①自己の発言がネガティブに評価される心配から発言を控えてしまう「評価懸念」や，②他者の努力に依存して自己のアイディア発想の努力を十分に行わない「ただ乗り」現象，さらには③他者の発話中にアイディアを思いついても他者の発話を遮って発言することができず，そのアイディアを記憶しておく必要があり，発想のほうにエネルギーを割けなくなる「発話のブロッキング」等，対面の合議過程で生じる負の側面（プロセス・ロス）の影響によって，期待されるような効果は得られにくいことが指摘されている（Diehl & Stroebe, 1987, 1991）。

とはいえ，実際の職務遂行現場ではブレインストーミングへの期待は相変わらず高く，広く活用されている。それは，メンバー相互の発想の提示と交換が，発想や視点の転換を刺激することへの期待が根強いことを示している。近年では，プロセス・ロスを低減するための工夫として，対面ではなくオンライン・ミーティング形式で，発話ではなくチャット（短文メモ）の交換を用いたやり方も工夫されてきている。こうした電子コミュニケーション・システムの活用は，「発話のブロッキング」を克服する効果が期待できる。「評価懸念」や「ただ乗り」のようなチーム・コミュニケーションが潜在的に抱えるメンバー間の意見交換を抑制してしまう機能を克服するには，メンバーが自身の思いや考えを率直に伝えることで人間関係の悪化や非難を受けることを心配しなくてもよい心理的安全性の醸成を核とする，チーム・ダイナミックスの健全な発達を実現するマネジメントが大切になってくる。

[2] ヴォイシングの奨励

組織で働く人々は，仕事の成果によって評価を受けることはもちろん，さまざまな局面で評価を受けながら日々を送っている。ネガティブな評価は，待遇やキャリアアップへの悪影響につながりかねない。したがって，会議の場での発言ひとつをとっても，周囲の評価を気にしながら，発言するか否か，発言するならどういう内容にするか考えて行動を決めることが多い。チーム活動中の自己意見の提示や行動の選択には，評価懸念の不安がつきまとっていると考えることができるだろう。

評価懸念は，メンバーが個人的に思いつくことがあっても，あるいは意見をもったとしても，それを発言する動機づけを弱めてしまう影響を及ぼすことが多い。この問題を重視するエドモンドソン（Edmondson, 2018）は，心理的安全性を醸成する基盤としてヴォイシング（発声）行動の重要性を強く指摘している。とはいえ，ヴォインシングには，チームの主流あるいは多数派の考え方に異論を提示する挑戦的行為と捉えられるリスクが伴う。慣習やしきたり，伝統など，これまでに作り上げられてきたものを守ろうとする保守的な心理的傾向は無自覚のうちにチームに働くものであり，これに打ち勝ってヴォイシングを実行するのは思いのほか困難なことである（Newman, Donohue, & Eva, 2017）。

この無自覚な保守的傾向は，メンバーたち自身が無自覚のうちに支持して生まれてきているため，メンバー個々にヴォイシングするように指示するだけではうまくいかない。そこで注目されるのが，リーダーの行動である。まずは，管理職やチームリーダーが率先して，この保守的傾向を取り払う働きかけを行うことが期待される。具体的な取り組みとして，エドモンドソン（Edmondson, 2014, 2018）は，リーダーが失敗やミスを責めるのでなく，一人の失敗から皆で学ぶことの大切さに焦点を当てて，失敗経験を共有し，学習するように誘導する取り組みの重要性を強調している。メンバーは自分の失敗やミスを隠蔽してしまう誘惑に駆られることがあるが，こうした失敗から学ぶ姿勢を重視することで，思い切って挑戦すること，思ったことを発言する積極性を引き出すことが可能になると彼女は考えている。

ミスや失敗のような気の重い話から始めなくとも，日々の職務生活の中で，メンバー各自が思ったこと，感じたことを，評価を懸念することなく不安なく率直に声にして伝え合えるように，リーダーを中心にしてチームの規範や風土を整えていく取り組みが，ヴォイシング活性化を導くものとして期待される。

[3] 異質な意見を面白がるポジティブ反応

ヴォイシングを活性化することで，メンバーたちが素朴に発するさまざまな意見の中には荒唐無稽で馬鹿げていると感じられるものが含まれる可能性がある。これらの荒唐無稽なアイディアや意見は，一見，円滑なチーム活動を阻害するものと捉えられがちである。しかしながら，松波（2014）は，普通に考えるとくだらない邪魔な意見にしか映らないものでも，チームの創造性やイノベーションの「種」あるいは源泉として捉えることの大切さを指摘している。

彼は，組織にイノベーションの種を生み出すコツを漫才にたとえて論じている。漫才では，ボケ担当が常識外れな荒唐無稽な話をすると，普通はツッコミ担当がそれを面白おかしく否定する流れになる。漫才の場合は，ボケ担当がさらにボケ続ける（ボケ倒す）ことで笑いを引き出すことになるが，日常のチーム活動では，提示した話題を周囲が否定すると，その話題は打ち切りになり，広がりをもつことはなくなってしまう。メンバーから出た意見が的外れで荒唐無稽に思える場合，「何を言ってるんだ。ちゃんと考えろ！」と否定してしまいたくなるのがリーダーや周囲のメンバーたちの感情ではある。ただし，メンバーにしてみれば，それなりに勇気を出して意見を述べたのに，つれない反応が返ってくるのであれば，次第に発言は控えるようになってしまう。それでは，独創性やイノベーションの「種」は発芽のチャンスすらなくなってしまうだろう。逆に，リーダーや周囲のメンバーたちが，その意見をひとまず受け入れてくれて，「それで，それで…」と発言を促すような対応をしてくれるのであれば，評価懸念の不安は低下し，率直に考えを表明することがしやすくなる。

荒唐無稽で一見馬鹿げたな話を「ほう，それで？」と聞いてやって，漫才風にいえば「ボケに乗っかる」ことができれば，話はさらに広がりをもつことができる。常識や既存の枠組みを超えたところに創造性やイノベーションの種は潜んでいることが多い。創造性やイノベーションの種を拾い上げ，発芽を促し，すくすくと育てるうえで，ヴォイシング行動の促進は重要な役割を担うものといえるだろう。上述してきたように，ヴォイシング行動は心理的安全性の健全な発露として生じると考えられる。心理的安全性は，創造性やイノベーションを活性化する大切な揺りかごの役目を果たすといえるだろう。

読書案内

エドモンドソン，A.C. 村瀬 俊朗・野津 智子（訳）（2021）．恐れのない組織――「心理的安全性」が学習・イノベーション・成長をもたらす　英治出版（Edmondson, A. C. (2018). *The fearless organization: Creating psychological safety in the workplace for learning, innovation, and growth.* Hoboken, NJ: Wiley.）

――組織の創造的な変革・イノベーションを実現する取り組みの中核をなす心理的安全性の醸成

を阻害する変数とその克服方略について，豊富な事例を紐解きながら解説している。

青島 未佳・山口 裕幸（2021）．リーダーのための心理的安全性ガイドブック　労務行政

——高業績をあげ自己変革を実現していくチーム作りの核として心理的安全性に焦点を当て，その醸成を担う管理職のリーダーシップ行動を中心に，具体的な実践方略を論じた入門書。

第12章
チームの安全行動とチーム・エラー

三沢 良

Key Words
安全，事故，チーム・エラー，高リスク産業，高信頼組織

現代の組織では，複雑な課題や急速な状況変化へ対処するために，基本的な職務遂行単位としてチームが広く活用されている。確かに，チームでの協働作業は個人では達成できない成果を可能にする。その一方で，チームは機能不全に陥ると，協働作業ならではの失敗を犯す可能性もある。特に，航空，電力，医療などの高リスク産業では，複雑なシステム内で活動するチームの職務遂行で生じた小さなエラーが甚大な事故につながりうる。近年ではビジネスやスポーツなど幅広い領域のチームを対象に研究が行われているが，その源流をたどると，高リスク産業での悲劇的な事故が契機となり，その教訓に基づいてチームワークの科学的研究が発展してきたことがわかる(Bisbey et al., 2019)。本章では，協働作業で生じるチーム・エラー（team error）を概説するとともに，組織の安全性に貢献するチームワークのあり方について，高信頼性組織の視点を交えて論じる。

1．チームワークの死角

[1] 産業事故の事例におけるチームワークの崩壊

事故の発生には，組織内のさまざまな要因が関与している。たとえ機械・設備のトラブルや個人のヒューマン・エラー（human error）が直接の引き金となっていたとしても，事故の発生経緯を分析すれば，現場の状況や管理上の不備，そしてチームワークの崩壊（teamwork breakdown）が潜在していることは多い。

1978年12月に起きたユナイテッド航空173便墜落事故は，乗員のチームワークの崩壊が指摘される事例の一つである。米国オレゴン州ポートランド空港へ到着予定であったユナイテッド航空173便は，燃料切れ状態で空港近郊の森林に墜落し，乗員乗客189名のうち10名が死亡し，24名が重軽傷を負った。事故後の調査（NTSB, 1979）によれば，空港への着陸準備の際に，車輪（脚）が下りたことを示すランプが

点灯せず，機長はその原因究明と目視による確認，胴体着陸を行う場合の手順の検討に没頭し，燃料切れに対する注意を向けられなかった。また，他の乗員（副操縦士と航空機関士）は，燃料に関する懸念を口にしたものの，強い警告として主張してはいなかった。

1970 年代は航空機事故が多発していた時期であり，別の事例でも，事故発生時のチームワークの問題が見受けられる。1972 年のイースタン航空 401 便墜落事故は，ユナイテッド航空 173 便と同様に脚下げ表示灯が点灯しないトラブルが起こり，やはり乗員はその問題に気をとられてしまい，降下状態に気づくのが遅れて墜落した事例である。また，1977 年のテネリフェ空港で起きた滑走路上での 2 機の航空機の衝突事故では，両機と航空管制官とのコミュニケーションの不備が誤解を招き，事故の一因となっていた（Howkins, 1987）。こうした事故の発生を受け，航空界では乗員がチームワークを発揮するための訓練プログラムとして，クルー・リソース・マネジメント（Crew Resource Management: CRM）を開発・導入したという経緯がある。

軍事の分野では，1988 年の米国巡洋艦ヴィンセンスによる民間航空機の撃墜事故において，緊迫したストレス状況下での意思決定とコミュニケーションの問題が指摘されている。イラン・イラク戦争の最中であった当時，軍事演習中の巡洋艦ヴィンセンスは民間航空機イラン航空 655 便を戦闘機と誤認し，ミサイルで撃墜した。航空機の乗客乗員 290 名全員が死亡するという惨事であった。なお，この事故を契機に，米国海軍研究所（the Office of Naval Research）が資金を提供し，ストレス状況下の戦略的意思決定研究プログラム（Tactical Decision Making Under Stress: TADMUS）が推進され，チーム・トレーニングに関する数多くの知見が得られている（Cannon-Bowers & Salas, 1998）。

他方で，チームワークが有効に機能することによって，最悪の悲劇を免れた事例もある。1989 年 7 月，ユナイテッド航空 232 便は航行中にエンジンの破損と油圧操縦系統の機能喪失（翼面操作不可）により，ほぼ制御不能の状態に陥った。乗員は非番で搭乗していた訓練審査官の助力を受け，客室乗務員や航空管制官と連携し，エンジン推力の調整による操縦を試み，空港までたどり着いた。緊急着陸時に機体は大破・炎上し，乗客 296 名のうち 112 名が死亡したものの，半数以上が救助された。甚大な被害を出しながらも，事故時の航空機の状態が絶望的な中で，生存者がいたことは奇跡的であった。事故調査報告書では，CRM 訓練の成果が事故対応時のクルーの卓越したチームワークに反映された事例と論じられている（NTSB, 1990）。

[2] チーム・エラーの発生機序

多くの産業ではヒューマン・エラーを防止するために，安全教育・訓練や人間工学的な設計による対策などが実施されている。チームによる職務遂行もその一環として，エラーに対する冗長性をもつシステムとして機能することが期待されている（Salas et al., 2008）。つまり，仮にチーム内でメンバーの誰かがエラーを起こしても，他のメンバーがそれに気づいて，必要な支援や修正のための対応を行うことができる。

しかし，過去の事故事例にみられるように，実際にはチームで職務を遂行してもエラーは発生しうるし，そのエラーを回復できないこともある。佐相他（Sasou & Reason, 1999）は，チームでの職務遂行過程で生じるエラーをチーム・エラーと呼び，「チームとして行動する過程で犯したエラー，もしくは複数の人間が起こしたエラーが，チームの他のメンバーによって回復されないもの」と定義している。

チーム・エラーの発生機序は，図 12-1 のように説明される。まず，チーム内で働く個人もしくは複数のメンバーがヒューマン・エラーを起こす（ここでは割愛するが，事故の発生過程では，この端緒となるエラーを引き起こす先行エラーや環境状態などが存在する場合がある）。発生したエラーがチーム内で回復されるためには，他のメンバーが間違いに気づき（「検出」），それを本人に伝え（「指摘」），適切な方法で訂正する（「修正」）必要がある。これら 3 つの段階のいずれかでエラーへの対応が失敗すれば，事故など影響が広範に及ぶチーム・エラーとして顕在化する。

佐相（2009）は原子力，航空，船舶の分野で発生した事故事例をチーム・エラーの視点で分析し，エラー回復過程の各段階の失敗に関する背景要因を整理している。第 1 段階は「検出」の失敗である。チームのメンバーが発生したエラーに気づかず，検出できなければ回復することはできない。「検出」の失敗について，最も多くみられる背景要因は，チームメンバー間でのコミュニケーションの不備である。エラーを起こした本人がどのような意図をもって判断・行動しようとしているのか，その情報が

図 12-1　チーム・エラーの発生機序（Sasou & Reason, 1999 を参照）

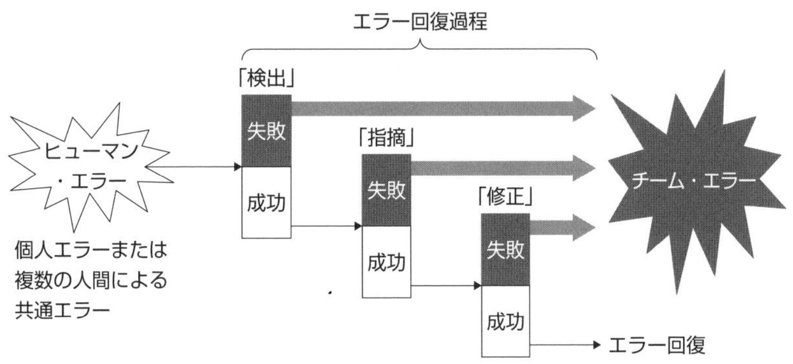

周囲のメンバーに伝わっていなければ，間違いに気づくことは難しい。特に，高い専門知識・技術・経験をもつ相手のことを過度に信頼する，地位や立場の違いのために意思疎通しづらい，自身の責任の範囲ではない，などの理由でコミュニケーションへの関心が薄く不十分になる。また別の背景要因として，切迫した多忙な状況で注意を向けられないワークロードの問題，他のメンバーの間違いを発見するのに十分な知識・経験の不足，物理的距離による発見しづらさといった問題もある。

第2段階の「指摘」の失敗とは，エラーに気づいたメンバーがそれを明確に伝えられないことである。また第3段階の「修正」の失敗は，エラーの指摘が行われても訂正されずに放置されることである。これら「指摘」「修正」の失敗の背景には，チーム内の上下関係や序列に基づく権威勾配の要因が存在することが報告されている。権威勾配とは，二者間の地位格差の大きさを指し，この違いが大きいほど，地位の高い者が起こしたエラーは指摘しづらく，適切な訂正も行われにくい。たとえば，テネリフェ空港航空機衝突事故では，機長と航空機関士の二者間の地位格差が事故の要因の1つと考えられている。医療機関の看護師チームを対象に調査した大坪他（2003）では，自身よりも高度な専門性をもつ相手に対して，エラーを指摘することに抵抗感が強く感じられていることが示されている。加えて，二者間の地位がほぼ同等であっても，相手の専門性を尊重し，不快な思いをさせないように遠慮するといった職業的礼儀によって，「指摘」「修正」が阻まれることがある。また，「検出」の失敗とも共通するが，過剰なワークロードによってメンバー間で指摘をする適切な時機を逸する，間違いには気づきながらも知識・経験の不足のために明確な指摘を行えない，といった状況が事故事例では見出されている。

2．チームの安全行動

[1] 組織の安全性とチームワークの統合的枠組み

近年，サラス他（Salas et al., 2020）は，チームワークを組織全体の安全性を促進する基軸と位置づけ，既往研究の知見に基づく統合的枠組みを提案している（図12-2）。この枠組みでは，チームおよび個人が組織の安全性に寄与する行動を安全パフォーマンスとし，それに影響する要因が整理されている。チームの安全パフォーマンスには，モニタリング，支援行動，安全コミュニケーション，相互協調が取り上げられている（いずれも重要なチームワーク行動であり，詳細な説明は本書の第4章，第5章を参照されたい）。以下では，特にチームの安全パフォーマンスを可能にする条件や先行要因について概説する。

図 12-2　組織の安全性とチームワークの統合的枠組み（Salas et al., 2020 を参照）

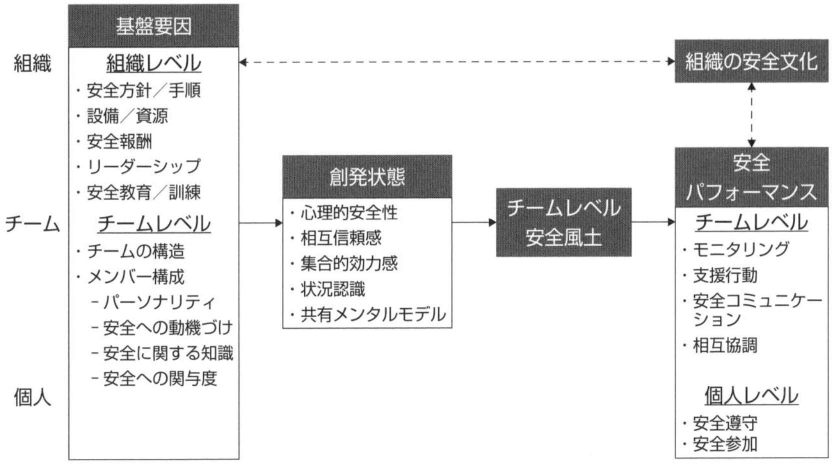

1）基盤要因　基盤要因には，組織における安全性向上を推進するための基本的な要件が整理されている。組織レベルでは，達成すべき安全性の目標水準に関する方針や具体的な手順の明示が必須である（Zohar & Luria, 2005）。そして，安全確保に配慮した設備や資源を提供し，安全性の維持・達成について業績評価や報酬を与えることが前提となる。加えて，安全な職務遂行を奨励するリーダーシップや安全教育・訓練の実施も不可欠である（Hofmann et al., 2017）。

チームレベルでは，職務の課題の複雑さや相互依存性などの構造が，チームワークと安全性に影響を及ぼす。チームが請け負う職務に十分な人員確保とあわせて，メンバー構成も問題となる。近年の研究では，メンバーのパーソナリティ特性と安全行動の関連を示唆する知見も蓄積されている（Beus et al., 2015）。また，メンバーの安全に関する知識と動機づけ，安全施策・活動への関与度は，安全行動，および事故や労災の発生率との関連が見出されている（e.g. Christian et al., 2009）。

2）創発状態　個々のメンバーが集まり，チームとして活動する際，メンバー間での相互作用を通じて，態度や認識が共有され，さまざまな創発状態が醸成される。一般的なチームワークの理論的モデル（e.g. Ilgen et al., 2005）では，創発状態は各種の入力変数を成果に結びつける媒介メカニズムの機能を果たすと想定されている。安全性に特に重要な創発状態として，心理的安全性，相互信頼感，集合的効力感，状況認識，共有メンタルモデルが位置づけられている（各創発状態の詳細な説明は本書の

第2章，第4章，第5章を参照されたい）。

3）組織の安全文化とチームの安全風土　組織内で共有される安全に関する価値観や前提で構成される安全文化は，産業安全研究で提唱され，伝統的に検討されてきた概念である。組織の安全方針やリーダーシップとの関連が見出されており，かつ，チームおよび個人の安全行動への影響も示されている（Bisbey et al., 2021）。そのため，基盤要因と安全パフォーマンスをつなぐ変数として整理している。

組織全体の安全文化の重要性は言を俟たないが，より直接的にチームおよび個人の安全行動に影響するのは，チームレベルの安全風土と考えられている。チームレベルの安全風土は，直属の上司や管理職が率先して安全を重視し，対策や実践する姿勢に基づいて形成される集合的な態度である。チーム内での安全に関するコミュニケーションや失敗からの学習を促進し（Zohar & Luria, 2005），また個人の安全活動への参加を促すなど（Neal & Griffin, 2006），安全パフォーマンスを左右する重要な近接要因となることが報告されている。

［2］高信頼組織の機能を下支えするチームの姿

高リスク産業において，複雑なシステムを運用しながら，高い安全性の維持を継続している組織は，高信頼性組織（High-Reliability Organization: HRO）と呼ばれる（e.g. Weick & Sutcliffe, 2015）。HROでは，災害や事故など不測の事態の発生を未然に防止し，失敗が生じてもそれを敏感に察知して迅速に対処することで，被害の緩和と復旧を可能にしている。HROの実現には，組織の構造や制度の設計だけでなく，現場第一線における円滑なチームワークの発揮が不可欠である。

ウィルソン他（Wilson et al., 2005）は，HROの特徴である5つの組織的機能（Weick & Sutcliffe, 2015）と対応づけて，既存のチーム研究で重要性が示唆されてきたチームワーク要素を整理している（図12-3）。これらは高い安全性を維持するHROを現場で下支えする高信頼性チーム（High-Reliability Teams: HRT）の要件として理解できる。

1）現場状況への敏感さ　HROは，刻一刻と変化する現場の状況に気を配り，その情報を迅速に共有し，問題解決のための戦略立案に生かすことを特徴とする。組織としての「現場状況への敏感さ」は，現場で活動するチームのメンバーが現下の状況の全体像を確実に共有することが基盤となる。そのためには，メンバー間で明確かつ正確に情報を伝え，確実に応答し，理解したことを確認するクローズド・ループ・コミュニケーション（closed-loop communication）が不可欠である。曖昧で多様な解釈

図 12-3　HRO の機能に基づく組織/チームレベルの安全寄与要因（Wilson et al., 2005 を参照）

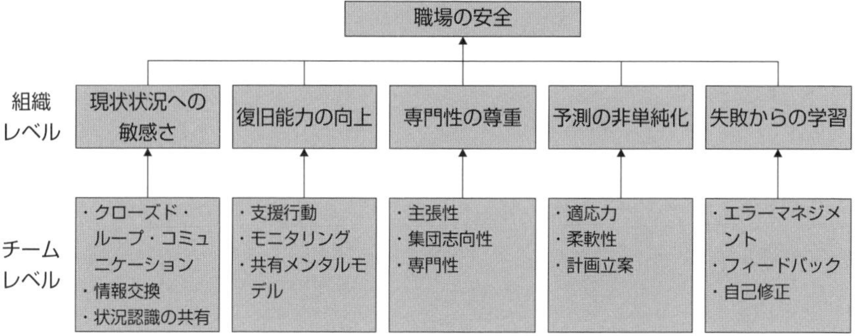

を許す表現を用いた情報伝達や，一方的な発信のみで応答確認が伴わないコミュニケーションの不備は，過去の事故事例に散見される問題である。緊密なコミュニケーションを通じて，チームは現下の環境状態に関する状況認識（situation awareness）を共有する。この共通認識に基づいて，複雑に変化する環境下での事象の進展を予測し，的確な意思決定や対処行動の方略を選択することが可能となる（e.g. Endsley, 1995）。

2）復旧能力の向上　HRO は災害や事故が発生した際の緊急時における迅速な対応に習熟し，平時とは異なる方法で対処できる。組織の「復旧能力の向上」を実現するうえで，チームのメンバーには，発生したエラーの悪影響の拡大の回避と封じ込めを図り，被害を緩和することが求められる。チーム内での作業負荷の増大や課題遂行の進捗を相互にモニタリングし，必要に応じてメンバー間で支援行動（backup behavior）を提供することが重要となる。この支援行動には，適切な対処についてのフィードバックやコーチングのほか，作業負荷が過剰となった場合の援助要請や，他のメンバーの作業の肩代わりなども含まれる。加えて，各メンバーの役割と分担業務の内容，作業する環境等について，チーム内で共有メンタルモデル（shared mental models）を構築できれば，状況の変化とその予測に即して，適切なタイミングで相互支援を円滑に行うことが可能となる（e.g. Cannon-Bowers et al., 1995）。

3）専門性の尊重　HRO は発生した事態の対処や問題解決に適した人材に権限を委譲し，「専門性の尊重」を前提として，平時とは異なる体制で対処を速やかに実行できる。つまり，既存の職位・職階に基づくのではなく，その状況で有効な個々のメンバーの専門的な知識や技術を重視してチームは活動する。また，メンバーは全員で力を合わせることが不可欠であると理解し，積極的にチームとして協働する指向性を示す。加えて，地位や専門性が高い人物に対しても，メンバーは必要であれば主張性を発揮して，率直に異議や反対意見を表明することがチーム内で推奨される（Jentsch & Smith-Jentsch, 2001）。

4）予測の非単純化　HROは状況を多様な視点で捉え，将来起こりうるさまざまな事態を予測する。「予測の非単純化」とは，環境に存在する重要な情報を排除・無視し，願望や期待に基づいて過度に単純化することを回避しようとする機能である。チームには，日常の職務で生じる事象と想定外の新奇な事象の双方が起こる可能性を認識し，対処することが求められる（Weick & Sutcliffe, 2015）。考慮すべき事象の発生と進展に関する予測を立てつつ，チームは職務遂行前に注意深く計画を立案し，かつ遂行中に必要であれば計画の更新を図らなければならない。そのため，情報収集を継続的かつ的確に行う能力と，その情報から適切な対処方略を練り上げる適応力や柔軟性が重要となる（Cannon-Bowers et al., 1995）。

5）失敗からの学習　HROは過去の失敗を組織全体の中で分析し，教訓を迅速に学習する。この「失敗からの学習」には，大きな災害や事故だけでなく，そうした事象につながる前に修正・回復された小さなエラーから学ぶことも含まれる。チームには，日々の職務遂行の過程で起こる事象とその結果を踏まえた自己修正（self-correction）に取り組む必要がある。この自己修正を行うために，メンバーは職務遂行時の自身および他者の行動をモニタリングし，そこで示されたチームワークの良い例と悪い例を協議し，忌憚のない議論を交わす。事後検討会（after action review）やデブリーフィングなどの手法が用いられることもある。建設的なフィードバックを提供し合うことにより，チームのメンバーは安全性を確保するうえでうまくいった適切な点と改善を要する点を峻別して省察できる。また「失敗からの学習」には，ヒューマン・エラーの性質・特徴，エラーを誘発しやすい条件，エラーの防止や発生したエラーへの対処などを考慮して対策を検討するエラー・マネジメント（error management）の視点が不可欠である（Bell & Kozlowski, 2011）。事故には至らなかったインシデントやニアミスの報告をチームメンバーに推奨することも必要である。こうした報告の分析は，チームで実施する訓練の内容を策定するのに役立つ。

3．安全性向上のためのチームの育成

安全性向上のためのチームの育成手法として，最も普及し，かつその効果性が確か

められているのは，航空界のCRM訓練に代表されるチーム・トレーニングである。チーム・トレーニングでは，情報提供，具体的行動の例示，実践演習の3つの教授方略を組み合わせて訓練を行い，メンバーが職務で協働するために必要なチームワーク・スキルの向上を図る（Salas et al., 2008)。情報提供では，講義やスライドなどを用いて，チームワークに関する理論や概念・事象についての知識を伝達する。具体的行動の例示は，ビデオなどの視聴覚教材や実演を通じて，習得するスキルの具体を示す。そして実践演習では，シミュレータ訓練やロールプレイを実施して，スキルを実践する練習機会を与え，習熟度にあわせたフィードバックを提供する。

習得を目指すチームワーク要素やスキルに応じて，チーム・トレーニングの様々な技法が考案されている。たとえば，メンバーの役割と責任の相互理解を促して共有メンタルモデルの醸成を図るクロス・トレーニング（Blickensderfer et al., 1997)，課題遂行の省察を行ってモニタリングとフィードバックのスキルを培う自己修正トレーニング（Smith-Jentsch et al., 2008)，緊急性とワークロードが高い過酷な状況を模擬した場面での意思決定と相互協調を実践するストレス暴露トレーニング（Driskell & Johnston, 1998）などがある。また，医療分野では主要なチームワーク・スキルを現場での実践を通じて向上していく訓練プログラム「TeamSTEPPS（Team Strategies and Tools to Enhance Performance Patient Safety)」(King et al., 2008）が開発されている。

現在までに，チーム・トレーニングは航空や軍事のほか，石油・ガス，医療，電力などの産業に普及し，多くの実証的知見が蓄積されてきた（Salas et al., 2001)。Bisbey他（2019）は，科学的根拠に基づくチーム・トレーニングの発展を促し，広範な産業の安全性向上に寄与してきたことは，チーム研究の最大の成果であると評している。組織の安全性とチームワークの研究は，産業現場との連携・協働が不可欠であり，今後もさらに発展が期待される領域である。

読書案内

Salas, E., Bowers, C. A., & Edens, E. (2001). *Improving teamwork in organizations: Applications of resource management training*. Mahwah, NJ: Lawrence Erlbaum Associates.（サラス，E.他　田尾　雅夫（監訳）(2007）危機のマネジメント　事故と安全――チームワークによる克服　ミネルヴァ書房）

――航空業界の安全性向上のために開発されたCRM訓練の理論的・実践的な研究成果について，他産業での展開も含めまとめられている。

Salas, E., Benishek, L. E., Coultas, C., Dietz, A., Grossman, R., Lazzara, E. H., & Oglesby, J. (2015). *Team Training Essentials: A Research-Based Guide*. New York, NY: Routledge.

――本章で詳細を取り上げられなかったチーム・トレーニングの設計と実施，効果測定に関する要点を解説している。

総括

これからのチーム研究

第 13 章
チームレベルの測定と分析

縄田健悟

Key Words
個人レベル現象/チームレベル現象，チームレベル現象の測定項目，マルチレベル分析，階層線形モデリング（HLM），マルチレベル構造方程式モデリング（ML-SEM）

チーム・ダイナミックスを考えるうえでは，チームの成員個々人が相互に影響を与え合いながら，チーム全体として変動していくプロセスを理解することが必要となる。こうしたプロセスを見ていくために，本章では集団レベル現象を理解するための測定手法，ならびに分析としてのマルチレベル分析を中心に説明していく。

1．チーム（集団）レベルの現象・個人レベルの現象

集団やチームの心理学研究といっても，チームや集団に心が存在するわけではない。社会心理学では，これは集団心の誤謬（group fallacy）と呼ばれ，明確に否定されてきた（Allport, 1924）。あくまでも心は個人に属するものである。そして，集団の心理学研究が対象としているのは，集団に人が集まったことで心理的な〈場〉が形成され，その成員間の相互作用過程からなる力学（ダイナミックス）である。

こうしたチーム・ダイナミックスを実証研究の俎上に載せていくためには，次の2つの現象を概念上区別することがまず必要となる。1つ目が，個人レベル現象としての「集団の中での個人の振る舞い」であり，2つ目が，チームレベル現象としての「集団全体の振る舞い」である（図 13-1）。

図 13-1 の左側に示された個人レベルの現象では，チームの中で個人が行う行動に焦点が当てられている。たとえば「チーム成員のAさんが，仕事を過剰に抱えたBさんを支援している」といったものである。これは主語が「チームでの私は…」となるものとも言い換えられる。日本のチームワーク研究の多くは，こちらの集団内個人の心理・行動が研究されることが多い。たとえば，個人のチームワーク・スキルの測定やトレーニングを行う研究が典型である。チーム研究に限らず，現在の組織研究全般において，ほとんどの研究が個人を対象に研究している。

一方で，チームレベルの現象としてのチームワークは，図 13-1 の右側のように示

図13-1　個人レベルの現象とチームレベルの現象

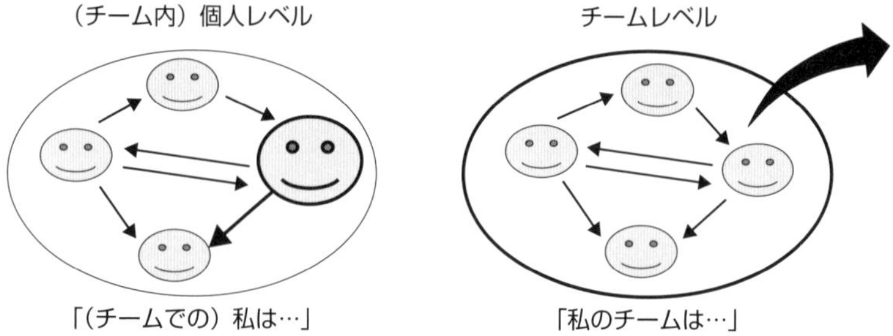

すことができる。成員間の相互作用の中で生まれるチーム全体の状態としてのチームワークである。たとえば，「私のチームでは，仕事を抱えすぎたメンバーに対してお互いに支援が行われている」といったものである。主語が「私のチーム（集団）は…」となるものはチームレベルの現象だといえる。こうしたチームレベルの現象は概念理解，分析，データ収集それぞれのレベルでの困難さが存在するために，特に日本国内ではあまり研究が行われていないのが現状である。個人レベルの現象も，チームレベルの現象も，もちろんともに理解すべきであり，どちらの研究も相互に補完的な関係にある。しかし，本書が特に強調するようなチーム・ダイナミックスを理解するためには，チームレベル現象により焦点を当てて，明示的に扱っていく必要がある。

2．個人レベル現象とチームレベル現象のデータの測定と収集

以上の個人レベル現象とチームレベル現象2つの概念上の弁別をしたうえで，実証的に研究していくためには，測定・収集するデータが，個人レベルなのか，チームレベル（集団レベル）なのかを適切に理解し，それに合わせたデータの測定と収集を行う必要がある。

個人レベルのデータでは，チームメンバーそれぞれに1つの値が存在する。このとき，データ数＝メンバー総数である。例としては，各個人の年齢，性別や，各個人が回答した質問票から測定されたモチベーションの高さといったものがあげられる。一方で，チームレベルのデータでは，1チームに1つの値が存在する。言い換えると，データ数＝チーム数である。例としては，所属チームの売上金額，チームサイズ（成員数），チーム内の性別の比率といったものがあげられる。

心理学研究で扱われる心理・行動変数は，個人を対象に質問票を用いて測定することが多いため，それ自体は個人レベルのデータである。こうした個人レベルの質問紙

のデータから得られたデータについて，そのまま個人レベルで相関を算出した際には，その解釈は「○○な個人ほど○○である」となる。これはチームに関することをメンバー個人に尋ねた質問項目でも同様であり，「自分のチームに協力的な風土を認知した個人ほど，○○だ」といった個人レベルの分析のままでは，あくまでも個人の認知間の関係しか扱えない。

そのため，こうした心理・行動変数をチームレベルとして検討するためには，基本的には個人レベルで測定した変数を何らかの形でチームレベルへと集約していく必要がある。最も典型的に用いられるのは，チーム内平均値を算出して，チーム単位のデータとするという手法である。もしくは平均値だけではなく，チーム内の個人差の大きさとして，分散や標準偏差を指標とすることもできる。さらには，チーム内最大値や最小値を指標とすることも可能である（縄田他，2015b）。このように個人レベルの変数をチームレベルへと集約化することで，チーム単位の分析の俎上に載せることができるようになり，「○○なチームほど，○○なチームだ」といったチームレベルの効果の研究がはじめて検討可能となる。

個人レベル効果とチームレベル（集団レベル）の効果とを弁別しながら同時に分析する手法が，後述するマルチレベル分析である。マルチレベル分析では，チーム間の違いとチーム内の個人差に対して分析を行う。マルチレベル分析，特にマルチレベル構造方程式モデリングの分析上では，チームレベルに集約化した心理変数自体は作成せずに，構造方程式モデリングを実施する。しかし，その解釈は基本的には平均値による集約化とおおむね同様である。すなわち，扱う概念とその測定がもつ意味を考慮しながら，分析や集約化を行っていくことが必要である。

3. 測定項目の主語をどうするか

では，個人レベルの測定からチームレベルの集約を考えるときに，どのような質問項目を用いるのがよいだろうか。チーム研究では，質問項目の主語を「私」とする場合と，「私のチーム」とする場合の２つの尋ね方がある。

前者の「私」を主語とした質問項目は，通常の個人レベルの質問紙調査で広く用いられるものであり，回答者自身の心理・行動状態を自己評定してもらうというものである。たとえば，チーム内での回答者の心理や行動を測定するために，「私は○○である」といった項目に対してどの程度当てはまるかを５段階評定で回答してもらうといったものがあげられる。

後者の「私のチーム」を主語にした質問項目で尋ねる場合には，回答者自身の心理・行動ではなく，集合体としての自分の所属チーム全体の様相に対して回答してもらうこととなる。もちろん回答者が評定する際には，同じチームを見ても個人によって違う部分があるものの，一定程度の共有されたチーム像があり，その部分を分析で取り扱うことで，チーム全体の様相の理解が可能となる。

こうした2つの測定の仕方は，それぞれ直接合意モデル（「私は」項目の集約），参照シフト合意モデル（「私のチームは」項目の集約）と呼ばれ，理論的・実証的にも検討されてきた（Chan, 1998; Wallace, Edwards, Paul, Burke, Christian, & Eissa, 2016）。集団を記述する項目では，集団を参照する項目を用いたほうが，集団内の合意性は高い（Klein, Conn, Smith, & Sorra, 2001）。筆者たちが行った調査でも，細かい文言は異なるものの，自身のストレス状態への回答よりも，「このチームは」という形で尋ねたチーム全体のストレス状態の回答のほうが，後述の級内相関が高く，集団内で類似していた回答となる傾向が見られている。

また，相関による関連性を見たときに，効力感に関しては，参照シフト合意モデルのほうが，直接合意モデルよりも高いパフォーマンスの予測因であるという（Arthur Jr., Bell, & Edwards, 2007）。一方で一貫しない結果を報告した研究もある。組織風土を測定した研究では，同様に参照シフト合意モデルのほうが，職務成果や顧客サービス・パフォーマンスに対して高い関連をもっていたが，職務態度といった感情的要素が強い変数に対しては，むしろ直接合意モデルのほうが高い関連性が見られた（Wallace et al., 2016）。また，2変数の集約手法が同じであるほうが，高い関連性が見られることも示唆された（Wallace et al., 2006）。測定項目の主語は揃えたほうが適切な関連性を抽出して検討できるのだろう。

以上を踏まえて，測定項目の主語は「私」と「私のチーム」のどちらがよいのだろうか。結局のところ，その変数の概念を理論上どのように位置づけ，操作化しようとしているのかによるといえる。チーム・ダイナミックスとして，チームレベル現象を検討したい場合には，「私のチーム」を主語にした測定を用いるほうが，チームレベルの集約化やそれに合わせた解釈を行いやすいことが多いだろう。また，後述する級内相関係数は，「私のチーム」を主語にした測定のほうが高くなるため，分析という観点からも適切であることが多い。こうしたことを踏まえ，筆者らはこれまで「このチームは」や「このチームでは」という測定項目を用いて測定することが多かった。

一方で，モチベーションやプロアクティブ行動など，もともと想定された概念上，個人レベルとして扱うのが適切な変数であれば，チームレベルの影響を検討する際にも，「私は」を主語にした直接合意モデルから集約したほうが適切かもしれない。一方で，こうした個人レベルの測定は，同じチーム内でも個人差が大きくなり，級内相関がかなり低くなることが多く，マルチレベル分析に不適切な測定となってしまうのが多いことには留意が必要である。

4. マルチレベル分析：個人とチームの階層構造に対する分析手法

チームレベルと個人レベルの効果を考えるときには，チームと個人の階層構造を理解することが必要となる。個人はチームの中に存在しているという階層構造になっている。組織研究では，「組織（会社全体）＞チーム（小規模なワークグループ）＞個人」という3階層から検討されることも多い。こうした階層構造のあるデータに対して，個人レベルとチームレベル（集団レベル）の関連性を同時に検討する分析がマルチレベル分析（multilevel analysis）である。ここからは，マルチレベル分析を用いたチームレベルの影響過程の検討に関して説明していく。

マルチレベル分析で実施していることを模式的に図示したものが図13-2である。成員一人ひとりは，自分のチームに関する認知・感情・行動がある。これは，チーム全体で共有された部分としての「チームレベル」と，同じチームであっても個人ごとに異なる部分としての「個人レベル」に分解される。階層構造のあるデータでは自分のチームに関して尋ねた回答は，一定程度，チーム内で類似している。たとえば，メンバー同士の相互協力が高く行われているチームであれば，メンバーは自分のチームの相互協力の評定を，1～5の5段階評定で「5」や「4」で評定するだろう。一方で，同じチームを評定しても個人差はあって，チーム内では相対的に低めに「3」と回答する人もいるだろう。この部分を統計的に弁別し，チーム内で類似した部分をチームレベルの効果（between level）として，チーム内個人差を個人レベル（within level）としてそれぞれ分解して抽出することで，その変数間の関連性を検討するのがマルチレベル分析である。特に，このチームレベルの効果がチーム・ダイナミックス

図13-2　マルチレベル分析によるチームレベル分析の模式図

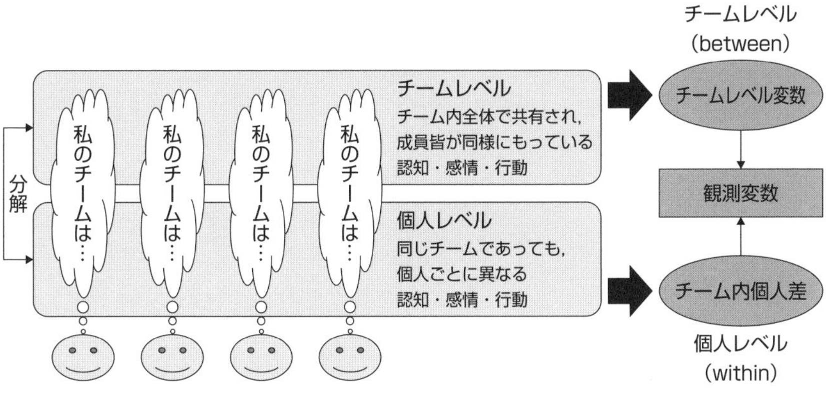

研究としては重要となる。

マルチレベル分析の基本的な流れとしては，まずは，(1) 各変数に級内相関が十分な値で見られるかを確認する。そのうえで，(2) マルチレベル分析として，(2a) 階層線形モデルや (2b) マルチレベル構造方程式モデリングの手法から，仮定した影響過程がどのくらい妥当であるかを検討する。以下，大まかな分析の流れを見ていこう。

[1] 級内相関係数によるチーム間差異の確認

マルチレベル分析に投入する変数は，級内相関が存在することが前提である。級内相関は，チームごとに違いが見られているのかを示す指標であり，もしもチームごとの違いがなく，個人差しかないのであれば，これはチームレベルの効果として検討する必要がないということになる。つまり，チームレベルの効果を検討するには，チーム差が一定程度に存在することが前提となる。その意味で，級内相関はチームレベルの分析を行ううえで第一に検討すべきものとなる。

級内相関係数 (Intra-class Correlation Coefficients: ICC) は，次の式で定義される。

$$\mathrm{ICC} = \frac{\tau_{00}}{\sigma_2 + \tau_{00}}$$

τ_{00} は級間の分散であり，σ_2 は級内の分散である。これはすなわち，分散をチーム間の分散とチーム内の分散に分けたときの，全分散のうちに占めるチーム間の分散の割合だといえる。値が大きいほど，その変数にはチーム間の違いが大きいため，チームレベルの効果を理解・分析することが必要な変数であるといえる。級内相関係数が 0.05 以上あるならばマルチレベル分析を適用したほうがよいとされる (Finch & French, 2011; Julian, 2001)。

一方で，級内相関が低い変数は，チーム差が非常に小さく，個人差のみで解釈することが適切な変数である。級内相関が低いものどうしの集団レベルの関連性をマルチレベル分析で検討したとしても，95%信頼区間が非常に広かったり，標準化係数が 1 を超えたりと推定値が不安定となることが多い。

なお，日本国内の組織心理・組織行動研究では，級内相関係数が 0.05 以下で集団レベル効果を検討した研究が散見されるが，それは分析上問題である。たとえば，級内相関係数が 0.03 のときに，その変数の全分散のうち集団間の分散は 3 %しかない変数だということを示しており，そのわずかな違いを別の集団レベルの変数から予測する意味自体がほとんどない。

したがって，チームレベルの効果を適切に検証するためには，級内相関が低くならないように測定項目を準備する必要がある。級内相関が低いということは，集団レベルの効果が十分に検出できなかったということだともいえる。先にも述べたように，測定では，主語を「私は…」とするよりも，「私の集団では…」とした参照シフト合意モデルの測定のほうが，級内相関が高くなる。そのため，もちろん扱いたい現象次第ではあるが，参照シフト合意モデルに基づいた測定を行ったほうがマルチレベル分析には適した測定になるだろう。

また，変数として集約する前の項目レベルでの級内相関係数の検証も重要である(Bliese, Maltarich, Hendricks, Hofmann, & Adler, 2019)。その質問項目が集団間の差異を適切に捉えた項目かを確認するためには，項目ごとに級内相関を確認して十分な値が得られているのかを確認したほうがよいだろう。

［2］マルチレベル分析の実施

級内相関が十分であることを確認したうえで，次に実際にマルチレベル分析を行っていく。ここではマルチレベル分析の中でも，(1) 階層線形モデリング，(2) マルチレベル構造方程式モデリングの2つを紹介する。それぞれ重回帰分析，構造方程式モデリングのマルチレベル版だといえる。

1）階層線形モデリング（HLM）　階層線形モデリング（Hierarchical Linear Model: HLM）とは，重回帰分析のマルチレベル版である。通常の回帰分析では，独立変数 X が従属変数 Y に影響を及ぼすことを仮定した線形モデルの分析を行うが，これを HLM では個人レベルとチームレベルの効果を分ける形で検証する。

チームレベルでは，チーム間の共分散関係をもとに検討を行い，チーム間の違いを扱う効果となる。HLM では，チームレベルの独立変数として，X のチーム内平均値（X_m）を投入する。チーム内平均によって，チーム全体の変数としての X_m が従属変数 Y にどの程度の関連があるのかを検討することで，チームレベルの効果を検討する。

一方で，個人レベルの X にはセンタリングを行った分析を行うことが多い。センタリングとは，変数の得点からその変数の平均値の差を取ることで，平均からの差として値を処理することである。特にチームごとの平均（クラスタ平均）からの差を取ることによって，同じチーム内での個人差として解釈することが可能となる。

これをパスモデルの形で図示化すると図 13-3 のような形になる。本章で議論しているチームレベル現象を議論する際には，図 13-3 の例で見る場合には，「チームレベル（between level）での，コミュニケーションのチーム内平均」から「チーム・パフォーマンス（チーム全体）」へのパスの効果を検討していくという形で行われる。もしこのパスが有意であるならば，「チーム全体でのコミュニケーションが適切に行われているチームほど，チーム・パフォーマンスが高い」というチーム全体の効果と

図 13-3　階層線形モデリングによるチームワーク過程の検討

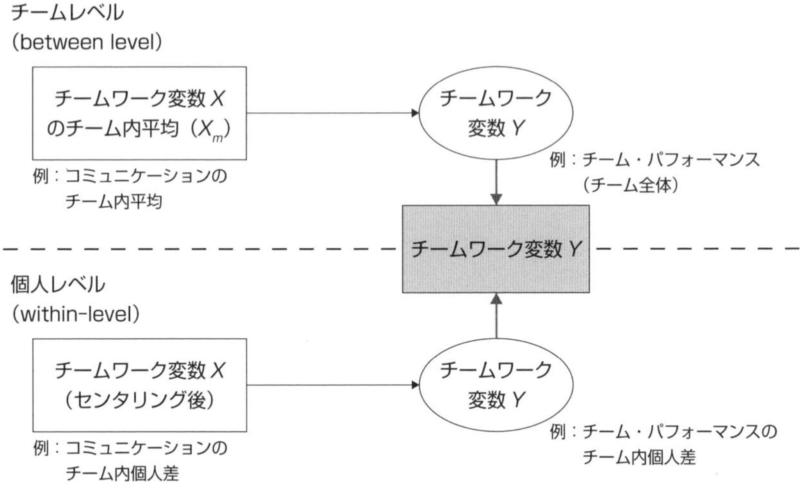

チームレベル
(between level)

チームワーク変数 X のチーム内平均（X_m）	→	チームワーク変数 Y
例：コミュニケーションのチーム内平均		例：チーム・パフォーマンス（チーム全体）

↓

チームワーク変数 Y

↑

個人レベル
(within-level)

チームワーク変数 X（センタリング後）	→	チームワーク変数 Y
例：コミュニケーションのチーム内個人差		例：チーム・パフォーマンスのチーム内個人差

して解釈できる。一方で，個人レベルのセンタリング後の X の効果が有意であれば，「同じチーム内で相対的にコミュニケーションを多く行っている人ほど，チーム・パフォーマンスを高いと認識している」として解釈される。

図 13-3 では，集団ごとに個人レベルの効果が異なるという効果（ランダム傾き）は分析モデル上で仮定していない。こうした効果はクロスレベル交互作用と呼ばれ，HLM の枠組みで検討が可能である。図示化すると，図 13-4 の例では，「ワーク・モチベーション→プロアクティブ行動」という矢印に対して，レベルをまたいで引かれた矢印に該当する。これはたとえば「チームレベルの心理的安全性が高いチームほど，個人レベルのワーク・モチベーションとプロアクティブ行動の正の関連が高くなる」という効果として解釈することができる。つまり，個人レベルの「$X_2 \rightarrow Y$」への効果が，集団レベルの X_1 によって左右される（調整される）というレベルをまたいだ交互作用を検討しているのがこのモデルである。こういった効果も検討することが可能である。

図 13-4　階層線形モデリングによるチームワーク過程の検討（クロスレベル交互作用）

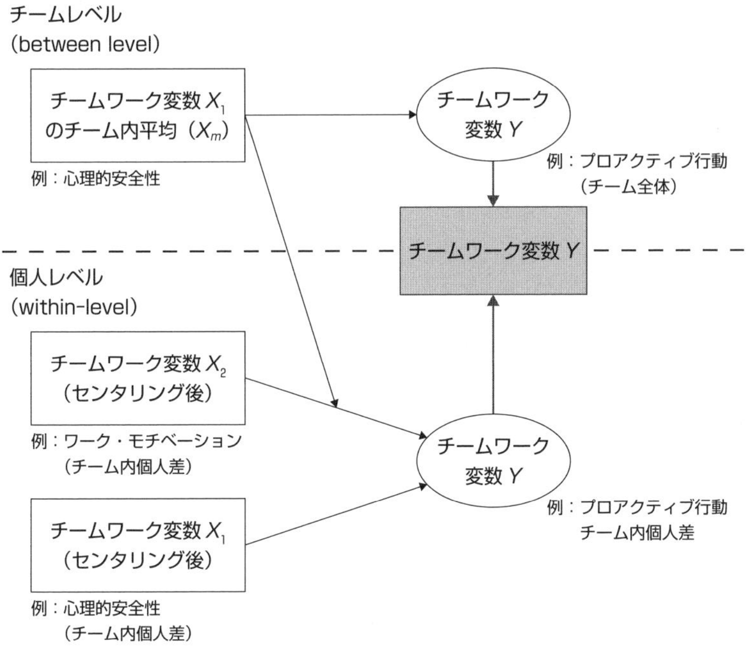

チームレベル
(between level)
チームワーク変数 X_1 のチーム内平均（X_m）
例：心理的安全性
チームワーク変数 Y
例：プロアクティブ行動（チーム全体）
チームワーク変数 Y
個人レベル
(within-level)
チームワーク変数 X_2（センタリング後）
例：ワーク・モチベーション（チーム内個人差）
チームワーク変数 Y
例：プロアクティブ行動 チーム内個人差
チームワーク変数 X_1（センタリング後）
例：心理的安全性（チーム内個人差）

2) マルチレベル構造方程式モデリング（ML-SEM）　さらに複数変数間の関係性を検討する構造方程式モデリングを，集団レベルと個人レベルで実施する手法が，マルチレベル構造方程式モデリング（Multilevel Structual Equation Modeling: ML-SEM）である。この分析では，個人レベルの共分散行列と，集団レベルの共分散行列を推定して，個人レベルと集団レベルでそれぞれモデルを立て，構造方程式モデリングを行っていく。なお，HLM よりも ML-SEM の方が，バイアスが少なく，正確な推定が行えるため，可能な限り ML-SEM を用いるほうがよいとされる（González-Romá & Hernández, 2017）。

HLM では，独立変数として，チーム内平均値を算出したチームレベルの変数と，センタリングを行った個人レベルの変数とを，それぞれ準備したうえで分析に投入したが，ML-SEM ではそういった前処理は行わない。

通常の構造方程式モデリングと同様に影響過程を仮定したモデルを組むのだが，ML-SEM ではチームレベルと個人レベルとで仮説に応じた影響過程を想定したモデルを組む。チームレベルと個人レベルで異なった影響過程を想定してもよい。そもそもチームレベルにしか存在しない変数（チームごとの売上金額やチームサイズなど）も存在する。

チーム全体の効果は，このチームレベル（between level）のパス図として検証される。図 13-5 には，筆者たち（縄田他，2015a; Nawata et al., 2020）の解釈と同様の，集団レベルと個人レベルとのプロセスを描いたモデルを掲載した。それぞれ見ていこう。

まず，チームレベルの変数としては，そのままチームレベルの概念間の影響過程として理解することが可能となる。特に「このチームでは」という主語で測定した参照シフト合意モデルの場合には，チームメンバー皆が総意として自分のチームをどのように認識しているかとして理解することができ，まさにチーム全体の変数として理解できる。そして，このチームレベルの変数の影響関係を，通常の SEM と同様にパス関係を仮定して検討することができる。たとえば，図 13-4 であれば，チームレベル（between レベル）として「心理的安全性が高いチームほど，チーム全体の相互協力が高く，結果としてチーム全体のチーム・パフォーマンスが高い」という媒介的影響（$X \rightarrow M \rightarrow Y$）過程を検討しているものである。こうしたチームレベルの影響過程を，

図 13-5　マルチレベル構造方程式モデリングによるチームワーク過程の検討

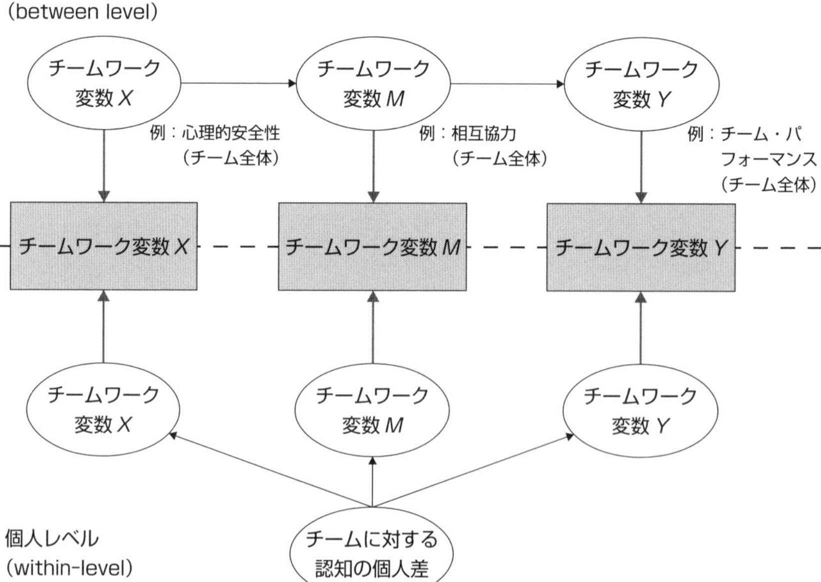

SEMの手法によってパスの有意性やモデル全体の妥当性から検証できる。

一方で，個人レベルは「私のチーム」に対するチーム内個人差として理解できる。同じチームを見て評価しても，人によってその見方が異なるだろう。ML-SEMにおける個人レベル（withinレベル）の関係性はチーム内の個人差の間の関係として理解できる。そのため，筆者たちの研究（縄田他，2015a; Nawata et al., 2020）では，個人レベルでは相互にパスを引いた影響関係を想定せずに，その背景となる潜在変数として「チームに対する認知の個人差」という潜在変数を設定し，個人レベルの各変数はこの潜在変数から影響を受けるというモデルを立てて検討した。

チームレベルを考慮したML-SEMにおいては，チームレベルにおいても通常のSEMと同様に十分なデータ数（つまり，チーム数）が必要となる。したがって，サンプルサイズが大きくないときには，投入する変数を少なくし，シンプルな影響過程としたほうがよい。これはチーム単位のサンプルサイズを大きくしにくいという点で，研究上の制約となることが多い。この点は改めて後述する。

先ほどから繰り返し紹介している筆者たちの研究（縄田他，2015a; Nawata, Yamaguchi, & Aoshima, 2020）は，第5章と第10章でも紹介している。こちらも合わせてご覧いただきたい。

5. マルチレベル分析の実施に関して

以上，大まかなマルチレベル分析の流れを見てきた。マルチレベル分析のより詳細を理解するには，清水（2014）『個人と集団のマルチレベル分析』が社会心理学や組織心理学での分析の実施が前提となった書き方になっているため，まずはそちらをお読みいただくのがよいだろう。それに加えて，マルチレベル分析を実施する際の統計ソフトに関しても，統計ソフトユーザーの立場からいくつか紹介したい。

マルチレベル分析の統計ソフトとしては，Mplusが分析速度も早く，使用しやすい。Mplusは，もともと構造方程式モデリング用のソフトウェアである。マルチレベル分析としては，HLM，ML-SEMともに分析でき，さらに高度な分析にも対応している。Mplusによる分析の手続きは，小杉・清水（2014）による『M-plusとRによる構造方程式モデリング入門』が理解しやすくお勧めである。その第14章が，階層線形モデル，マルチレベル構造方程式モデリングの解説となっている（大谷，2014）。

マルチレベル分析は，HADでも分析可能である。HADは，社会心理学者の清水裕士氏が作成したフリーのExcelマクロである。心理学の研究で利用しやすいように痒いところに手が届く仕様で作成されている。普段から慣れたExcel上で動作する点でも敷居が低い。学部生や初学者でも使用しやすいものでありながら，HLMやML-

SEM のような高度な分析にも対応している。まずは HAD を使用してマルチレベル分析を試すのもよいだろう。

それ以外のソフトウェアとして，清水（2014）には，「HLM7」「SPSS」「SAS」といったソフトウェアを用いたマルチレベル分析の仕方が紹介されている。また，フリーソフトであり，最も汎用性の高い「R」に関しては，尾崎・川端・山田（2018, 2019）や小杉・清水（2014）にマルチレベル分析の実施法が記載されている。

6．チームレベル研究の困難さ，注意点，今後の展開

以上，チームレベル研究の重要性ならびにその分析手法としてのマルチレベル分析に関して見てきた。最後に，チーム単位のデータを収集し，チームレベル研究を行う際の注意点と困難さ，さらには今後の展開に関して議論していく。

まず，チーム単位研究を実施する際に最も困難になる点としては，十分なチーム数のサンプルを収集すること自体が難しいことがあげられるだろう（Hoey, Schröder, Morgan, Rogers, Rishi, & Nagappan, 2018; 縄田他，2015a）。分析レベルが個人ではなく集団であるということは，典型的な個人対象の研究で必要な場合よりもはるかに大きなサンプルサイズが必要となる（Kenny, Mannetti, Pierro, Livi, & Kashy, 2002）。たとえば，1 部署あたり 15 名× 20 部署 = 300 名からなる企業に協力してもらい，部署を集団単位として分析したとしよう。もしも組織心理学で典型的な個人レベルの概念を検討するために，個人レベルでの分析であれば，この回答総数である N = 300 が分析単位となる。それなりに十分なサンプルサイズだろう。しかし，チーム単位で分析するならば，部署数である N = 20 が分析単位となる。N = 20 だと現代の心理学や組織行動論の実証研究で行われているような複雑な多変量解析を実施することは困難となる。仮に分析にかけても検出力不足となることが多いだろう。いわば，分析に必要なデータ数が足りないのである。さらに，企業組織研究は，企業側の協力がないとデータの収集が難しい研究領域である。300 名からデータを集めても，N = 20 にしかならないというのは，非常に大きな障壁になる。ML-SEM の検証では集団数が 100 チーム，集団内成員は 15 人以上が望ましいことも指摘されているが（González-Romá & Hernández, 2017; Lüdtke, Marsh, Robitzsch, & Trautwein, 2011），それは組織研究を行ううえで現実的に困難であることも多いだろう。近年，広く研究で用いられることの多いウェブ調査会社やクラウドソーシングサービスを利用したウェブ調査でも，同じチームの複数人から回答してもらうことは難しい。現状では，チーム単位で分析できるように，数十以上の複数の職場から分析できるように協力してもらうように研究者側が努力する以外に方法はない。

本章では，組織心理学の研究で最も広く用いられる質問紙調査を取り上げて議論してきたが，そもそもチーム単位の分析を行うならば，むしろ質問紙調査以外の手法を用いることが打開策となる可能性も指摘される。たとえば，ログデータを用いた分析手法があげられる（村瀬・王・鈴木，2021）。ログデータとは，機器やシステムに対して行った行動の自動記録である。たとえば，ウェアラブルデバイスを通じて誰が誰と会話をしたのかに関する記録を行い，チーム内コミュニケーションの指標として分析していくといったものがあげられる。近年はテクノロジーの発展により，かつてよりも容易に測定を行うことができるようになっており，今後の発展がさらに期待される。一方で高度なデータの前処理や統計解析も必要であることから，研究者側のスキルもまた求められるようになっているといえるだろう。

読書案内

清水 裕士（2014）．個人と集団のマルチレベル分析　ナカニシヤ出版

――集団現象に関するマルチレベル分析の適用に関して丁寧に説明された入門書であり，最初に読むべき本である。

尾崎 幸謙・川端 一光・山田 剛史（編）（2018）．Rで学ぶマルチレベルモデル［入門編］――基本モデルの考え方と分析　朝倉書店

尾崎 幸謙・川端 一光・山田 剛史（編）（2019）．Rで学ぶマルチレベルモデル［実践編］――Mplusによる発展的分析　朝倉書店

――マルチレベル分析の統計的な解説とRやMplusでの分析コードが記載されており，上記の清水（2014）と合わせて手元に置いて，分析に際して適宜参照すると良いだろう。

第 14 章 チーム・ダイナミックス研究の最前線

山口裕幸

Key Words
チーム・バーチャリティ，ハイブリッド・チーム，チーム・リーダーシップ，リーダーシップ・スイッチ，チーム状況察知力，チーム適応力，ソシオメーター，ビジネス顕微鏡

1．チーム・ダイナミックス研究の今

[1] チーム・ダイナミックスに影響をもたらす変数のニューウェイブ

1) チーム・バーチャリティ（ハイブリッド・チーム）　1990 年代に入り，企業組織が活動を国際化するグローバル化が進むとともに，ICT（情報通信技術）の発展によって電子コミュニケーション・ツールが身近に利用できるようになっていった。そうした社会環境の変化は，世界および国内の各地に分散している組織メンバーが，各自の所在地にいながら，IT ツールを駆使して，直接対面できないメンバーと一緒に活動するバーチャル・チームによる職務遂行形態を生み出していった。バーチャル・チームのマネジメントは，異文化摩擦やコミュニケーション不全といった課題に直面しながらも，それらの問題克服を中核にした意欲的な研究を生み出し，意義深い知見を蓄積してきている（e.g. Dulebohn & Hoch, 2017; Townsend, DeMarie, & Hendrickson, 1998）。

そうした流れにあって，COVID-19 のパンデミック発生は，組織におけるメンバー同士のコミュニケーションのとり方やチームの職務遂行形態に大きな変化をもたらした。具体的には，それまでは職場でメンバー全員が集まって対面コミュニケーションを取りながらチームによる職務を遂行する形態がほとんどであったのが，メンバーそれぞれに在宅や職場以外の場所から，電子ミーティング・ツールを活用してバーチャルにコミュニケーションをとりながらチームで職務遂行する形態が一気に増加したのである。

とはいえ，多くのチームが，必要に応じてときどきは職場に出勤して従来どおりの形態でチーム活動を行うこともあって，100％バーチャル・チームの形態，つまり各メンバーが遠隔地に所在して直接対面する機会がないなかで，電子ミーティング・ツールを活用したコミュニケーションのみに依存する形態になっているわけではない。

こうしたチーム・コミュニケーションの新たな形態の出現は，ハイブリッド・チームと呼ばれることもあり，チーム活動における対面コミュニケーションとバーチャル・コミュニケーションの比率をチーム・バーチャリティという概念で捉える研究アプローチへの関心を高めた。

チーム・バーチャリティの概念に着目し，その因子構造や測定技法を検討する取り組みは，21世紀に入った頃から開始されており（Kirkman & Mathieu, 2005; Lu et al., 2006; Schweitzer & Duxbury, 2010），パンデミック発生以前も，チーム・バーチャリティがチームの効率性や生産性，創造性や革新性に及ぼす影響を検討する取り組みは着実に続けられてきた（Foster et al., 2015; Orhan, Rijsman, & Van Dijk, 2016; Schaubroeck & Yu, 2017）。パンデミック発生以降，リーダーシップとの関係性を検討する研究（Flavián, Guinalíu, & Jordán, 2022; Purvanova et al., 2021）やチーム・メンバー間の信頼関係への影響を検討する研究（Alves et al., 2022; Paul et al., 2021）のほか，チーム・バーチャリティがチームの効率性や生産性に及ぼす影響を中心に多様な研究の成果が報告されるようになっている（Costa, Handke, & O'Neill, 2021, Handke et al., 2020; Handke et al., 2021; 三沢・藤村，2021; 清宮，2022；縄田他，2021; Purvanova & Kenda, 2022）。これらの研究はまだ一貫した知見を引き出すまでには至っておらず，チーム・バーチャリティが高まることで，チーム・ダイナミックスはいかなる特性を帯びるようになるのか，さまざまな研究報告や見解が混在している状況にある（e.g. Feitosa & Salas, 2021; Brown, Prewett, & Grossenbacher, 2020）。

なお，チーム・バーチャリティの高まりは，チームの効果性や生産性，創造的変革への影響のみならず，働き方改革への影響の面からも注目される。リモートワークの拡大と普及は，通勤にかかる時間や労力から解放され勤労生活の質（quality of work life）を改善する効果があったといわれる反面，孤立傾向を高め強い孤独感につながったり，組織の一員としてのアイデンティティの希薄化が懸念されたり，功罪両面にわたる影響が議論されている（e.g. Bartel, Wrzesniewski, & Wiesenfeld, 2012; Marshall, Michaels, & Mulki, 2007; Mulki et al., 2009）。わが国では長時間労働の削減を中核とする「働き方改革関連法案」が2019年4月1日より施行されている。労働時間を削減する工夫のひとつとして，電子ミーティング・ツールを活用したチーム活動を行うトレンドは今後も普及・拡大していくことが見込まれる。ただ，孤立や孤独感の深まりへの対処など，慎重に検討すべき問題も潜在している。高いバーチャリティのもとでの効果的なチーム・マネジメントに関しては，実証科学的検討は乏しく，事例検討に依存する試行錯誤の域を出ていない。バーチャリティが高まることによって，メンバー間のチームワーク行動やメンタリティおよびチームレベルの創発特性にいかなる相違が生まれるのか実証的に検討し，効果的なチーム・マネジメントのあり方を明らかにする研究は，組織科学や社会心理学の視点に立ったチーム研究の新たな方向性を切り開くものとして，積極的な取り組みが期待されている。

2）チーム・リーダーシップ　リーダーシップについてチーム・ダイナミックスの視点から捉えたアプローチは，新たなリーダーシップの考え方を生み出してきていることは注目に値するだろう。伝統的には，チームの中に1人のリーダーがいて，他のメンバーはフォロワーとして，リーダーの影響力を受けながらチーム活動を行うという図式がオーソドックスな形態として想定されてきた。これに対して，1990年代に入ると，メンバー各自がリーダーシップを発揮しながらチームを運営する自己管理型チーム（self-management teams）の考え方が注目を集めるようになった（e.g. Barker, 1993; Cohen & Ledford Jr., 1994; Uhl-Bien & Graen, 1992）。

自己管理型チームは，誰が，いつ，どのように，どんな業務を行うかについて，外部あるいは固定された1人のリーダーからの指示に従うのではなく，メンバー全員で協議し決定していくところに特徴がある。自律性の高いチーム・マネジメントゆえ，その効果性はどんなチームにも現れるとは限らず，実践的な導入に関しては疑問符がついた時期もあった（e.g. Kirkman & Rosen, 1999; Langfred, 2007）。しかしながら，メンバー一人ひとりがチーム目標の達成に向けて促進的な影響力を発揮するという考え方は，共有型リーダーシップ（shared leadership）の理論へと結びついて，リーダーシップ研究に新たな扉を開くことになった（Carson, Tesluk, & Marrone, 2007; Pearce, 2004; Pearce & Conger, 2002）。

そして近年では，共有型リーダーシップのチーム効率性やチームの創造性を促進する機能に注目し，科学的検証を試みる研究が活発に行われるようになっている（e.g. Liang, van Knippenberg, & Gu, 2021; Lorinkova & Bartol, 2021）。リーダーシップをチームの特定の個人が発揮するものではなく，メンバー各自が発揮するものという捉え方は，リーダーシップをとるメンバーが状況に応じて機敏に交替していくことを目指したリーダーシップ・スイッチ論（leadership switch model）の台頭を刺激し（Prabhakar, 2005a, 2005b），さらには分配型リーダーシップ（distributed leadership）の研究へと展開が進みつつある（Agarwal et al., 2021; Hickey et al., 2022）。リーダーを1人に固定することなく，状況や必要に応じて，あるいは個々のメンバーの適性や能力に応じて，リーダーシップをとる役割をスイッチ（交替）しながらチーム運営を行うスタイルは，斬新さがあるものの，具体的な役割調整や連携の取り方についてはまだ十分に説明力のあるマネジメント方略の開発には至っていない。今後さらなる検討が期待されている研究課題であるといえよう。

なお，多様な特性をもったメンバーがチーム活動を行うことが組織に創造性や革新性を創出する強みの源泉として注目され，その強みを生かすために心理的安全性構築の重要性が強調されることで，包摂的リーダーシップ（inclusive leadership）への関心も高まってきている（e.g. Carmeli, Reiter-Palmon, & Ziv, 2010; Javed et al., 2019; Nembhard & Edmondson, 2006）。トップダウン的に指示や命令で部下を動かすリーダーシップよりも，部下に寄り添い，部下の活躍を下支えするリーダーシップの重要性を指摘するリーダーシップ論は，サーバント・リーダーシップ（servant leadership: Greenleaf, 1970, 1977）やセキュア・ベース・リーダーシップ（secure base leadership: Coombe, 2010; Kohlrieser, Goldsworthy, & Coombe, 2012），謙虚なリーダーシップ（humble leadership: Schein & Schein, 2018）等，近年，次々に提唱されている。包摂的リーダーシップもその一翼を担う理論に位置づけられるが，チーム・リーダーシップ論へとリンクしていく点に特徴がある。

実際のチーム・マネジメントを考えると，最初からすべてのメンバーがリーダーシップを分担するスタイルをとることは困難を伴うことが多いと考えられる。最初は，１人のリーダーのもとで，そのリーダーがそれぞれのメンバーのもつ個性や特性を把握しつつ，メンバー全員が一体になってチーム活動に参画できるように包摂的（インクルーシブ）に働きかけることで，次第に各メンバーがリーダーシップを分担することができる状態へとチームが発達することが想定される。包摂的リーダーシップ研究は，共有型リーダーシップ，そしてリーダーシップ・スイッチ理論の研究にリンクしていくものとして注目される。

2．チーム・ダイナミックスが生み出す創発特性探究の新たな潮流

チーム・コンピテンシーやチーム・レジリエンス，チーム・モチベーション等，チーム・ダイナミックスにおいて創発されるチームレベルの全体的心理学的特性への関心はこれまでにも多様に示され，研究も行われてきた。しがしながら，チーム全体として発揮される心理学的な能力については，新たなアプローチも始まっており，今後，現実の問題解決に必要とされる観点から，さらに重視されるようになるものが存在する。その代表的なチーム特性として２つに注目する。

1）チーム状況認識力（team situational awareness）　交通運輸の現場や，医療現場，工場生産現場，建設現場等では，チームで活動している際に，危険やリスクを察知したり，事故や問題の発生にいち早く気づいたりして対処することが求められることが多い。対処すべき事態の発生に敏感に気づく能力は，状況認識力（situational awareness）と呼ばれる。かつては，航空機操縦や軍事防衛における危機管理を効果

的に行うための個人の能力として捉えられ，situation awareness と標記されて研究がなされていた（e.g. Endsley, 1995; Endsley & Garland, 2000）。それらの研究が注目を集めるようになり，より多様な社会活動や産業活動における安全管理や危機回避，そしてリスク感受性が研究対象とされるようになるとともに，situational awareness と表現されることが主流になってきた（e.g. Salas, 2011; Stanton, Chambers, & Piggott, 2001）。そして，チームで安全管理や危機回避のための活動が行われる場面においては，メンバー個々の状況認識というよりも，あるメンバーが察知したリスクや危機の認識をチーム全体で共有することや，直面する状況におけるリスクや危機をチーム全体として察知することの重要性が注目されるようになり，チーム状況認識力（team situational awareness）の研究へと展開されるようになっている（e.g. Gillespie et al., 2013; Kaber & Endsley, 1998; Nowak & Pautasso, 2013; Stout, Cannon-Bowers, & Salas, 2017）。

チームにおける情報共有については，共有メンタルモデルや対人交流記憶システムの文脈で検討が進められてきている。しかし，最近ではメンバー同士の情報共有もさることながら，チーム全員で危機を察知し，柔軟に機動的に対応する能力への関心が高まっている。たとえば，要人警護のチームや，自然災害，火災の緊急事態で人命救助を行うレスキュー・チームは，メンバー各自が分担している役割を遂行することだけでなく，他のメンバーが所定の役割遂行以外の活動に従事しなければならなくなったときでも，突然の危機発生のリスクを瞬時に察知し，残りのメンバーで速やかにリカバリーして全体の活動に支障がないように対処していくことが求められる。そうした対応を可能にするチーム状況認識力は，チーム・インテリジェンスやチーム・コンピテンシーの一側面といえるかもしれない。また，状況を察知して，危機回避のためにプロアクティブに先読みして行動を選択する能力の側面も含んでいる。その科学的検討は緒に就いたばかりであり，チーム・ダイナミックス研究の重要テーマとして，これから積極的な検討がなされていくと思われる。

2）チーム適応力（team adaptability）　チーム活動を取り巻く環境が，スピード豊かにしかも頻繁に変容していく不確実性の高い状況にあっては，チーム活動そのものもダイナミックな環境変化に的確にかつ迅速に適応していくチーム適応力を高めることによって，環境変化がもたらす不確実性の影響をできるだけ抑制して目標どおりの成果をあげていくことが重要な課題となってくる。とりわけ近年は，グローバル化によって異なる文化をもつメンバーが一緒になってチーム活動を行うことが増えたり，もともと所属する組織の異なるメンバーが，限られた日数・時間の中で一緒に目標達成に取り組むタスクフォースやクルー，あるいはプロジェクトチームと呼ばれる形態が増えたりする潮流にある。そのため，外的環境の変動に適応することはもちろん，複雑性の増すチーム内環境を適切に調整する視点からもチーム適応力の概念が注目されている（e.g. Abankwa, Rowlinson, & Adinyira, 2019; Burke, Fiore, & Salas, 2003; Uitdewilligen, Waller, & Zijlstra, 2010）。

ただ，チーム適応力と類似の概念は，これまでにもいくつか取り上げられ，検討されてきている。たとえば，チームで目標を達成し，成果をあげる力量を意味するチーム・コンピテンシーに関する研究（e.g. Jamil & Adeleke, 2018; Jewels & Albon, 2007; 山口，2007）や，高度なチーム・パフォーマンスを導くチームの集合知性（collective intelligence of a team）に関する研究（e.g. Woolley & Malone, 2011; Woolley, Aggarwal, & Malone, 2015），さらにはチームによる状況の変化に適応した柔軟な意思決定（team flexibility）に関する研究（e.g. Günsel & Açikgöz, 2013; He et al., 2014; Ling et al., 2021）等があげられる。いずれの研究も貴重な成果をあげてきているが，関心を寄せている特性は，チーム・パフォーマンスやチーム効率性だけでなくチームの持続可能性にとって重要な機能をもつものであり，さまざまな概念を用いてアプローチがなされているのが現状といえるだろう。これらの類似しつつ混乱も招いているチーム特性の解明を統合的に進めることが重要な課題となっている。チーム順応力の研究は，そうした統合的研究の基軸として，今後さらなる検討が期待される。

3．チーム・ダイナミックス研究のこれから

［1］理論的枠組みの再検討

チーム・ダイナミックス研究の初期の中核的問題意識は，いかにしてチーム効果性を高めるかというところにあった（Hackman, 1983, 1990）。今日にいたるまで，その研究は，メンバーの能力等のもともとチームに備わっていた諸特性やチームが取り組む課題の特性を先行要因として，多様な変動性に彩られたチーム・ダイナミックスという相互作用過程を経て，チーム・パフォーマンスという結果につながるという理論的枠組みに基づいて進められてきた。第1章で紹介したようにタンネンバウム他（Tannenbaum, Beard, & Salas, 1992）は，この理論的枠組みを精査し，第1章で紹介した図1-1（10ページ）のように整理している。この理論的枠組みは，これからもチーム・ダイナミックス研究の基盤でありつづけるだろう。

そうした基盤を共有しながら，チーム・ダイナミックスの研究は，複雑系科学の台頭とともに，チームワークやチームの共有認知に関するさまざまなトピックへと拡散し発展している。その詳細については本書で論じてきたとおりである。ただし，チー

ム・バーチャリティ研究の展開を生み出している情報技術の急速な発展は，今後，チーム・コミュニケーションの形態変容につながることが確実視される。仮想現実（virtual reality）の技術は，チーム・コミュニケーションの形態の変化だけでなく，それによってチームに醸成されるチームワークや共有メンタルモデル，共有型リーダーシップなどのチーム認知の性質や，チーム・メンバー間の対人関係，信頼関係の様相，さらにはメンバー個人のアイデンティティやモチベーション，ワーク・エンゲージメント等に小さくない影響を及ぼすものと考えられる。

メンバーが個々に業務を遂行しながら，オンラインで全体の進捗をモニターしつつ，必要に応じて個別にコミュニケーションをとり合って，最終的にチーム・パフォーマンスに結びつける工程では，集まって対面でコミュニケーションしながらチームの課題に取り組んでいたこれまでとは，チーム・ダイナミックスの様相が一変する可能性さえある。今後，チーム・コミュニケーション形態の変化がチーム・ダイナミックス，そしてチーム効果性に及ぼす影響を明らかにするための理論的枠組みの検討が進んでいくだろう。

[2] チーム・ダイナミックス研究推進に向かって克服すべき課題

チーム・ダイナミックスの様相を明快に把握する技法の開発は，的確で効果的なチーム・マネジメントを探究するうえで，学術的にも実践的にも是非とも実現すべき課題である。そのカギを握るのが，チーム・ダイナミックスの様相を可視化する技法である。センサリング技術を駆使したソシオメーターと呼ばれる測定技法の発展が見られ（Pentland, 2008, 2014），わが国でも「ビジネス顕微鏡」と称するチーム・メンバー間のコミュニケーション行動を客観的に細密に，しかも長期にわたって測定して，そのデータを独自の解析手法を用いてさまざまな形で可視化するシステムが開発されている（Yano et al., 2009; 矢野，2018）。こうした先進技術を活用してチームの発達過程をコミュニケーション行動に注目して検討した研究も報告されている（田原・三沢・山口，2013；田原・山口，2014）。ただ，行動レベルでは測定可能であっても，コミュニケーションで交わされている内容については測定できていないため，あくまでもマクロ的な現象としてチームにおけるコミュニケーション行動の変容を可視化するにとどまっている。

コミュニケーションで交わされている内容を把握しようとすれば，研究倫理上の配慮が必要である。たとえ，観察対象となるチームのメンバーたちに，事前にコミュニケーションの内容を記録することを伝えて了解を得た場合でも，各メンバーがコミュニケーションをとる際に，記録されていることを意識することから受ける心理学的影響を考慮する必要が発生する。ソシオメーターやビジネス顕微鏡は，素朴に普段どおりに交わされるチーム・コミュニケーションの行動の様相を明らかにすることを優先して開発されている。外側の形はわかるが中身は不明という段階にある。センサリング技術は今でもさらなる発展を続けており，表情やわずかなしぐさまで測定が可能になっており，チーム・コミュニケーションの形態の可視化はさらに精密さを高めることが可能だと考えられる。これに加えてコミュニケーションで交わされる内容を分析するとともに，集団凝集性やチーム状況認識力やメンタルモデルの共有度などの心理学的な指標についての測定データを加味して，より包括的な解析に基づいてチーム・ダイナミックスを可視化するシステムの開発へと進むことが期待される。

異なる人格や能力を有する個人が複数集まって共通の目標達成に取り組むチーム活動は，わたくしたちの幸福な社会生活になくてはならないものであり，人類がずっと続けてきた活動である。しかし，20万年を超える人類の歴史がありながら，今日でも，効率的に目標を達成することは必ずしも容易ではない。役割を分担しても，メンバー同士の間には心理的な「溝」や「壁」とでも表現すべき負の関係性が生まれがちで，それぞれの仕事を機能的に連携させることを難しくしている場合も多い。それらの溝や壁の発生メカニズムも大いに興味深いが，それらを克服して，効率的なチーム・マネジメント実現への道筋を明らかにすることを推し進めることが重要である。より現実的で機能的なチーム・マネジメントの実践方略を明らかにするには，チームで職務に取り組んでいる組織の現場でさまざまな問題とリアルに対峙して克服に努めている実務家たちと，理論的な視点から体系的に科学的にチーム・ダイナミックスを探究している研究者たちが，相携えて協働する関係を築きながら，アクション・リサーチに基づいてアプローチすることが不可欠である。チーム・ダイナミックス研究は，新たな視点や研究法の革新を加えながらも，K. レヴィンが示した道筋を辿りつつ，前進していくだろう。

読書案内

ペントランド，A. 小林 啓倫（訳）(2015). ソーシャル物理学――「良いアイデアはいかに広がるか」の新しい科学　草思社（Pentland, A. P. (2014). *Social physics : How good ideas spread–The lessons from a new science*. Brunswick, Victoria: Scribe Publications.）

――ソシオメーターを活用して会話量や移動量等の人的交流のデータ測定を行った社会実験の成果を紹介しつつ，社会や集団のダイナミックスを物理学の作法で探究する新たなパースペクティブを論じている。

古川 久敬・山口 裕幸（共編著）(2012).〈先取り志向〉の組織心理学――プロアクティブ行動と組織　有斐閣

――メンバー各自が主体的に能動的に意思決定し行動していくプロアクティブ行動を促進する組織やチームの特性に焦点を当て，変動する社会環境の中で組織が持続可能性を高める道筋を議論している。

引用文献

第1章

Arrow, H., McGrath, J. E., & Berdahl, J. L. (2000). *Small groups as complex systems: Formation, coordination, development and adaptation.* Thousand Oaks, CA: Sage.

Aubé, C., & Rousseau, V. (2005). Team goal commitment and team effectiveness: The role of task interdependence and supportive behaviors. *Group Dynamics: Theory, Research, and Practice, 9*(3), 189-204. https://doi.org/10.1037/1089-2699.9.3.189

Barrick, M. R., Stewart, G. L., Neubert, M. J., & Mount, M. K. (1998). Relating member ability and personality to work-team processes and team effectiveness. *Journal of Applied Psychology, 83*(3), 377-391. https://doi.org/10.1037/0021-9010.83.3.377

Breuer, C., Hüffmeier, J., & Hertel, G. (2016). Does trust matter more in virtual teams? A meta-analysis of trust and team effectiveness considering virtuality and documentation as moderators. *Journal of Applied Psychology, 101*(8), 1151-1177. https://doi.org/10.1037/apl0000113

Cole, M. S., Carter, M. Z., & Zhang, Z. (2013). Leader-team congruence in power distance values and team effectiveness: The mediating role of procedural justice climate. *Journal of Applied Psychology, 98*(6), 962-973. https://doi.org/10.1037/a0034269

De Dreu, C. K. W. (2007). Cooperative outcome interdependence, task reflexivity, and team effectiveness: A motivated information processing perspective. *Journal of Applied Psychology, 92*(3), 628-638. https://doi.org/10.1037/0021-9010.92.3.628

Devine, D. J. (2002). A review and integration of classification systems relevant to teams in organizations. *Group Dynamics: Theory, Research, and Practice, 6*(4), 291-310.

Devine, D. J., Clayton, L. D., Philips, J. L., Dunford, B. B., & Melner, S. B. (1999). Teams in organizations: Prevalence, characteristics, and effectiveness. *Small Group Research, 30*(6), 678-711.

Driskell, J. E., Goodwin, G. F., Salas, E., & O'Shea, P. G. (2006). What makes a good team player? Personality and team effectiveness. *Group Dynamics: Theory, Research, and Practice, 10*(4), 249-271. https://doi.org/10.1037/1089-2699.10.4.249

Fiedler, F. E. (1954). Assumed similarity measures as predictors of team effectiveness. *The Journal of Abnormal and Social Psychology, 49*(3), 381-388. https://doi.org/10.1037/h0061669

Fiedler, F. E. (1955). The influence of leader-keyman relations on combat crew effectiveness. *The Journal of Abnormal and Social Psychology, 51*(2), 227-235. https://doi.org/10.1037/h0040393

古川 久敬・山口 裕幸 (2012). 〈先取り志向〉の組織心理学――プロアクティブ行動と組織　有斐閣

Greer, L. L., de Jong, B. A., Schouten, M. E., & Dannals, J. E. (2018). Why and when hierarchy impacts team effectiveness: A meta-analytic integration. *Journal of Applied Psychology, 103*(6), 591-613. https://doi.org/10.1037/apl0000291

Guastello, S. J., & Guastello, D. D. (1998). Origins of coordination and team effectiveness: A perspective from game theory and nonlinear dynamics. *Journal of Applied Psychology, 83*(3), 423-437. https://doi.org/10.1037/0021-9010.83.3.423

Hackman, J. R. (1987). The design of work teams. In J. Lorsch (Ed.), *Handbook of organizational behavior* (pp. 315-342). New York, NY: Prentice-Hall.

Hu, J., & Liden, R. C. (2011). Antecedents of team potency and team effectiveness: An examination of goal and process clarity and servant leadership. *Journal of Applied Psychology, 96*(4), 851-

862. https://doi.org/10.1037/a0022465

Katz, D., & Kahn, R. L. (1978). *The social psychology of organizations* (2nd ed.). New York, NY: Wiley.

Kur, E. (1996). The faces model of high performing team development. *Leadership & Organization Development Journal, 17*(1), 32–41.

Leonard, M., Graham, S., & Bonacum, D. (2004). The human factor: The critical importance of effective teamwork and communication in providing safe care. *BMJ Quality & Safety, 13* (suppl 1), i85–i90.

McGrath, J. E. (1984). *Groups: Interaction and performance* (vol. 14). Englewood Cliffs, NJ: Prentice-Hall.

Marks, M. A., Sabella, M. J., Burke, C. S., & Zaccaro, S. J. (2002). The impact of cross-training on team effectiveness. *Journal of Applied Psychology, 87*(1), 3–13. https://doi.org/10.1037/0021-9010.87.1.3

Mathieu, J. E., Gallagher, P. T., Domingo, M. A., & Klock, E. A. (2019). Embracing complexity: Reviewing the past decade of team effectiveness research. *Annual Review of Organizational Psychology and Organizational Behavior, 6*, 17–46.

Mathieu, J. E., Gilson, L. L., & Ruddy, T. M. (2006). Empowerment and team effectiveness: An empirical test of an integrated model. *Journal of Applied Psychology, 91*(1), 97–108. https://doi.org/10.1037/0021-9010.91.1.97

Neuman, G. A., & Wright, J. (1999). Team effectiveness: Beyond skills and cognitive ability. *Journal of Applied Psychology, 84*(3), 376–389. https://doi.org/10.1037/0021-9010.84.3.376

O'Neill, T. A., & Allen, N. J. (2014). Team task conflict resolution: An examination of its linkages to team personality composition and team effectiveness outcomes. *Group Dynamics: Theory, Research, and Practice, 18*(2), 159–173. https://doi.org/10.1037/gdn0000004

O'Leary, K. J., Sehgal, N. L., Terrell, G., Williams, M. V., & High Performance Teams and the Hospital of the Future Project Team. (2012). Interdisciplinary teamwork in hospitals: A review and practical recommendations for improvement. *Journal of Hospital Medicine, 7*(1), 48–54.

Parker, S. K., Williams, H. M., & Turner, N. (2006). Modeling the antecedents of proactive behavior at work. *Journal of Applied Psychology, 91*(3), 636–652.

Rousseau, V., Aubé, C., & Savoie, A. (2006). Teamwork behaviors: A review and an integration of frameworks. *Small Group Research, 37*(5), 540–570.

Salas, E., Dickinson, T. L., Converse, S. A., & Tannenbaum, S. I. (1992). Toward an understanding of team performance and training. In R. W. Swezey & E. Salas (Eds.), *Teams: Their training and performance* (pp. 3–29). Norwood, NJ: Ablex.

Sasou, K., & Reason, J. (1999). Team errors: Definition and taxonomy. *Reliability Engineering & System Safety, 65*(1), 1–9.

Senge, P. M. (1990). *The fifth discipline: The art and practice of the learning organization.* New York, NY: Doubleday/Currency.

Senge, P. M. (1997). The fifth discipline. *Measuring Business Excellence, 1*, 46–51. http://dx.doi.org/10.1108/eb025496

Senge, P. M. (2004). *Building learning organizations.* Knowledge Management.

Shaw, J. D., Zhu, J., Duffy, M. K., Scott, K. L., Shih, H.-A., & Susanto, E. (2011). A contingency model of conflict and team effectiveness. *Journal of Applied Psychology, 96*(2), 391–400. https://doi.org/10.1037/a0021340

Shaw, M. E. (1964). Communication networks. In *Advances in experimental social psychology* (vol. 1, pp. 111–147). New York, NY: Academic Press.

Sonali, S., & Kaur, H. (2020). The human factor: The critical importance of effective teamwork and communication in providing quality and safe care. *Journal of Clinical Engineering, 45*(3), 150-154.

Spoon, R., Rubenstein, L. D., & Terwillegar, S. R. (2021). Team effectiveness in creative problem solving: Examining the role of students' motivational beliefs and task analyses in team performance. *Thinking Skills and Creativity, 40,* 100792. https://doi.org/10.1016/j.tsc.2021.100792

Steiner, I. D. (1966). Models for inferring relationships between group size and potential group productivity. *Behavioral Science, 11*(4), 273-283.

高木 英至 (1999). コミュニケーションネットワークにおける創発的集団構造——シミュレーションによる分析〈特集〉ネットワーキングの社会心理学　社会心理学研究, *14*(3), 113-122.

Tannenbaum, S. I., Beard, R. L., & Salas, E. (1992). Team building and its influence on team effectiveness: An examination of conceptual and empirical developments. In K. Kelley (Ed.), *Issues, theory, and research in industrial/organizational psychology* (pp. 117-153). Amsterdam: Elsevier.

Wakeman, D., & Langham Jr., M. R. (2018, April). Creating a safer operating room: Groups, team dynamics and crew resource management principles. *Seminars in Pediatric Surgery, 27*(2), 107-113.

Williams, H. M., Parker, S. K., & Turner, N. (2010). Proactively performing teams: The role of work design, transformational leadership, and team composition. *Journal of Occupational and Organizational Psychology, 83*(2), 301-324.

山口 裕幸 (2020). チームの有効性とその規定要因——心理学のパースペクティブから（特集 チームワーク） 日本労働研究雑誌, *62*(7), 14-23.

第2章

Allport, F. H. (1924). *Social psychology.* Boston, MA: Houghton Mifflin.

青島 未佳・山口 裕幸 (2021). リーダーのための心理的安全性ガイドブック　労務行政

Bandura, A. (1997). *Self-efficacy: The exercise of control.* New York, NY: W. F. Freeman.

Cannon-Bowers, J. A., & Salas, E. (2001). Reflections on shared cognition. *Journal of Organizational Behavior, 22*(2, Special Issue: Shared Cognition), 195-202.

Carmeli, A., Brueller, D., & Dutton, J. E. (2009). Learning behaviours in the workplace: The role of high-quality interpersonal relationships and psychological safety. *Systems Research and Behavioral Science: The Official Journal of the International Federation for Systems Research, 26*(1), 81-98.

Cooke, N. J., Gorman, J. C., Myers, C. W., & Duran, J. L. (2013). Interactive team cognition. *Cognitive Science, 37*(2), 255-285.

DeChurch, L. A., & Mesmer-Magnus, J. R. (2010). Measuring shared team mental models: A meta-analysis. *Group dynamics: Theory, Research, and Practice, 14*(1), 1-14.

Dickinson, T. L., & McIntyre, R. M. (1997). A conceptual framework for teamwork measurement. In M. T. Brannick, E. Salas, & C. Prince (Eds.), *Team performance assessment and measurement: Theory, methods, and applications* (pp. 31-56). New York, NY: Psychology Press.

Durkheim, E. (1897). *Le suicide: Etude de sociologie.* Paris: Félix Alcan. (デュルケーム, E. 宮島喬（訳）(1985). 自殺論　中央公論新社)

Edmondson, A. C., (1999). Psychological safety and learning behavior in work teams. *Administrative Science Quarterly, 44*(2), 350-383.

Edmondson, A. C., & Lei, Z. (2014). Psychological safety: The history, renaissance, and future of an interpersonal construct. *Annual Review of Organizational Psychology and Organizational*

Behavior, 1, 23-43. https://doi.org/10.1146/annurev-orgpsych-031413-091305

Espinosa, J. A., & Clark, M. A. (2014). Team knowledge representation: A network perspective. *Human Factors, 56*(2), 333-348.

Feldman, D. C. (1984). The development and enforcement of group norms. *Academy of Management Review, 9*(1), 47-53.

Foss, N. J., & Lindenberg, S. (2012). Teams, team motivation, and the theory of the firm. *Managerial and Decision Economics, 33*(5-6), 369-383.

Guchait, P., Lei, P., & Tews, M. J. (2016). Making teamwork work: Team knowledge for team effectiveness. *The Journal of Psychology, 150*(3), 300-317.

Gully, S. M., Incalcaterra, K. A., Joshi, A., & Beaubien, J. M. (2002). A meta-analysis of team-efficacy, potency, and performance: interdependence and level of analysis as moderators of observed relationships. *Journal of Applied Psychology, 87*(5), 819-832.

Hollingshead, A. B., & Brandon, D. P. (2003). Potential benefits of communication in transactive memory systems. *Human Communication Research, 29*(4), 607-615.

Jackson, J. M. (1960). Structural characteristics of norms. In G. E. Jensen (Ed.), *Dynamics of instructional groups*. Chicago, IL: University of Chicago Press.

Johnson-Laird, P. N. (1983). *Mental models: Towards a cognitive science of language, inference, and consciousness* (No. 6). Cambridge, UK: Cambridge University Press.

Kahn, W. A. (1990). Psychological conditions of personal engagement and disengagement at work. *Academy of Management Journal, 33*(4), 692-724. https://doi.org/10.2307/256287

Kameda, T., Tindale, R. S., & Davis, J. H. (2003). Cognitions, preferences, and social sharedness: Past, present, and future directions in group decision making. In S. L. Schneider & J. Shanteau (Eds.), *Emerging perspectives on judgment and decision research* (pp. 458-485). New York, NY: Cambridge University Press.

亀田 達也 (1997). 合議の知を求めて――グループの意思決定　共立出版

Katz, D., & Kahn, R. L. (1978). *The social psychology of organizations* (2nd ed.). New York, NY: Wiley.

河津 慶太・杉山 佳生・中須 賀巧 (2012). スポーツチームにおける集団効力感とチームパフォーマンスの関係の種目間検討　スポーツ心理学研究, *39*(2), 153-167.

Kerr, N. L., & Tindale, R. S. (2004). Group performance and decision making. *Annual Review of Psychology, 55*(1), 623-655.

Klimoski, R. J., & Mohammed, S. (1994). Team mental model: Construct or metaphor? *Journal of Management, 20*(2), 403-437. https://doi.org/10.1016/0149-2063(94)90021-3

Langan-Fox, J., Code, S., & Langfield-Smith, K. (2000). Team mental models: Techniques, methods, and analytic approaches. *Human Factors, 42*(2), 242-271.

Le Bon, G. (1895). *Psychologie des foules*. Paris: Félix Alcan. (ル・ボン, G. 桜井 成夫 (訳) (1956). 群衆心理　角川書店)

Lewis, K. (2003). Measuring transactive memory systems in the field: scale development and validation. *Journal of Applied Psychology, 88*(4), 587-604.

March, J. G. (1954). Group norms and the active minority. *American Sociological Review, 19*(6), 733-741.

Marks, M. A., Mathieu, J. E., & Zaccaro, S. J. (2001). A temporally based framework and taxonomy of team processes. *Academy of Management Review, 26*(3), 356-376.

McDougal, W. (1920). *The group mind: A sketch of the principles of collective psychology with some attempt to apply them to the interpretation of national life and character*. New York, NY: Putman.

三沢 良・佐相 邦英・山口 裕幸 (2009). 看護師チームのチームワーク測定尺度の作成　社会心理学

研究, *24*(3), 219-232.

Mohammed, S., Klimoski, R., & Rentsch, J. R. (2000). The measurement of team mental models: We have no shared schema. *Organizational Research Methods, 3*(2), 123-165.

Nembhard, I. M., & Edmondson, A. C. (2006). Making it safe: The effects of leader inclusiveness and professional status on psychological safety and improvement efforts in health care teams. *Journal of Organizational Behavior: The International Journal of Industrial, Occupational and Organizational Psychology and Behavior, 27*(7), 941-966.

Orasanu, J., & Salas, E. (1993). Team decision making in complex environments. In G. A. Klein, J. Orasanu, R. Calderwood, & C. E. Zsambok (Eds.), *Decision making in action: Models and methods* (pp. 327-345). Norwood, NJ: Ablex Publishing.

Pentland, A. (2010). *Honest signals: How they shape our world.* Cambridge, MA: MIT Press.（ペントランド, A. 柴田 裕之・安西 祐一郎（訳）(2013). 正直シグナル――非言語コミュニケーションの科学　みすず書房）

Pentland, A. (2014). Social physics: How good ideas spread-the lessons from a new science. New York, NY: Penguin.（ペントランド, A. 小林 啓倫（訳）(2018). ソーシャル物理学――「良いアイデアはいかに広がるか」の新しい科学　草思社）

Premack, D., & Woodruff, G. (1978). Does the chimpanzee have a theory of mind? *Behavioral and Brain Sciences, 1*(4), 515-526.

Rapp, T. L., Bachrach, D. G., Rapp, A. A., & Mullins, R. (2014). The role of team goal monitoring in the curvilinear relationship between team efficacy and team performance. *Journal of Applied Psychology, 99*(5), 976-987.

Rico, R., Gibson, C. B., Sánchez-Manzanares, M., & Clark, M. A. (2019). Building team effectiveness through adaptation: Team knowledge and implicit and explicit coordination. *Organizational Psychology Review, 9*(2-3), 71-98.

Rico, R., Sánchez-Manzanares, M., Gil, F., & Gibson, C. (2008). Team implicit coordination processes: A team knowledge-based approach. *Academy of Management Review, 33*(1), 163-184.

Rouse, W. B., & Morris, N. M. (1986). On looking into the black box: Prospects and limits in the search for mental models. *Psychological bulletin, 100*(3), 349-363. https://doi.org/10.1037/0033-2909.100.3.349

Rousseau, V., Aubé, C., & Savoie, A. (2006). Teamwork behaviors: A review and an integration of frameworks. *Small Group Research, 37*(5), 540-570.

Salas, E., & Fiore, S. M. (2004). *Team cognition: Understanding the factors that drive process and performance.* Washington, DC: American Psychological Association.

Salas, E., Burke, C. S., & Cannon-Bowers, J. A. (2000). Teamwork: Emerging principles. *International Journal of Management Reviews, 2*(4), 339-356.

佐相 邦英・淡川 威・蛭子 光洋 (2006). チーム評価に関する研究（その３）――行動観察による発電所運転員のチームワーク評価手法の信頼性・妥当性の検討　電中研研究報告, Y05007.

Senge, P. M., (1990). *The fifth discipline: The age and practice of the learning organization.* London: Century Business.

Schein, E. H., & Bennis, W. G. (1965). *Personal and organizational change through group methods: The laboratory approach.* New York: Wiley.

Sherif, M. (1936). *The psychology of social norms.* New York, NY: Harper.

Shteynberg, G., & Galinsky, A. D. (2011). Implicit coordination: Sharing goals with similar others intensifies goal pursuit. *Journal of Experimental Social Psychology, 47*(6), 1291-1294.

Stasser, G., & Davis, J. H. (1981). Group decision making and social influence: A social interaction sequence model. *Psychological Review, 88*(6), 523-551.

Tindale, R. S., & Winget, J. R. (2019). Group decision-making. In *Oxford research encyclopedia of*

psychology.
内田 遼介・土屋 裕睦・菅生 貴之（2011）．スポーツ集団を対象とした集合的効力感研究の現状と今後の展望――パフォーマンスとの関連性ならびに分析方法に着目して　体育学研究，*56*(2)，491-506.
Wegner, D. M. (1987). Transactive memory: A contemporary analysis of the group mind. In *Theories of group behavior* (pp. 185-208). New York, NY: Springer.
Woolley, A., & Malone, T. (2011). What makes a team smarter? More women. *Harvard Business Review, 89*(6), 32-33.
Wundt, W. *Völkerpsychologie: Eine Untersuchung der Entwicklungsgesetze von Sprache, Mythus und Sitte,* 10 Bde., 1900-20. Leipzig: Wilhelm Engelmann.（ヴント，W.　平野 義太郎（訳）(1938)．民族心理より見たる政治的社會　民族學研究，*5*(2)，226-227.）
矢野 和男（2018）．データの見えざる手――ウエアラブルセンサが明かす人間・組織・社会の法則　草思社
山口裕幸（2008）　チームワークの心理学――よりよい集団づくりをめざして　サイエンス社
Zhang, Z. X., Hempel, P. S., Han, Y. L., & Tjosvold, D. (2007). Transactive memory system links work team characteristics and performance. *Journal of Applied Psychology, 92*(6), 1722-1730. https://doi.org/10.1093/acrefore/9780190236557.013.262

第３章

Anderson, N. R., & West, M. A. (1998). Measuring climate for work group innovation: Development and validation of the team climate inventory. *Journal of Organizational Behavior, 19,* 235-258.
Burke, M. J., Finkelstein, L. M., & Dusig, M. S. (1999). On average deviation indices for estimating interrater agreement. *Organizational Research Methods, 2,* 49-68.
Caldwell, D. F., & O'Reilly, C. A., III. (2016). The determinants of team-based innovation in organizations. *Small Group Research, 34,* 497-517.
Chan, D. (1998). Functional relations among constructs in the same content domain at different levels of analysis: A typology of composition models. *Journal of Applied Psychology, 83,* 234-246.
Chen, Z., Lam, W., & Zhong, J. A. (2007). Leader-member exchange and member performance: A new look at individual-level negative feedback-seeking behavior and team-level empowerment climate. *Journal of Applied Psychology, 92,* 202-212.
Cialdini, R. B. (2012). The focus theory of normative conduct. In P. A. M. Van Lange, W. W. Kruglanski, & E. T. Higgins (Eds.), *Handbook of theories of social psychology* (vol. 2, pp. 295-312). Thousand Oaks, CA: Sage Publications.
Cole, M. S., Carter, M. Z., & Zhang, Z. (2013). Leader-team congruence in power distance values and team effectiveness: The mediating role of procedural justice climate. *Journal of Applied Psychology, 98,* 962-973.
Colquitt, J. A., Noe, R. A., & Jackson, C. L. (2002). Justice in teams: Antecedents and consequences of procedural justice climate. *Personnel Psychology, 55,* 83-109.
de Jong, A., Ruyter, K. D., & Lemmink, J. (2004). Antecedents and consequences of the service climate in boundary-spanning self-managing service teams. *Journal of Marketing, 68,* 18-35.
Eisenbeiss, S. A., van Knippenberg, D., & Boerner, S. (2008). Transformational leadership and team innovation: Integrating team climate principles. *Journal of Applied Psychology, 93,* 1438-1446.
Feldman, D. C. (1984). The development and enforcement of group norms. *Academy of Management Review, 9,* 47-53.
Gilson, L. L., & Shalley, C. E. (2004). A little creativity goes a long way: An examination of teams'

engagement in creative processes. *Journal of Management, 30*, 453–470.

González-Romá, V., Peiro, J. M., & Tordera, N. (2002). An examination of the antecedents and moderator influences of climate strength. *Journal of Applied Psychology, 87*, 465–473.

Hackman, J. R. (2002). *Leading teams: Setting the stage for great performance*. Boston, MA: Harvard Business School Press.

Hofmann, D. A., & Stetzer, A. (1998). The role of safety climate and communication in accident interpretation: Implications for learning from negative events. *Academy of Management Journal, 41*, 644–657.

Hülsheger, U. R., Anderson, N., & Salgado, J. F. (2009). Team-level predictors of innovation at work: A comprehensive meta-analysis spanning three decades of research. *Journal of Applied Psychology, 94*, 1128–1145.

Jackson, J. M. (1960). Structural characteristics of norms. In G. E. Jensen (Ed.), *Dynamics of instructional groups*. Chicago, IL: University of Chicago Press.（ジェンセン，G. E.（編）末吉 悌次・片岡 徳雄・森 しげる（訳）(1967). 学級集団の力学（pp. 161–190.）黎明書房）

Janis, I. L. (1982). *Groupthink: Psychological studies of policy decisions and fiascos* (2nd ed.). Boston, MA: Houghton Mifflin（ジャニス，I. L. 細江 達郎（訳）(2022). 集団浅慮——政策決定と大失敗の心理学的研究 新曜社）

Kozlowski, S. W. J., & Klein, K. J. (2000). A multilevel approach to theory and research in organizations: Contextual, temporal, and emergent processes. In K. J. Klein & S. W. J. Kozlowski (Eds.), *Multilevel theory, research, and methods in organizations: Foundations, extensions, and new directions* (pp. 3–90). San Francisco, CA: Jossey-Bass.

Lewin, K., Lippitt, R., & White, R. K. (1939). Patterns of aggressive behavior in experimentally created "social climates". *Journal of Social Psychology, 10*, 269–299.

Morrison, E. W., Wheeler-Smith, S. L., & Kamdar, D. (2011). Speaking up in groups: A cross-level study of group voice climate and voice. *Journal of Applied Psychology, 96*, 183–191.

Naumann, S. E., & Bennett, N. (2000). A case for procedural justice climate: Development and test of a multilevel model. *Academy of Management Journal, 43*, 881–889.

Naumann, S. E., & Bennett, N. (2002). The effects of procedural justice climate on work group performance. *Small Group Research, 33*, 361–377.

Neal, A., & Griffin, M. A. (2006). A study of the lagged relationships among safety climate, safety motivation, safety behavior, and accidents at the individual and group levels. *Journal of Applied Psychology, 91*, 946–953.

Newman, A., Round, H., Wang, S., & Mount, M. (2019). Innovation climate: A systematic review of the literature and agenda for future research. *Journal of Occupational and Organizational Psychology, 93*, 73–109.

Pirola-Merlo, A., Hartel, C., Mann, L., & Hirst, G. (2002). How leaders influence the impact of affective events on team climate and performance in R&D teams. *Leadership Quarterly, 13*, 561–581.

Priesemuth, M., Schminke, M., Ambrose, M. L., & Folger, R. (2013). Abusive supervision climate: A multiple-mediation model of its Impact on group outcomes. *Academy of Management Journal, 57*, 1513–1534.

Reslithberger, F. J., & Dickson, W. J. (1939). *Management and the worker*. Cambridge, MA: Harvard University Press.

Sherif, M. (1936). *The psychology of social norms*. New York, NY: Harper.

Schneider, B. (1990). *Organizational climate and culture*. San Francisco, CA: Jossey-Bass.

Schneider, B., Ehrhart, M. G., Mayer, D. M., Saltz, J. L., & Niles-Jolly, K. (2005). Understanding organization-customer links in service settings. *Academy of Management Journal, 48*, 1017–

1032.

Schneider, B., Salvaggio, A. N., & Subirats, M. (2002). Climate strength: A new direction for climate research. *Journal of Applied Psychology, 87,* 220-229.

Schneider, B., White, S. S., & Paul, M. C. (1998). Linking service climate and customer perceptions of service quality: Test of a causal model. *Journal of Applied Psychology, 83,* 150-163.

Smith-Jentsch, K. A., Salas, E., & Brannick, M. T. (2001). To transfer or not to transfer? Investigating the combined effects of trainee characteristics, team leader support, and team climate. *Journal of Applied Psychology, 86,* 279-292.

Sorrels, J. P., & Kelly, J. (1984). Conformity by omission. *Personality and Social Psychology Bulletin, 10,* 302-305.

West, M. A. (1990). The social psychology of innovation in groups. In M. A. West & J. L. Farr (Eds.), *Innovation and creativity at work: Psychological and organizational strategies* (pp. 309-333). Oxford, UK: John Wiley & Sons.

Yang, J., Mossholder, K. W., & Peng, T. K. (2007). Procedural justice climate and group power distance: An examination of cross-level interaction effects. *Journal of Applied Psychology, 92,* 681-692.

Zohar, D. (2000). A group-level model of safety climate: Testing the effect of group climate on micro accidents in manufacturing jobs. *Journal of Applied Psychology, 85,* 587-596.

Zohar, D. (2002). Modifying supervisory practices to improve subunit safety: A leadership-based intervention model. *Journal of Applied Psychology, 87,* 156-163.

第 4 章

Ashford, S. J., Sutcliffe, K., & Christianson, M. K. (2009). Speaking up and speaking out: The leadership dynamics of voice in organizations. In J. Greenberg, J. & M. S. Edwards (Eds.), *Voice and silence in organizations* (pp. 175-202). Bingley, UK: Emerald Group Publishing.

Barnlund, D. C. (2008). A transactional model of communication. In C. D. Mortensen (Ed.), *Communication theory* (2nd ed., pp. 47-57). New York, NY: Routledge/Taylor and Francis.

Boerner, S., Schäffner, M., & Gebert, D. (2012). The complementarity of team meetings and cross-functional communication: Empirical evidence from new services development teams. *Journal of Leadership & Organizational Studies, 19* (2), 256-266.

Bunderson, J. S., & Sutcliffe, K. M. (2002). Comparing alternative conceptualizations of functional diversity in management teams: Process and performance effects. *Academy of Management Journal, 45* (5), 875-893.

Entin, E. E., & Serfaty, D. 1999. Adaptive team coordination. *Human Factors, 41,* 312-325.

Eppler, M. J., & Mengis, J. (2004). The concept of information overload: A review of literature from organization science, accounting, marketing, MIS, and related disciplines. *The Information Society, 20* (5), 325-344.

Helmreich, R. L., Merritt, A. C., & Wilhelm, J. A. (1999). The evolution of crew resource management training in commercial aviation. *International Journal of Aviation Psychology, 9* (1), 19-32.

Homan, A. C., Hollenbeck, J. R., Humphrey, S. E., van Knippenberg, D., Ilgen, D. R., & Van Kleef, G. A. (2008). Facing differences with an open mind: Openness to experience, salience of intra-group differences, and performance of diverse work groups. *Academy of Management Journal, 51* (6), 1204-1222.

池田 謙一 (2000). コミュニケーション 東京大学出版会

Jarvenpaa, S. L., Shaw, T. R., & Staples, D. S. (2004). Toward contextualized theories of trust: The role of trust in global virtual teams. *Information Systems Research, 15*(3). doi.org/10.1287/isre.1040.0028

Jehn, K. A., & Shah, P. P. (1997). Interpersonal relationships and task performance: An examination of mediating processes in friendship and acquaintance groups. *Journal of Personality and Social Psychology, 72*, 775-790.

亀田 達也 (1997). 合議の知を求めて――グループの意思決定　共立出版

加藤 和美 (2012). 「チームエラー」を招く組織の影響に関する一考察――周術期チーム医療の事例から　北海学園大学大学院経営学研究科研究論集, *10*, 1-23.

Keyton, J., & Beck, S. J. (2009). The influential role of relational messages in group interaction. *Group Dynamics: Theory, Research, and Practice, 13*(1), 14-30.

Lehmann-Willenbrock, N., & Allen, J. A. (2014). How fun are your meetings? Investigating the relationship between humor patterns in team interactions and team performance. *Journal of Applied Psychology, 99*(6), 1278-1287.

Marks, M. A., Mathieu, J. E., & Zaccaro, S. J. (2001). A temporally based framework and taxonomy of team processes. *Academy of Management Review, 26*(3), 356-376.

Marlow, S. L., Lacerenza, C. N., Paoletti, J., Burke, C. S., & Salas, E. (2018). Does team communication represent a one-size-fits-all approach?: A meta-analysis of team communication and performance. *Organizational Behavior and Human Decision Processes, 144*, 145-170.

Mathieu, J. E., Heffner, T. S., Goodwin, G. F., Salas, E., & Cannon-Bowers, J. A. (2000). The influence of shared mental models on team process and performance. *Journal of Applied Psychology, 85*(2), 273-283.

Mayer, R. C., Davis, J. H., & Schoorman, F. D. (1995). An integrative model of organizational trust. *Academy of Management Review, 20*(3), 709-734.

Mesmer-Magnus, J. R., & DeChurch, L. A. (2009). Information sharing and team performance: a meta-analysis. *Journal of Applied Psychology, 94*(2), 535-546.

Minionis, D. P. (1995). Enhancing team performance in adverse conditions: The role of shared team mental models and team training on an interdependent task. Unpublished doctoral dissertation, George Mason University, Fairfax, VA.

Miranda, S. M., & Saunders, C. S. (2003). The social construction of meaning: An alternative perspective on information sharing. *Information Systems Research, 14*, 87-106.

森脇 紀彦・佐藤 信夫・脇坂 義博・辻 聡美・大久保 教夫・矢野 和男 (2007). 組織活動可視化システム「ビジネス顕微鏡」 信学技報, *44*, 31-36.

Morrison, E. W. (2014). Employee voice and silence. *Annual Review of Organizational Psychology and Organizational Behavior, 1*(1), 173-197.

Newman, A., Donohue, R., & Eva, N. (2017). Psychological safety: A systematic review of the literature. *Human Resource Management Review, 27*(3), 521-535.

O'Reilly, C. A., III., & Roberts, K. H. (1977). Task group structure, communication, and effectiveness in three organizations. *Journal of Applied Psychology, 62*(6), 674-681.

Rico R., Sanchez-Manzanares, M., Gil, F., & Gibson, C. (2008). Team implicit coordination processes: A team knowledge-based approach. *The Academy of Management Review, 33*, 183-184.

Salas, E., Shuffler, M. L., Thayer, A. L., Bedwell, W. L., & Lazzara, E. H. (2015). Understanding and improving teamwork in organizations: A scientifically based practical guide. *Human resource management, 54*(4), 599-622.

Sasou, K., & Reason, J. (1999). Team errors: definition and taxonomy. *Reliability Engineering & System Safety, 65*(1), 1-9.

Shockley, K. M., Allen, T. D., Dodd, H., & Waiwood, A. M. (2021). Remote worker communication during COVID-19: The role of quantity, quality, and supervisor expectation-setting. *Journal of*

Applied Psychology, 106(10), 1466-1482.

Sohrab, S. G., Waller, M. J., & Kaplan, S. (2015). Exploring the hidden profile paradox. *Small Group Research, 46*(5), 489-535.

Song, H., Chien, A. T., Fisher, J., Martin, J., Peters, A. S., Hacker, K., & Singer, S. J. (2015). Development and validation of the primary care team dynamics survey. *Health Services Research, 50*(3), 897-921.

Stasser, G., & Stewart, D. (1992). Discovery of hidden profiles by decision-making groups: Solving a problem versus making a judgment. *Journal of Personality and Social Psychology, 63*(3), 426-434.

Stasser, G., & Titus, W. (1985). Pooling of unshared information in group decision making: Biased information sampling during discussion. *Journal of Personality and Social Psychology, 48*(6), 1467-1478.

Stasser, G., & Titus, W. (2003). Hidden profiles: A brief history. *Psychological Inquiry, 14*(3-4), 304-313.

田原 直美・三沢 良・山口 裕幸 (2013). チーム・コミュニケーションとチームワークとの関連に関する検討 実験社会心理学研究, *53*(1), 38-51.

田原 直美・山口 裕幸 (2017). 職場におけるチーム・コミュニケーションの発達過程とチーム・パフォーマンスとの関連に関する検討 西南学院大学人間科学論集, *12*, 63-74.

Tuckman, B. W. (1965). Developmental sequence in small groups. *Psychological Bulletin, 63*(6), 384-399.

Van Swol, L. M., & Ahn, P. H. (2021). Inside the Black Box: Group processes and the role of communication. In S. J. Beck, J. Keyton, & M. S. Poole (Eds.), *The Emerald Handbook of Group and Team Communication Research* (pp. 157-170). Bingley, UK: Emerald Publishing.

Waller, M. J., Okhuysen, G. A., & Saghafian, M. (2016). Conceptualizing emergent states: A strategy to advance the study of group dynamics. *The Academy of Management Annals, 10*(1), 561-589.

Wittenbaum, G. M., Hollingshead, A. B., & Botero, I. C. (2004). From cooperative to motivated information sharing in groups: Moving beyond the hidden profile paradigm. *Communication Monographs, 71*(3), 286-310.

Wittenbaum, G. M., Hubbell, A. P., & Zuckerman, C. (1999). Mutual enhancement: Toward an understanding of the collective preference for shared information. *Journal of Personality and Social Psychology, 77*(5), 967-978. https://doi.org/10.1037/0022-3514.77.5.967

山口 裕幸 (2012). 組織コミュニケーションの将来と待ち受ける課題 古川 久敬・山口 裕幸 (編) 〈先取り志向〉の組織心理学——プロアクティブ行動と組織 (pp. 155-192) 有斐閣

第5章

相川 充・高本 真寛・杉森 伸吉・古屋 真 (2012). 個人のチームワーク能力を測定する尺度の開発と妥当性の検討 社会心理学研究, *27*(3), 139-150.

Bell, S. T., Brown, S. G., Colaneri, A., & Outland, N. (2018). Team composition and the ABCs of teamwork. *American Psychologist, 73*(4), 349-362.

Cronin, M. A., Weingart, L. R., & Todorova, G. (2011). Dynamics in groups: Are we there yet? *The academy of management annals, 5*(1), 571-612.

Dickinson, T. L., & McIntyre, R. M. (1997). A conceptual framework for teamwork measurement. In M. T. Brannick, E. Salas, & C. Prince (Eds.), *Team performance assessment and measurement* (pp. 19-43). Mahwah, NJ: Lawrence Erlbaum.

Ilgen, D. R., Hollenbeck, J. R., Johnson, M., & Jundt, D. (2005). Teams in organizations: from input-process-output models to IMOI models. *Annual Review of Psychology, 56*, 517-543.

LePine, J. A., Piccolo, R. F., Jackson, C. L., Mathieu, J. E., & Saul, J. R. (2008). A meta - analysis of teamwork processes: tests of a multidimensional model and relationships with team effectiveness criteria. *Personnel Psychology, 61*(2), 273-307.

Lewis, K., & Herndon, B. (2011). Transactive memory systems: Current issues and future research directions. *Organization Science, 22*(5), 1254-1265.

Marks, M. A., Mathieu, J. E., & Zaccaro, S. J. (2001). A temporally based framework and taxonomy of team processes. *Academy of Management Review, 26*(3), 356-376.

三沢 良 (2012).「チームワーク力」とは（特集 子どもの個を生かすチームワーク） 教育と医学, *60*(8), 656-663.

三沢 良・佐相 邦英・山口 裕幸 (2009). 看護師チームのチームワーク測定尺度の作成 社会心理学研究, *24*(3), 219-232.

縄田 健悟・池田 浩・青島 未佳・山口 裕幸 (2024). 組織におけるチームワークの影響過程に関する統合モデル——チームレベルの分析による検討 心理学研究

縄田 健悟・山口 裕幸・波多野 徹・青島 未佳 (2015). 企業組織において高業績を導くチーム・プロセスの解明 心理学研究, *85*(6), 529-539.

Nawata, K., Yamaguchi, H., & Aoshima, M. (2020). Team implicit coordination based on transactive memory systems. *Team Performance Management: An International Journal, 26*, 375-390.

Ren, Y., & Argote, L. (2011) Transactive memory systems 1985-2010: An integrative framework of dimensions, antecedents and consequences. *Academy of Management Annals, 5*, 189-230.

Rico, R., Sánchez-Manzanares, M., Gil, F., & Gibson, C. (2008). Team implicit coordination processes: A team knowledge-based approach. *Academy of Management Review, 33*, 163-184.

Rousseau, V., Aubé, C., & Savoie, A. (2006). Teamwork behaviors: A review and an integration of frameworks. *Small group research, 37*(5), 540-570.

Salas, E., Sims, D. E., & Burke, C. S. (2005). Is there a "big five" in teamwork? *Small Group Research, 36*(5), 555-599.

太幡 直也 (2016). 大学生のチームワーク能力を向上させるトレーニングの有効性 教育心理学研究, *64*(1), 118-130.

田原 直美 (2017). 職場集団のダイナミックス 池田 浩（編）産業と組織の心理学 サイエンス社

Wittenbaum, G. M., Stasser, G., & Merry, C. J. (1996). Tacit coordination in anticipation of small group task completion. *Journal of Experimental Social Psychology, 32*(2), 129-152.

第6章

秋保 亮太・縄田 健悟・池田 浩・山口 裕幸 (2018). チームの振り返りで促進される暗黙の協調——協調課題による実験的検討 社会心理学研究, *34*(2), 67-77.

秋保 亮太・縄田 健悟・中里 陽子・菊地 梓・長池 和代・山口 裕幸 (2016). メンタルモデルを共有しているチームは対話せずとも成果をあげる——共有メンタルモデルとチーム・ダイアログがチーム・パフォーマンスへ及ぼす効果 実験社会心理学研究, *55*(2), 101-109.

Bachrach, D. G., Lewis, K., Kim, Y., Patel, P. C., Campion, M. C., & Thatcher, S. M. B. (2019). Transactive memory systems in context: A meta-analytic examination of contextual factors in transactive memory systems development and team performance. *Journal of Applied Psychology, 104*(3), 464-493.

Bell, S. T., Brown, S. G., Colaneri, A., & Outland, N. (2018). Team composition and the ABCs of teamwork. *American Psychologist, 73*(4), 349-362.

Cannon-Bowers, J. A., Salas, E., & Converse, S. (1993). Shared mental models in expert team decision making. In N. J. Castellan Jr. (Ed.), *Individual and group decision making: Current issues* (pp. 221-246). Hilsdale, NJ: Lawrence Erlbaum Associates.

DeChurch, L. A., & Mesmer-Magnus, J. R. (2010). The cognitive underpinnings of effective teamwork: A meta-analysis. *Journal of Applied Psychology, 95*(1), 32-53.

Endsley, M. R. (1995). Measurement of situation awareness in dynamic systems. *Human Factors, 37*(1), 65-84.

Endsley, M. R. (2021). A systematic review and meta-analysis of direct objective measures of situation awareness: a comparison of SAGAT and SPAM. *Human Factors, 63*(1), 124-150.

Lewis, K. (2003). Measuring transactive memory systems in the field: Scale development and validation. *Journal of Applied Psychology, 88*(4), 587-604.

Marks, M. A., Sabella, M. J., Burke, C. S., & Zaccaro, S. J. (2002). The impact of cross-training on team effectiveness. *Journal of Applied Psychology, 87*(1), 3-13.

Mathieu, J. E., Heffner, T. S., Goodwin, G. F., Cannon-Bowers, J. A., & Salas, E. (2005). Scaling the quality of teammates' mental models: Equifinality and normative comparisons. *Journal of Organizational Behavior: The International Journal of Industrial, Occupational and Organizational Psychology and Behavior, 26*(1), 37-56.

Mohammed, S., Hamilton, K., Sanchez-Manzanares, M., & Rico, R. (2017). Team cognition: Team mental models and situation awareness. In E. Salas, R. Rico, & J. Passmore (Eds.), *The Wiley Blackwell Handbook of the Psychology of Teamwork and Collaborative Processes* (pp. 369-392). New York, NY: John Wiley & Sons.

Mohammed, S., Rico, R., & Alipour, K. K. (2021). Team cognition at a crossroad: Toward conceptual integration and network configurations. *Academy of Management Annals, 15*(2), 455-501.

Moreland, R. L. (1999). Transactive memory: Learning who knows what in work groups and organizations. In L. Thompson, D. Messick & J. Levine (Eds.), *Shared Cognition in Organizations: The Management of Knowledge* (pp. 3-31). Mahwah, NJ: Lawrence Erlbaum.

Prince, C., Ellis, E., Brannick, M. T., & Salas, E. (2007). Measurement of team situation awareness in low experience level aviators. *International Journal of Aviation Psychology, 17*(1), 41-57.

Ren, Y., & Argote, L. (2011). Transactive memory systems 1985-2010: An integrative framework of key dimensions, antecedents, and consequences. *The Academy of Management Annals, 5*(1), 189-229.

Resick, C. J., Murase, T., Bedwell, W. L., Sanz, E., Jiménez, M., & DeChurch, L. A. (2010). Mental model metrics and team adaptability: A multi-facet multi-method examination. *Group Dynamics: Theory, Research, and Practice, 14*(4), 332-349.

Rouse, W. B., Cannon-Bowers, J. A., & Salas, E. (1992). The role of mental models in team performance in complex systems. *IEEE Transactions on Systems, Man, and Cybernetics, 22*(6), 1296-1308.

Salas, E., Prince, C., Baker, D. P., & Shrestha, L. (1995). Situation awareness in team performance: Implications for measurement and training. *Human Factors, 37*(1), 123-136.

Stanton, N. A., Salmon, P. M., Walker, G. H., Salas, E., & Hancock, P. A. (2017). State-of-science: situation awareness in individuals, teams and systems. *Ergonomics, 60*(4), 449-466.

Uitdewilligen, S., Waller, M. J., & Zijlstra, F. R. H. (2010). Team cognition and adaptability in dynamic settings: A review of pertinent work. In G. P. Hodgkinson & J. K. Ford (Eds.), *International Review of Industrial and Organizational Psychology* (vol. 25, pp. 293-353). Oxford, UK: Wiley-Blackwell.

Wegner, D. M., Erber, R., & Raymond, P. (1991). Transactive memory in close relationships. *Journal of Personality and Social Psychology, 61*(6), 923-929.

Wegner, D. M., Giuliano, T., & Hertel, P. T. (1985). Cognitive interdependence in close relationships. In W. Ickes (Ed.), *Compatible and incompatible relationships* (pp. 253-276). New York, NY:

Springer-Verlag.

第7章

Bass, B. M. (1985). *Leadership and performance beyond expectations.* New York, NY: Free Press.
Bass, B. M., & Stogdill, R. M. (1990). *Bass & Stogdill's handbook of leadership: Theory, research, and managerial applications.* New York, NY: Simon and Schuster.
Chen, G., Kirkman, B. L., Kanfer, R., Allen, D., & Rosen, B. (2007). A multilevel study of leadership, empowerment, and performance in teams. *Journal of Applied Psychology, 92*(2), 331-346.
Day, D. V., Gronn, P., & Salas, E. (2004). Leadership capacity in teams. *The Leadership Quarterly, 15*(6), 857-880.
Dickinson, T. L., McIntyre, R. M., Ruggeberg, B. J., Yanushefski, A. M., Hamill, L. S., & Vick, A. L. (1992). *A conceptual framework for developing team process measures of decision-making performance.* Orland, FL: Naval Training System Center.
Fiedler, F. E., (1967). *A theory of leadership effectiveness.* New York, NY: McGraw-Hill.
古川 久敬 (1988). 組織デザイン論　誠信書房
Graen, G. B., & Uhl-Bien, M. (1995). Relationship-based approach to leadership: Development of leader-member exchange (LMX) theory of leadership over 25 years: Applying a multi-level multi-domain perspective. *The Leadership Quarterly, 6*(2), 219-247.
Greenleaf R. K. (1970). *The servant as leader.* Indianapolis, IN: Greenleaf Center.
Halpin, A. W. (1957). The leadership behavior and effectiveness of aircraft commanders. In R. M., Stogdill & A. E. Coons (Eds.), Leader behavior: Its description and Measurement. *Bureau of Business Research,* Monograph No. 88, Columbus, OH: Ohio State University, 1957.
Halpin, A. W., & Winer, B. J. (1957). A factorial study of the leader behavior descriptions. *Research Monograph,* No. 88. Bureau of Business, The Ohio State University.
Hersey, P., & Blanchard, K. H. (1977). *Management of organizational behavior: Utilizaing human resources*(3rd ed.). Englewood Cliffs, NJ: Prentice-Hall. (ハーシー, P.・ブランチャード, K. H. 山本 基成・水野 基・成田 攻 (訳) (1978). 行動科学の展開：人的資源の活用　日本生産性本部)
House, R. J. (1971). A path goal theory of leader effectiveness. *Administrative Science Quarterly, 16,* 321-339.
池田 浩 (2009). チームワークとリーダーシップ　山口 裕幸 (編)　コンピテンシーとチーム・マネジメントの心理学 (pp. 69-85)　朝倉出版
池田 浩 (2017). サーバント・リーダーシップ　坂田 桐子 (編)　社会心理学におけるリーダーシップ研究のパースペクティブII (pp. 109-124)　ナカニシヤ出版
石川 淳 (2016). シェアド・リーダーシップ：チーム全員の影響力が職場を強くする　中央経済社
Kelley, R. E. (1992). *The power of followership: How to create leaders people want to follow and followers who lead themselves.* New York, NY: Doubleday/Currency. (ケリー, R. 牧野 昇 (訳) 指導力革命　プレジデント社)
Kerr, S., & Jermier, J. M. (1978). Substitutes for leadership: Their meaning and measurement. *Organizational Behavior and Human Performance, 22,* 375-403.
Kirkman, B. L., & Rosen, B. (1999). Beyond self-management: Antecedents and consequences of team empowerment. *Academy of Management Journal, 42*(1), 58-74.
Manz, C. C., & Sims, H. P. (1993). *Business without bosses.* New York, NY: John Wiley.
三隅 二不二 (1984). リーダーシップ行動の科学 [改定版]　有斐閣
McGrath, J. E. (1984). *Groups: Interaction and performance.* Englewood Cliffs, NJ: Prentice-Hall.
Lapierre, L. M., & Carsten, R. K. (2014). *Followership: What is it and why do people follow?* Bingley, UK: Emerald Group.

Pearce, C. L., & Conger, J. A. (Eds.). (2003). *Shared leadership: Reframing the hows and whys of leadership*. Thousand Oaks, CA: Sage.

Steiner, I. D. (1966). Models for inferring relationships between group size and potential group productivity. *Behavioral Science, 11*(4), 273-283.

Stogdill, R. M. (1974). *Handbook of leadership: A survey of theory and research*. New York, NY: Free Press.

Tuckman, B. W. (1965). Developmental sequence in small groups. *Psychological Bulletin, 63*(6), 384-399.

Yukl, G. (2006). *Leadership in organizations* (6th ed.). Upper Saddle River, NJ: Prentice-Hall.

Zaccaro, S. J., Rittman, A. L., & Marks, M. A. (2001). Team leadership. *The Leadership Quarterly, 12*(4), 451-483.

第8章

Barrick, M. R., Mitchell, T. R., & Stewart, G. L. (2003) Situational and motivational influences on trait-behavior relationships. In M. R. Barrick & A. M. Ryan (Eds.), *Personality and work: Reconsidering the role of personality in organizations* (pp. 60-82). San Francisco, CA: Jossey-Bass.

Barsade, S. G. (2002). The ripple effects: Emotional contagion and its influence on group behavior. *Administrative Science Quarterly, 47*(4), 644-675.

Felps, W., Mitchell, T. R., & Byington, E. (2006). How, when, and why bad apples spoil the barrel: Negative group members and dysfunctional groups. *Research in Organizational Behavior, 27*, 175-222.

George, J. M. (1992). Extrinsic and intrinsic origins of perceived social loafing in organizations. *Academy of Management Journal, 35*(1), 191-202.

Harkins, S. G. (1987). Social loafing and social facilitation. *Journal of Experimental Social Psychology, 23*, 1-18.

Hertel, G., Kerr, N. L., & Messé, L. A. (2000). Motivation gains in performance groups: Paradigmatic and theoretical developments on the Köhler effect. *Journal of Personality and Social Psychology, 79*, 580-601.

Hoon, H., & Tan, T. M. L. (2008). Organizational citizenship behavior and social loafing: The role of personality, motives, and contextual factors. *Journal of Psychology, 142*(1), 89-108.

堀野 緑 (1987). 達成動機の構成因子の分析——達成動機の概念の再検討　教育心理学研究, *35*(2), 148-154.

池田 浩 (2021). モチベーションに火をつける働き方の心理学　日本法令

池田 浩・森永 雄太 (2017). 我が国における多側面ワークモチベーション尺度の開発　産業・組織心理学研究, *30*, 171-186.

Karau, S. J., & Williams, K. D. (1993). Social loafing: A meta-analytic review and theoretical integration. *Journal of Personality and Social Psychology, 65*(4), 681-706.

Karau, S. J., & Williams, K. D. (2001). Understanding individual motivation in groups: The collective effort model. In M. E. Turner (Ed.), *Groups at work: Theory and research* (pp. 113-141). Mahwah, NJ: Lawrence Erlbaum Associates.

河合 太介・高橋 克徳・永田 稔・渡部 幹 (2008). 不機嫌な職場——なぜ社員同士で協力できないのか　講談社

Kennedy, J. A., & Schweitzer, M. E. (2018). Building trust by tearing others down: When accusing others of unethical behavior engenders trust. *Organizational Behavior and Human Decision Processes, 149*, 111-128.

Kerr, N. L. (1983). Motivation losses in small groups: A social dilemma analysis. *Journal of Personality and Social Psychology, 45*(4), 819-828.

菊入 みゆき・岡田 昌毅 (2014). 職場における同僚間の達成動機の伝播に関する研究　産業組織心理学研究, *27*, 101-116.

Latané, B., Williams, K. D., & Harkins, S. (1979). Many hands make light the work: The causes and consequences of social loafing. *Journal of Personality and Social Psychology, 37*, 822-832.

Latham, G. P. (2012). *Work motivation: History, theory, research, and practice*. Thousand Oaks, CA: Sage.

Lawler, E. E., & Porter, L. W. (1967). The effect of performance on job satisfaction. *Industrial Relations, 7*(1), 20-28.

Maier, N. R. F. (1955). *Psychology in industry* (2nd ed.). Boston, MA: Houghton Mifflin.

Mitchell, T. R. (1997) Matching motivational strategies with organizational contexts. *Research in Organizational Behavior, 19*, 57-149.

Steiner, I. D. (1972). *Group processes and productivity*. New York, NY: Academic Press.

Sy, T., Côté, S., & Saavedra, R. (2005). The contagious leader: Impact of the leader's mood on the mood of group members, group affective tone, and group processes. *Journal of Applied Psychology, 90*(2), 295-305.

Triplett, N. (1898). The dynamogenic factors in pacemaking and competition. *American Journal of Psychology, 9*, 507-533.

Vroom, V. H. (1964). *Work and motivation*. New York, NY: Wiley.

Williams, K. D., & Karau, S. J. (1991). Social loafing and social compensation: The effects of expectations of co-worker performance. *Journal of Personality and Social Psychology, 61*, 570-581.

Zajonc, R. B. (1965). Social facilitation. *Science, 149* (Whole No. 3681), 269-274.

第9章

Ashforth, B. E., & Mael, F. (1989). Social identity theory and the organization. *Academy of Management Review, 14*(1), 20-39.

Brewer, M. B. (1991). The social self: On being the same and different at the same time. *Personality and Social Psychology Bulletin, 17*(5), 475-482.

Carmeli, A., Reiter-Palmon, R., & Ziv, E. (2010). Inclusive leadership and employee involvement in creative tasks in the workplace: The mediating role of psychological safety. *Creativity Research Journal, 22*, 250-260.

船越 多枝 (2022). インクルージョン・マネジメント——個と多様性が活きる組織　白桃書房

Harrison, D. A. & Klein, K. J. (2007). What's the difference? Diversity constructs as separation, variety, or disparity in organizations. *Academy of Management Review, 32*(4), 1199-1228.

Hollenbeck, J. R., Ilgen, D. R., Sego, D. J., Hedlund, J., Major, D. A., & Phillips, J. (1995). Multilevel theory of team decision making: Decision performance in teams incorporating distributed expertise. *Journal of Applied Psychology, 80*(2), 292-316.

Jackson, S. E. (1992). Consequences of group composition for the interpersonal dnamics of strategic issue processing. In J. Dutton, A. Huff, & P. Shrivastava (Eds.), *Advances in strategic management* (pp. 345-382). Greenwich, CT: JAI Press.

Jackson, S. E., & Joshi, A. (2011). Work team diversity. In S. Zedeck (Ed.), APA handbook of industrial and organizational psychology, vol. 1. *Building and developing the organization* (pp. 651-686). Washington, DC: American Psychological Association.

Jackson S. E., May K. A., Whitney K. (1995). Understanding the dynamics of diversity in decision-making teams. In R. A. Guzzo & E. Salas (Eds.), *Team decision making effectiveness in organizations* (pp. 204-261). San Francisco, CA: Jossey-Bass.

Jackson, S. E., Joshi, A., & Erhardt, N. L. (2003). Recent research on team and organizational diversity: SWOT analysis and implications. *Journal of Management, 29*(6), 801-830.

Jackson, S. E., & Ruderman, M. N. (1995). Introduction: Perspectives for understanding diverse work teams. In S. E. Jackson & M. N. Ruderman (Eds.), *Diversity in work teams: Research paradigms for a changing workplace* (pp. 1-13). Washington, DC: American Psychological Association.

Jehn, K. A. (1995). A multimethod examination of the benefits and detriments of intragroup conflict. *Administrative Science Quarterly, 40,* 256-282.

Jehn, K. A. & Bezrukova, K. (2004). A field study of group diversity, workgroup context, and performance. *Journal of. Organizational Behavior, 25,* 1-27.

Jehn, K. A., Northcraft, G. B., & Neale, M. A. (1999). Why differences make a difference: A field study of diversity, conflict, and performance in workgroups. *Administrative Science Quarterly, 44*(4), 741-763.

Jiang, Y., Jackson, S. E., Shaw, J. B., & Chung, Y. (2012). The consequences of educational specialty and nationality faultlines for project teams. *Small Group Research, 43*(5), 613-644.

Kirkman, B. L., Tesluk, P. E., & Rosen, B. (2004). The impact of demographic heterogeneity and team leader-team member demographic fit on team empowerment and effectiveness. *Group & Organization Management,* 29(3), 334-368.

Kochan, T., Bezrukova, K., Ely, R., Jackson, S., Joshi, A., Jehn, K., Leonard, J., Levine, D., & Thomas, D. (2003). The effects of diversity on business performance: Report of the diversity research network. *Human Resource Management, 42,* 3-21.

Lau, D. C., & Murnighan, J. K. (1998). Demographic diversity and faultlines: The compositional dynamics of organizational groups. *Academy of Management Review, 23,* 325-340.

内藤 知加恵 (2014). フォールトラインに関するレビューと一考察 商学研究科紀要 (早稲田大学), *79,* 103-125.

Nembhard, I. M., & Edmondson, A. C. (2006). Making it safe: The effects of leader inclusiveness and professional status on psychological safety and improvement efforts in health care teams. *Journal of Organizational Behavior, 27*(7), 941-966.

Peterson, R. S., & Nemeth, C. (1996). Focus versus flexibility: Majority and minority influence can both improve performance. *Personality and Social Psychology Bulletin, 22,* 14-23.

Polzer, J. T., Crisp, C. B., Jarvenpaa, S. L., & Kim, J. W. (2006). Extending the faultline model to geographically dispersed teams: How colocated subgroups can impair group functioning. *Academy of Management Journal, 49*(4), 679-692.

Rentsch, J. R., & Klimoski, R. J. (2001). Why do "great minds' think alike?" Antecedents of team member schema agreement. *Journal of Organizational Behavior, 22*(2), 107-120.

Roberson, Q. M. (2006). Disentangling the meanings of diversity and inclusion in organizations. *Group & Organization Management, 31*(2), 212-236.

Shore, L. M., Randel, A. E., Chung, B. G., Dean, M. A., Holcombe Ehrhart, K., & Singh, G. (2011). Inclusion and diversity in work groups: A review and model for future research. *Journal of Management, 37*(4), 1262-1289.

Tajfel, H., & Turner, J. C. (1979). An integrative theory of intergroup conflict. In W. G. Austin, & S. Worchel (Eds.), *The social psychology of intergroup relations* (pp. 33-37). Monterey, CA: Brooks/Cole.

Tjosvold, D., Hui, C., Ding, D. Z., & Hu, J. (2003). Conflict values and team relationships: Conflict's contribution to team effectiveness and citizenship in China. *Journal of Organizational Behavior, 24,* 69-88.

van Knippenberg, D., De Dreu, C. K. W., & Homan, A. C. (2004). Work group diversity and group performance: An integrative model and research agenda. *Journal of Applied Psychology, 89*(6), 1008-1022.

Watson, W. E., Johnson, L., & Merritt, D. (1998). Team orientation, self-orientation, and diversity in task groups: Their connection to team performance over time. *Group & Organization Management, 23*(2), 161-188.

West, M. A., Tjosvold, D., & Smith, K. G. (Eds.). (2003). *International handbook of organizational teamwork and cooperative working.* Chichester, UK: Wiley.

Williams, K. Y., & O'Reilly, C. A., III. (1998). Demography and diversity in organizations: A review of 40 years of research. In B. M. Staw & L. L. Cummings (Eds.), *Research in organizational behavior* (vol. 20, pp. 77-140). Greenwich, CT: JAI Press.

第10章

Bandura, A. (2000). Exercise of human agency through collective efficacy. *Current Directions in Psychological Science, 9,* 75-78.

Baron, R. S. (2005). So right it's wrong: Groupthink and the ubiquitous nature of polarized group decision making. *Advances in Experimental Social Psychology, 37*(2), 219-253.

Bell, S. T., Brown, S. G., Colaneri, A., & Outland, N. (2018). Team composition and the ABCs of teamwork. *American Psychologist, 73*(4), 349-362.

Beal, D. J., Cohen, R. R., Burke, M. J., & McLendon, C. L. (2003). Cohesion and performance in groups: a meta-analytic clarification of construct relations. *Journal of Applied Psychology, 88*(6), 989-1004.

Castaño, N., Watts, T., & Tekleab, A. G. (2013). A reexamination of the cohesion-performance relationship meta-analyses: A comprehensive approach. *Group Dynamics: Theory, Research, and Practice, 17*(4), 207-231.

Cannon-Bowers, J. A., Salas, E., & Converse, S. (1993). Shared mental models in expert team decision making. In N. J. Castellan Jr. (Ed.), *Individual and group decision making: Current issues* (pp. 221-246). Hillsdale, NJ: Lawrence Erlbaum Associates.

Choi, J. N., & Kim, M. U. (1999). The organizational application of groupthink and its limitations in organizations. *Journal of Applied Psychology, 84*(2), 297-306.

DeChurch, L. A., & Mesmer-Magnus, J. R. (2010). The cognitive underpinnings of effective teamwork: A meta-analysis. *Journal of Applied Psychology, 95*(1), 32-53.

DeChurch, L. A., Mesmer-Magnus, J. R., & Doty, D. (2013). Moving beyond relationship and task conflict: Toward a process-state perspective. *Journal of Applied Psychology, 98*(4), 559-578.

de Wit, F. R. C., Greer, L. L., & Jehn, K. A. (2012). The paradox of intragroup conflict: A meta-analysis. *Journal of Applied Psychology, 97*(2), 360-390.

Esser, J. K., & Lindoerfer, J. S. (1989). Groupthink and the space shuttle Challenger accident: Toward a quantitative case analysis. *Journal of Behavioral Decision Making, 2*(3), 167-177.

Flowers, M. L. (1977). A laboratory test of some implications of Janis's groupthink hypothesis. *Journal of Personality and Social Psychology, 35*(12), 888-896.

Gully, S. M., Devine, D. J., & Whitney, D. J. (1995). A meta-analysis of cohesion and performance effects of level of analysis and task interdependence. *Small Group Research, 26*(4), 497-520.

Hackman, J. R. (1987). The design of work teams. In J. Lorsch (Ed.), *Handbook of organizational behavior* (pp. 315-342). New York, NY: Prentice-Hall.

Ilgen, D. R., Hollenbeck, J. R., Johnson, M., & Jundt, D. (2005). Teams in organizations: From input-process-output models to IMOI models. *Annual Review of Psychology, 56,* 517-543.

Janis, I. L. (1982). *Groupthink: Psychological studies of policy decisions and fiascos* (2nd ed.). Boston, MA: Houghton Mifflin.

亀田 達也 (1997). 合議の知を求めて――グループの意思決定 共立出版

Kerr, N. L., & Tindale, R. S. (2004). Group performance and decision making. *Annual Review of Psychology, 55*(1), 623-655.

Latané, B., Williams, K., & Harkins, S. (1979). Many hands make light the work: The causes and consequences of social loafing. *Journal of Personality and Social Psychology, 37*(6), 822-832.

LePine, J. A., Piccolo, R. F., Jackson, C. L., Mathieu, J. E., & Saul, J. R. (2008). A meta - analysis of teamwork processes: Tests of a multidimensional model and relationships with team effectiveness criteria. *Personnel Psychology, 61*(2), 273-307.

Lewis, K., & Herndon, B. (2011). Transactive memory systems: Current issues and future research directions. *Organization Science, 22*(5), 1254-1265.

McGrath, J. E. (1964). *Social psychology: A brief introduction.* New York, NY: Holt, Rinehart and Winston.

Marks, M. A., Mathieu, J. E., & Zaccaro, S. J. (2001). A temporally based framework and taxonomy of team processes. *Academy of Management Review, 26*(3), 356-376.

Marlow, S. L., Lacerenza, C. N., Paoletti, J., Burke, C. S., & Salas, E. (2018). Does team communication represent a one-size-fits-all approach? A meta-analysis of team communication and performance. *Organizational Behavior and Human Decision Processes, 144,* 145-170.

Mathieu, J. E., & Gilson, L. L. (2012). Critical issues in team effectiveness. In S. J. W. Kozlowski (Ed.), *Handbook of industrial and organizational psychology* (pp. 910-930). Palo Alto, CA: Consulting Psychologists Press.

Mathieu, J. E., Maynard, M. T., Rapp, T. L., & Gilson, L. L. (2008). Team effectiveness 1997-2007: A review of recent advancements and a glimpse into the future. *Journal of Management, 34,* 410-476.

三沢 良 (2012).「チームワーク力」とは (特集 子どもの個を生かすチームワーク) 教育と医学, *60*(8), 656-663.

縄田 健悟・山口 裕幸・波多野 徹・青島 未佳 (2015). 企業組織において高業績を導くチーム・プロセスの解明 心理学研究, *85*(6), 529-539.

Nawata, K., Yamaguchi, H., & Aoshima, M. (2020). Team Implicit Coordination Based on Transactive Memory Systems. *Team Performance Management: An International Journal, 26,* 375-390.

Ren, Y., & Argote, L. (2011). Transactive memory systems 1985-2010: An integrative framework of key dimensions, antecedents, and consequences. *The Academy of Management Annals, 5,* 189-229.

Smith, S. (1985). Groupthink and the hostage rescue mission. *British Journal of Political Science, 15*(1), 117-123.

Stajkovic, A. D., Lee, D., & Nyberg, A. J. (2009). Collective efficacy, group potency, and group performance: meta-analyses of their relationships, and test of a mediation model. *Journal of Applied Psychology, 94*(3), 814-828.

Steiner, I. D. (1972). *Group Process and Productivity.* New York, NY: Academic Press.

田原 直美 (2017). 職場集団のダイナミックス 池田 浩 (編) 産業と組織の心理学 サイエンス社

Williams, K., Harkins, S. G., & Latané, B. (1981). Identifiability as a deterrant to social loafing: Two cheering experiments. *Journal of Personality and Social Psychology, 40*(2), 303-311.

第11章

Aggarwal, I., & Woolley, A. W. (2019). Team creativity, cognition, and cognitive style diversity. *Management Science, 65*(4), 1586-1599.

秋保 亮太・縄田 健悟・中里 陽子・菊地 梓・長池 和代・山口 裕幸 (2016). メンタルモデルを共有しているチームは対話せずとも成果を挙げる——共有メンタルモデルとチーム・ダイアログがチーム・パフォーマンスへ及ぼす効果　実験社会心理学研究, *55*(2), 101-109.

Argyris, C. (1977). Organizational learning and management information systems. *Accounting, Organizations and Society, 2*(2), 113-123.

Argyris, C., & Schön, D. A. (1996). *Organizational learning II: Theory, method and practice* (p. 2). Boston, MA: Addison-Wesley.

Austin, J. R. (2003). Transactive memory in organizational groups: The effects of content, consensus, specialization, and accuracy on group performance. *Journal of Applied Psychology, 88*(5), 866-878.

Bachrach, D. G., Lewis, K., Kim, Y., Patel, P. C., Campion, M. C., & Thatcher, S. M. B. (2019). Transactive memory systems in context: A meta-analytic examination of contextual factors in transactive memory systems development and team performance. *Journal of Applied Psychology, 104*(3), 464-493.

Bain, P. G., Mann, L., & Pirola-Merlo, A. (2001). The innovation imperative: The relationships between team climate, innovation, and performance in research and development teams. *Small Group Research, 32*(1), 55-73.

Bass, B. M., & Avolio, B. J. (1993). Transformational leadership: A response to critiques. In M. M. Chemers & A. R. Ayman (Eds.), *Leadership theory & research perspectives and directions* (pp. 49-80). Sandiego, CA: Academic Press.

Bass, B. M., & Riggio, R. E. (2006). *Transformational leadership*. New York, NY: Psychology Press.

Bourke, J., Titus, A., & Espedido, A. (2020). *The key to inclusive leadership*. Harvard Business Review, 6.

Buzan, T. (1974). *Use your head*. London: British Broadcasting Corp. (ブザン, T. 田中 美樹 (訳) (2006). トニー・ブザン 頭がよくなる本　東京図書)

Cannon-Bowers, J. A., Salas, E., & Converse, S. (1993). Shared mental models in expert team decision making. In N. J. Castellan Jr. (Ed.), *Individual and group decision making: Current issues* (pp. 221-246). Hillsdale, NJ: Lawrence Erlbaum Associates.

Carson, J. B., Tesluk, P. E., & Marrone, J. A. (2007). Shared leadership in teams: An investigation of antecedent conditions and performance. *Academy of Management Journal, 50*(5), 1217-1234.

Cohen, S. G., & Ledford Jr., G. E. (1994). The effectiveness of self-managing teams: A quasi-experiment. *Human Relations, 47*(1), 13-43.

Diehl, M., & Stroebe, W. (1987). Productivity loss in brainstorming groups: Toward the solution of a riddle. *Journal of Personality and Social Psychology, 53*(3), 497-509.

Diehl, M., & Stroebe, W. (1991). Productivity loss in idea-generating groups: Tracking down the blocking effect. *Journal of Personality and Social Psychology, 61*(3), 392-403.

Díaz-Sáenz, H. R. (2011). Transformational leadership. *The SAGE Handbook of Leadership, 5*(1), 299-310.

Edmondson, A. (1999). Psychological safety and learning behavior in work teams. *Administrative Science Quarterly, 44*(2), 350-383.

Edmondson, A. C. (2012). *Teaming: How organizations learn, innovate, and compete in the knowledge economy*. San Francisco, CA: John Wiley & Sons/Jossey-Bass.

Edmondson, A. C. (2018). *The fearless organization: Creating psychological safety in the workplace for learning, innovation, and growth*. Hoboken, NJ: John Wiley & Sons.

Edmondson, A. C., & Lei, Z. (2014). Psychological safety: The history, renaissance, and future of an interpersonal construct. *Annual Review of Organizational Psychology and Organizational Behavior, 1*(1), 23–43.

Edmondson, A. C. (2004). Psychological safety, trust, and learning in organizations: A group-level lens. In R. M. Kramer, & K. S. Cook (Eds.), *Trust and distrust in organizations: Dilemmas and approaches* (pp. 239–272). New York, NY: Russell Sage Foundation.

Ellis, A. (2006). System breakdown: The role of mental models and transactive memory in the relationship between acute stress and team performance. *Academy of Management Journal, 49*(3), 576–589.

Han, J., Han, J., & Brass, D. J. (2014). Human capital diversity in the creation of social capital for team creativity. *Journal of Organizational Behavior, 35*(1), 54–71.

Hollingshead, A. B. (1998a). Communication, learning, and retrieval in transactive memory systems. *Journal of Experimental Social Psychology, 34*(5), 423–442.

Jackson, S. E., May, K. E., & Whitney, K. 1995 Understanding the dynamics of diversity in decision-making teams. In R. A. Guzzo, E. Salas, & Associates (Eds.), *Team effectiveness and decision-making in organizations* (pp. 204–261). San Francisco, CA: Jossey-Bass.

Javed, B., Naqvi, S. M. M. R., Khan, A. K., Arjoon, S., & Tayyeb, H. H. (2019). Impact of inclusive leadership on innovative work behavior: The role of psychological safety. *Journal of Management & Organization, 25*(1), 117–136.

Kahn, W. A. (1990). Psychological conditions of personal engagement and disengagement at work. *Academy of Management Journa*l, *33*(4), 692–724.

Katz, D., & Kahn, R. L. (1978). The social psychology of organizations (Chapter 13). *The Social Psychology of Organizations*, 397–425.

川喜田 二郎 (1967). 発想法——創造性開発のために　中央公論社

Kirkman, B. L., & Shapiro, D. L. (1997). The impact of cultural values on employee resistance to teams: Toward a model of globalized self-managing work team effectiveness. *Academy of Management Review, 22*(3), 730–757.

Lewis, K., & Herndon, B. (2011). Transactive memory systems: Current issues and future research directions. *Organization Science, 22*(5), 1254–1265.

Markus, H. R., & Kitayama, S. (1991). Culture and the self: Implications for cognition, emotion, and motivation. *Psychological Review, 98*(2), 224–253.

Mathieu, J. E., Heffner, T. S., Goodwin, G. F., Salas, E., & Cannon-Bowers, J. A. (2000). The influence of shared mental models on team process and performance. *Journal of Applied Psychology, 85*(2), 273–283.

松波 晴人 (2014). 「イノベーション」とは，「マインドセット」を持って「リフレーム」することである　サービソロジー，*1*(3)，12–15.

McGrath, J. E. (1984). *Groups: Interaction and performance* (vol. 14). Englewood Cliffs, NJ: Prentice-Hall.

三浦 麻子・飛田 操 (2002). 集団が創造的であるためには——集団創造性に対する成員のアイディアの多様性と類似性の影響　実験社会心理学研究，*41*(2)，124–136.

Moreland, R. L. (1999). Transactive memory: Learning who knows what in work groups and organizations. In L. Thompson, D. Messick & J. Levine (Eds.), *Shared cognition in organizations: The management of knowledge* (pp. 3–31). Mahwah, NJ: Lawrence Erlbaum.

Moreland, R. L., Levine, J. M., & Wingert, M. L. 1996 Creating the ideal group: Composition effects at work. In E. Witte & J. H. Davis (Eds.), *Understanding group behavior: Small group processes and interpersonal relations* (vol. 2, pp. 11–35). Mahwah, NJ: Erlbaum.

Mullen, B., Johnson, C., & Salas, E. (1991). Productivity loss in brainstorming groups: A meta-analytic integration. *Basic and Applied Social Psychology, 12*(1), 3–23.

Newman, A., Donohue, R., & Eva, N. (2017). Psychological safety: A systematic review of the literature. *Human Resource Management Review, 27*(3), 521–535.

Orasanu, J., & Salas, E. (1993). Team decision making in complex environments. In G. A. Klein, J. Orasanu, R. Calderwood, & C. E. Zsambok (Eds.), *Decision making in action: Models and methods* (pp. 327–345). Norwood, NJ: Ablex Publishing.

Osborn, A. F. (1942). *How to think up.* New York. NY: McGraw-Hill.

Osborn, A. F. (1953). *Applied imagination.* New York, NY: Scribner's.

Paulus, P. B., & Brown, V. R. (2007). Toward more creative and innovative group idea generation: A cognitive - social - motivational perspective of brainstorming. *Social and Personality Psychology Compass, 1*(1), 248–265.

Paulus, P. B., & Kenworthy, J. B. (2018). *Overview of team creativity and innovation.* New York, NY: Oxford University Press. DOI:10.1093/oso/9780190222093.003.0002

Paulus, P. B., & Nijstad, B. A. (Eds.). (2003). *Group creativity: Innovation through collaboration.* New York, NY: Oxford University Press.

Pearce, C. L., & Conger, J. A. (2002). *Shared leadership: Reframing the hows and whys of leadership.* Thousand Oaks, CA: SAGE Publications.

Randel, A. E., Galvin, B. M., Shore, L. M., Ehrhart, K. H., Chung, B. G., Dean, M. A., & Kedharnath, U. (2018). Inclusive leadership: Realizing positive outcomes through belongingness and being valued for uniqueness. *Human Resource Management Review, 28*(2), 190–203.

Rico, R., Sánchez-Manzanares, M., Gil, F., & Gibson, C. (2008). Team implicit coordination processes: A team knowledge-based approach. *Academy of Management Review, 33*(1), 163–184.

Roberson, Q., & Perry, J. L. (2021). Inclusive leadership in thought and action: A thematic analysis. *Group & Organization Management,* DOI:10.1177/10596011211013161. Published: Group & Organization Management, *47*(4), 755–778. (2022)

Rouse, W. B., & Morris, N. M. (1986). On looking into the black box: Prospects and limits in the search for mental models. *Psychological Bulletin, 100*(3), 349–363.

Schein, E. H., & Bennis, W. G. (1965). *Personal and organizational change through group methods: The laboratory approach.* New York, NY: Wiley.

Senge, P. M. (1990). *The art and practice of the learning organization* (vol. 1). New York, NY: Doubleday.

Senge, P., Kleiner, A., Roberts, C., Ross, R., Roth, G., Smith, B., & Guman, E. C. (1999). *The dance of change: The challenges to sustaining momentum in learning organizations.* New York, NY: Doubleday. DOI:10.5860/choice.37-0405

Sethibe, T., & Steyn, R. (2016). Organizational climate, innovation and performance: A systematic review. *Journal of Entrepreneurship and Innovation in Emerging Economies, 2*(2), 161–174.

Somech, A., & Drach-Zahavy, A. (2013). Translating team creativity to innovation implementation: The role of team composition and climate for innovation. *Journal of management, 39*(3), 684–708.

Tajfel, H., & Turner, J. C. (1982). Social psychology of intergroup relations. *Annual Review of Psychology, 33*(1), 1–39.

Tajfel, H., & Turner, J. C. (2004). The social identity theory of intergroup behavior. In J. T. Jost & J. Sidanius (Eds.), *Political psychology* (pp. 276–293). New York. NY: Psychology Press.

van Knippenberg, D., & Hoever, I. J. (2021). Team creativity and innovation. In J. Zhou & E. D. Rouse (Eds.), *Handbook of research on creativity and innovation* (pp. 49–66). Cheltenham, UK: Edward Elgar Publishing.

Wegner, D. M. (1987). Transactive memory: A contemporary analysis of the group mind. In B.

Mullen & G. Goethals (Eds.), *Theories of group behavior* (pp. 185-208). New York, NY: Springer.

West, M. A., & Sacramento, C. A. (2012). Creativity and innovation: The role of team and organizational climate. In M. D. Mumford (Ed.), *Handbook of organizational creativity* (pp. 359-385). London: Academic Press.

山口 裕幸 (1997). メンバーの多様性が集団創造性に及ぼす影響　九州大学教育学部紀要　教育心理学部門, *42*(1), 9-19.

第12章

Bell, B. S., & Kozlowski, S. W. J. (2011). Collective failure: The emergence, consequences, and management of errors in teams. In D. A. Hofmann & M. Frease (Eds.), *Errors in organizations* (pp. 113-142). New York, NY: Routledge.

Beus, J. M., Dhanai, L. Y., & McCord, M. A. (2015). A meta-analysis of personality and workplace safety: Addressing unanswered questions. *Journal of Applied Psychology, 100*, 481-498.

Bisbey, T. M., Kilcullen, M. P., Thomas, E. J., Ottosen, M. J., Tsao, K., & Salas, E. (2021). Safety culture: An integration of existing models and a framework for understanding its development. *Human Factors, 63*, 88-110.

Bisbey, T. M., Reyes, D. L., Traylor, A. M., & Salas, E. (2019). Teams of psychologists helping team: The evolution of the science of team training. *American Psychologist, 74*, 278-289.

Blickensderfer, E., Cannon-Bowers, J. A., & Salas, E. (1997). Theoretical bases for team self-correction: Fostering shared mental models. In M. M. Beyerlein, D. A. Jackson, & S. T. Beyerlein (Eds.), *Team implementation issues, advances in interdisciplinary studies of work teams* (vol. 4, pp. 249-279). Greenwich, CT: JAI Press.

Cannon-Bowers, J. A., & Salas, E. (1998). *Making decisions under stress: Implications for individual and team training.* Washington, DC: American Psychological Association.

Cannon-Bowers, J. A., Tannenbaum, S. I., Salas, E., & Volpe, C. E. (1995). Defining competencies and establishing team training requirements. In R. Guzzo & E. Salas (Eds.), *Team effectiveness and decision-making* (pp. 332-380). San Francisco, CA: Jossey-Bass.

Christian, M. S., Bradley, J. C., Wallace, J., & Burke, M. J. (2009). Workplace safety: A meta-analysis of the roles of person and situation factors. *Journal of Applied Psychology, 94*, 1103-1127.

Driskell, J. E., & Johnston, J. H. (1998). Stress exposure training. In J. A. Cannon-Bowers & E. Salas (Eds.), *Making decisions under stress: Implications for individual and team training* (pp. 191-217). Washington, DC: American Psychological Association.

Endsley, M. R. (1995). Toward a theory of situation awareness in dynamic systems. *Human Factors, 37*, 32-64.

Hofmann, D. A., Burke, M. J., & Zohar, D. (2017). 100 years of occupational safety research: From basic protections and work analysis to a multilevel view of workplace safety and risk. *Journal of Applied Psychology, 102*, 375-388.

Howkins, F. H. (1987). *Human Factors in Finght.* Gower Technical Press. (ホーキンズ, F. H. 黒田 勲 (監修) 石川 好美 (監訳) (1992). ヒューマン・ファクター――航空の分野を中心として　成山堂書店)

Ilgen, D. R., Hollenbeck, J. R., Johnson, M., & Jundt, D. (2005). Teams in organizations: From input-process-output models to IMOI models. *Annual Review of Psychology, 56*, 517-543.

Jentsch, F., & Smith-Jentsch, K. A. (2001). Assertiveness and team performance: More than "just say no". In E. Salas, C. A. Bowers, & E. Edens (Eds.), *Improving teamwork in organizations: Applications of resource management training* (pp. 73-94). Mahwah, NJ: Lawrence Erlbaum

Associates.

King, H. B., Battles, J., Baker, D. P., Alonso, A., Salas, E., Webster, J., ..., Salisbury, M. (2008). TeamSTEPPS™: Team strategies and tools to enhance performance and patient Safety. In K. Henriken, J. B. Battles, M. A. Keyes, & M. L. Grady (Eds.), *Advances in patient safety: New directions and alternative approaches* (vol. 3: Performance and tools, pp. 5–20). Rockville, MD: Agency for Healthcare Research and Quality.

National Transportation Safety Board (1979). *Aircraft accident report: United Airlines, Inc., McDonnell Douglas DC-8-61, N8082U, Portland, Oregon, December 28, 1978.* NTSB-AAR-79-7.

National Transportation Safety Board (1990). *Aircraft accident report: United Airlines Flight 232, McDonnell Douglas DC-10-10, Sioux Gateway Airport, Sioux City, Iowa, July 19, 1989.* NTSB/AAR-90/06.

Neal, A., & Griffin, M. A. (2006). A study of the lagged relationships among safety climate, safety motivation, safety behavior, and accidents at the individual and group levels. *Journal of Applied Psychology, 91*, 946–953.

大坪 庸介・島田 康弘・森永 今日子・三沢 良 (2003). 医療機関における地位格差とコミュニケーションの問題——質問紙調査による検討　実験社会心理学研究, *43*, 85–91.

Salas, E., Bisbey, T. M., Traylor, A. M., & Rosen, M. A. (2020). Can teamwork promote safety in organizations? *Annual Review of Organizational Psychology and Organizational Behavior, 7*, 283–313.

Salas, E., Bowers, C. A., & Edens, E. (Eds.). (2001). *Improving teamwork in organizations: Applications of resource management training.* Mahwah, NJ: Lawrence Erlbaum Associates. (サラス, E. 他 田尾 雅夫 (監訳) (2007). 危機のマネジメント 事故と安全——チームワークによる克服　ミネルヴァ書房)

Salas, E., DiazGranados, D., Klein, C., Burke, C., Stagl, K. C., Goodwin, G. F., & Halpin, S. M. (2008). Does team training improve team performance? A meta-analysis. *Human Factors, 50*, 903–933.

Salas, E., Wilson, K. A., Murphy, C. E., King, H., & Salisbury, M. (2008). Communicating, coordinating, and cooperating when lives depend on It: Tips for teamwork. *The Joint Commission Journal of Quality and Patient Safety, 34*, 333–341.

佐相 邦英 (2009). ヒューマンファクター概論　オーム社

Sasou, K., & Reason, J. (1999). Team errors: Definition and taxonomy. *Reliability Engineering and System Safety, 65*, 1–9.

Smith-Jentsch, K. A., Cannon-Bowers, J. A., Tannenbaum, S. I., & Salas, E. (2008). Guided team self-correction: Impacts on team mental models, processes, and effectiveness. *Small Group Research, 39*, 303–327.

Weick, K. E., & Sutcliffe, K. M. (2015) *Managing the unexpected: Sustained performance in a complex world* (3rd ed). Hoboken, NJ: John Wiley & Sons. (ワイク, K. E. 他 中西 晶 (監訳) (2017). 想定外のマネジメント 第3版——高信頼性組織とは何か　文眞堂)

Wilson, K. A., Burke, C. S., Priest, H. A., & Salas, E. (2005). Promoting health care safety through training high reliability teams. *Quality and Safety in Health Care, 14*, 303–309.

Zohar, D., & Luria, G. (2005). A multilevel model of safety climate: Cross-level relationships between organization and group-level climates. *Journal of Applied Psychology, 90*(4), 616–628.

第13章

Allport, F. H. (1924). The group fallacy in relation to social science. *American Journal of Sociology, 29*, 688–706.

Arthur Jr., W., Bell, S. T., & Edwards, B. D. (2007). A longitudinal examination of the comparative criterion-related validity of additive and referent-shift consensus operationalizations of team efficacy. *Organizational Research Methods, 10*, 35–58.

Bliese, P. D., Maltarich, M. A., Hendricks, J. L., Hofmann, D. A., & Adler, A. B. (2019). Improving the measurement of group-level constructs by optimizing between-group differentiation. *Journal of Applied Psychology, 104*(2), 293–302.

Chan, D. (1998). Functional relations among constructs in the same content domain at different levels of analysis: A typology of composition models. *Journal of Applied Psychology, 83*(2), 234–246.

Finch, W. H., & French, B. F. (2011). Estimation of MIMIC model parameters with multilevel data. *Structural Equation Modeling, 18*(2), 229–252.

González-Romá, V., & Hernández, A. (2017). Multilevel modeling: Research-based lessons for substantive researchers. *Annual Review of Organizational Psychology and Organizational Behavior, 4*, 183–210.

Hoey, J., Schröder, T., Morgan, J., Rogers, K. B., Rishi, D., & Nagappan, M. (2018). Artificial intelligence and social simulation: Studying group dynamics on a massive scale. *Small Group Research, 49*(6), 647–683. https://doi.org/10.1177/1046496418802362

Julian, M. W. (2001). The consequences of ignoring multilevel data structures in nonhierarchical covariance modeling. *Structural Equation Modeling, 8*, 325–352.

Kenny, D. A., Mannetti, L., Pierro, A., Livi, S., & Kashy, D. A. (2002). The statistical analysis of data from small groups. *Journal of Personality and Social Psychology, 83*(1), 126–137. https://doi.org/10.1037/0022-3514.83.1.126

Klein, K. J., Conn, A. B., Smith, D. B., & Sorra, J. S. (2001). Is everyone in agreement? An exploration of within-group agreement in employee perceptions of the work environment. *Journal of Applied Psychology, 86*(1), 3–16.

Lüdtke, O., Marsh, H. W., Robitzsch, A., & Trautwein, U. (2011). A 2 × 2 taxonomy of multilevel latent contextual models: Accuracy–bias trade-offs in full and partial error correction models. *Psychological Methods, 16*(4), 444–467.

小杉 孝司・清水 裕士（2014）．M-plus と R による構造方程式モデリング入門　北大路書房

大谷 和大（2014）．階層線形モデル，マルチレベル構造方程式モデル　小杉 孝司・清水 裕士（編）M-plus と R による構造方程式モデリング入門（pp. 208–227）北大路書房

村瀬 俊朗・王 ヘキサン・鈴木 宏治（2021）．アンケート調査を越えて――自然言語処理や機械学習を用いたログデータの活用を模索する　組織科学，*55*，16–30.

縄田 健悟・山口 裕幸・波多野 徹・青島 未佳（2015a）．企業組織において高業績を導くチーム・プロセスの解明　心理学研究，*85*(6)，529–539.

縄田 健悟・山口 裕幸・波多野 徹・青島 未佳（2015b）．職務志向性に基づくチーム構成とチーム・パフォーマンスの関連性――最大値・最小値分析による検討　産業・組織心理学研究，*29*，29–43.

Nawata, K., Yamaguchi, H., & Aoshima, M. (2020). Team Implicit Coordination Based on Transactive Memory Systems. *Team Performance Management: An International Journal, 26*, 375–390.

尾崎 幸謙・川端 一光・山田 剛史（編）（2018）．R で学ぶマルチレベルモデル 入門編――基本モデルの考え方と分析　朝倉書店

尾崎 幸謙・川端 一光・山田 剛史（編）（2019）．R で学ぶマルチレベルモデル 実践編――Mplus による発展的分析　朝倉書店

清水 裕士（2014）．個人と集団のマルチレベル分析　ナカニシヤ出版

Wallace, J. C., Edwards, B. D., Paul, J., Burke, M., Christian, M., & Eissa, G. (2016). Change the referent? A meta-analytic investigation of direct and Referent-Shift Consensus Models for organizational climate. *Journal of Management, 42*(4), 838–861.

第14章

Abankwa, D. A., Rowlinson, S., & Adinyira, E. (2019). Conceptualizing team adaptability and project complexity: A literature review. *International Journal of Innovation, Management and Technology, 10*(1), 1-7. doi: 10.18178/ijimt.2019.10.1.827

Agarwal, U. A., Dixit, V., Nikolova, N., Jain, K., & Sankaran, S. (2021). A psychological contract perspective of vertical and distributed leadership in project-based organizations. *International Journal of Project Management, 39*(3), 249-258.

Alves, M. P., Dimas, I. D., Lourenço, P. R., Rebelo, T., Peñarroja, V., & Gamero, N. (2022). Can virtuality be protective of team trust? Conflict and effectiveness in hybrid teams. *Behaviour & Information Technology*, 1-18. doi: 10.1080/0144929X.2022.2046163

Barker, J. R. (1993). Tightening the iron cage: Concertive control in self-managing teams. *Administrative Science Quarterly, 38*(3), 408-437.

Bartel, C. A., Wrzesniewski, A., & Wiesenfeld, B. M. (2012). Knowing where you stand: Physical isolation, perceived respect, and organizational identification among virtual employees. *Organization Science, 23*(3), 743-757.

Brown, M. I., Prewett, M. S., & Grossenbacher, M. A. (2020). Distancing ourselves from geographic dispersion: An examination of perceived virtuality in teams. *Group Dynamics: Theory, Research, and Practice, 24*(3), 168-185.

Burke, C. S., Fiore, S. M., & Salas, E. (2003). The role of shared cognition in enabling shared leadership and team adaptability. In C. L. Pearce & J. A. Conger (Eds.), *Shared leadership: Reframing the hows and whys of leadership* (pp. 103-122). Thousand Oaks, CA: Sage Publications.

Carmeli, A., Reiter-Palmon, R., & Ziv, E. (2010). Inclusive leadership and employee involvement in creative tasks in the workplace: The mediating role of psychological safety. *Creativity Research Journal, 22*(3), 250-260.

Carson, J. B., Tesluk, P. E., & Marrone, J. A. (2007). Shared leadership in teams: An investigation of antecedent conditions and performance. *Academy of Management Journal, 50*(5), 1217-1234.

Cohen, S. G., & Ledford Jr., G. E. (1994). The effectiveness of self-managing teams: A quasi-experiment. *Human Relations, 47*(1), 13-43.

Coombe, D. D. (2010). Secure base leadership: A positive theory of leadership incorporating safety, exploration and positive action. Doctoral dissertation, Case Western Reserve University.

Costa, P. L., Handke, L., & O'Neill, T. A. (2021). Are all lockdown teams created equally? Work characteristics and team perceived virtuality. *Small Group Research, 52*(5), 600-628.

Dulebohn, J. H., & Hoch, J. E. (2017). Virtual teams in organizations. *Human Resource Management Review, 27*(4), 569-574.

Endsley, M. R. (1995). Measurement of situation awareness in dynamic systems. *Human Factors, 37*(1), 65-84.

Endsley, M. R., & Garland, D. J. (Eds.). (2000). *Situation awareness analysis and measurement.* Boca Raton, FL: CRC Press.

Feitosa, J., & Salas, E. (2021). Today's virtual teams: Adapting lessons learned to the pandemic context. *Organizational Dynamics, 50*(1), 1-4.

Flavián, C., Guinalíu, M., & Jordán, P. (2022). Virtual teams are here to stay: How personality traits, virtuality and leader gender impact trust in the leader and team commitment. *European Research on Management and Business Economics, 28*(2), 100193.

Foster, M. K., Abbey, A., Callow, M. A., Zu, X., & Wilbon, A. D. (2015). Rethinking virtuality and its impact on teams. *Small Group Research, 46*(3), 267-299.

Gillespie, B. M., Gwinner, K., Fairweather, N., & Chaboyer, W. (2013). Building shared situational awareness in surgery through distributed dialog. *Journal of Multidisciplinary Healthcare, 6,* 109-118.

Greenleaf, R. K. (1970). *The servant as leader.* Indianapolis, IN: Greenleaf Center.

Greenleaf, R. K. (1977). *Servant leadership: A journey into the nature of legitimate power and greatness.* New York, NY: Paulist Press.

Günsel, A., & Açikgöz, A. (2013). The effects of team flexibility and emotional intelligence on software development performance. *Group Decision and Negotiation, 22*(2), 359-377.

Hackman, J. R. (1983). *A normative model of work team effectiveness.* Office of Naval Research, Arlington VA.

Hackman, J. R. (1990). *Groups that work and those that don't* (No. E10 H123). San Francisco, CA: Jossey-Bass.

Handke, L., Costa, P. L., Klonek, F. E., O'Neill, T. A., & Parker, S. K. (2021). Team perceived virtuality: An emergent state perspective. *European Journal of Work and Organizational Psychology, 30*(5), 624-638.

Handke, L., Klonek, F. E., Parker, S. K., & Kauffeld, S. (2020). Interactive effects of team virtuality and work design on team functioning. *Small Group Research, 51*(1), 3-47.

He, H., Baruch, Y., & Lin, C. P. (2014). Modeling team knowledge sharing and team flexibility: The role of within-team competition. *Human Relations, 67*(8), 947-978.

Hickey, N., Flaherty, A., & Mannix McNamara, P. (2022). Distributed leadership: A scoping review mapping current empirical research. *Societies, 12*(1), 15. https://doi.org/10.3390/soc12010015

Jamil, N. D., & Adeleke, A. Q. (2018). The relationship between team competency and design risk management among construction industries in Kuantan. *Journal of Advanced Research in Applied Sciences and Engineering Technology, 10*(1), 77-81.

Javed, B., Naqvi, S. M. M. R., Khan, A. K., Arjoon, S., & Tayyeb, H. H. (2019). Impact of inclusive leadership on innovative work behavior: The role of psychological safety. *Journal of Management & Organization, 25*(1), 117-136.

Jewels, T., & Albon, R. (2007). Supporting arguments for including the teaching of team competency principles in higher education. *International Journal of Information and Communication Technology Education* (IJICTE), *3*(1), 58-69.

Kaber, D. B., & Endsley, M. R. (1998). Team situation awareness for process control safety and performance. *Process Safety Progress, 17*(1), 43-48.

Kirkman, B. L., & Mathieu, J. E. (2005). The dimensions and antecedents of team virtuality. *Journal of Management, 31*(5), 700-718.

Kirkman, B. L., & Rosen, B. (1999). Beyond self-management: Antecedents and consequences of team empowerment. *Academy of Management Journal, 42*(1), 58-74.

清宮 徹 (2022). コロナ禍とコミュニケーション――組織コミュニケーションの視座から危機を考える 日本コミュニケーション研究, *50* (Special), 83-89.

Kohlrieser, G., Goldsworthy, S., & Coombe, D. (2012). *Care to dare: Unleashing astonishing potential through secure base leadership.* Hoboken, NJ: John Wiley & Sons.

Langfred, C. W. (2007). The downside of self-management: A longitudinal study of the effects of conflict on trust, autonomy, and task interdependence in self-managing teams. *Academy of Management Journal, 50*(4), 885-900.

Liang, B., van Knippenberg, D., & Gu, Q. (2021). A cross - level model of shared leadership, meaning, and individual creativity. *Journal of Organizational Behavior, 42*(1), 68-83.

Ling, B., Liu, Z., Chen, D., & Sun, L. (2021). Team Flexibility in Organizational Change Context: Antecedents and Consequences. *Psychology Research and Behavior Management, 14,* 1805-1821.

Lorinkova, N. M., & Bartol, K. M. (2021). Shared leadership development and team performance: A new look at the dynamics of shared leadership. *Personnel Psychology, 74*(1), 77–107.

Lu, M., Watson-Manheim, M. B., Chudoba, K. M., & Wynn, E. (2006). Virtuality and team performance: Understanding the impact of variety of practices. *Journal of Global Information Technology Management, 9*(1), 4–23.

Marshall, G. W., Michaels, C. E., & Mulki, J. P. (2007). Workplace isolation: Exploring the construct and its measurement. *Psychology & Marketing, 24*(3), 195–223.

McGrath, J. E. (1984). *Groups: Interaction and performance*. Englewood Cliffs, NJ: Prentice-Hall.

三沢 良・藤村 まこと (2021). バーチャルチーム研究のパースペクティブ――ウィズ・ポストコロナ時代のチームワーク　日本心理学会第85回大会発表論文集, PQ-009.

Mulki, J. P., Bardhi, F., Lassk, F. G., & Nanavaty-Dahl, J. (2009). Set up remote workers to thrive. *MIT Sloan Management Review, 51*(1), 63–69.

縄田 健悟・池田 浩・青島 未佳・山口 裕幸 (2021). COVID-19感染禍でのテレワークの急速な普及が組織のチームワークにもたらす影響に関する実証的検討――感染拡大の前後比較　産業・組織心理学研究, *35*, 117–129.

Nembhard, I. M., & Edmondson, A. C. (2006). Making it safe: The effects of leader inclusiveness and professional status on psychological safety and improvement efforts in health care teams. *Journal of Organizational Behavior: The International Journal of Industrial, Occupational and Organizational Psychology and Behavior, 27*(7), 941–966.

Nowak, M., & Pautasso, C. (2013). Team situational awareness and architectural decision making with the software architecture warehouse. In *European Conference on Software Architecture* (pp. 146–161). Berlin, Heidelberg: Springer,

Orhan, M. A., Rijsman, J. B., & Van Dijk, G. M. (2016). Invisible, therefore isolated: Comparative effects of team virtuality with task virtuality on workplace isolation and work outcomes. *Revista de Psicología del Trabajo y de las Organizaciones, 32*(2), 109–122.

Paul, R. C., Furner, C. P., Drake, J. R., Hauser, R. D., & Kisling, E. (2021). The moderating effect of virtuality on team trust and effectiveness. *IEEE Transactions on Professional Communication, 64*(2), 185–200.

Pearce, C. L. (2004). The future of leadership: Combining vertical and shared leadership to transform knowledge work. *Academy of Management Perspectives, 18*(1), 47–57.

Pearce, C. L., & Conger, J. A. (2002). *Shared leadership: Reframing the hows and whys of leadership*. Thousand Oaks, CA: Sage Publications.

Pentland, A. (2010). Honest signals: How they shape our world. Cambridge, MA: MIT Press. (ペントランド, A. S. 柴田 裕之・安西 祐一郎 (訳) (2013). 正直シグナル――非言語コミュニケーションの科学　みすず書房)

Pentland, A. (2014). Social physics: How good ideas spread-the lessons from a new science. Penguin. (ペントランド, A. S. 小林 啓倫 (訳) (2018). ソーシャル物理学――「良いアイデアはいかに広がるか」の新しい科学　草思社)

Prabhakar, G. P. (2005a) *Leadership agility: Developing your repertoire of leadership styles*. London: Routledge.

Prabhakar, G. P. (2005b). Switch leadership in projects an empirical study reflecting the importance of transformational leadership on project success across twenty-eight nations. *Project Management Journal, 36*(4), 53–60.

Purvanova, R. K., & Kenda, R. (2022). The impact of virtuality on team effectiveness in organizational and non-organizational teams: A meta-analysis. *Applied Psychology, 71*(3), 1082–1131.

Purvanova, R. K., Charlier, S. D., Reeves, C. J., & Greco, L. M. (2021). Who emerges into virtual team leadership roles? The role of achievement and ascription antecedents for leadership emergence across the virtuality spectrum. *Journal of Business and Psychology, 36*(4), 713-733.

Salas, E. (Ed.). (2011). *Situational awareness*. London: Routledge. https://doi.org/10.4324/9781315087924

Schaubroeck, J. M., & Yu, A. (2017). When does virtuality help or hinder teams? Core team characteristics as contingency factors. *Human Resource Management Review, 27*(4), 635-647.

Schein, E. H., & Schein, P. A. (2018). *Humble leadership: The power of relationships, openness, and trust*. Williston, VT: Berrett-Koehler Publishers.

Schweitzer, L., & Duxbury, L. (2010). Conceptualizing and measuring the virtuality of teams. *Information Systems Journal, 20*(3), 267-295.

Stanton, N. A., Chambers, P. R., & Piggott, J. (2001). Situational awareness and safety. *Safety Science, 39*(3), 189-204.

Stout, R. J., Cannon-Bowers, J. A., & Salas, E. (2017). *The role of shared mental models in developing team situational awareness: Implications for training situational awareness* (pp. 287-318). Abingdon, UK: Routledge.

田原 直美・山口 裕幸 (2014). 職場におけるチーム・コミュニケーションの発達過程に関する検討 電子情報通信学会技術研究報告 信学技報, *113*(426), 151-153.

田原 直美・三沢 良・山口 裕幸 (2013). チーム・コミュニケーションとチームワークとの関連に関する検討 実験社会心理学研究, *53*(1), 38-51.

Tannenbaum, S. I., Beard, R. L., & Salas, E. (1992). Team building and its influence on team effectiveness: An examination of conceptual and empirical developments. In K. Kelley (Ed.), *Advances in psychology: Issues, theory, and research in industrial/ organizational psychology* (vol. 82, pp. 117-153). New York: North-Holland.

Townsend, A. M., DeMarie, S. M., & Hendrickson, A. R. (1998). Virtual teams: Technology and the workplace of the future. *Academy of Management Perspectives, 12*(3), 17-29.

Uhl-Bien, M., & Graen, G. B. (1992). Self-management and team-making in cross-functional work teams: Discovering the keys to becoming an integrated team. The *Journal of High Technology Management Research, 3*(2), 225-241.

Uitdewilligen, S., Waller, M. J., & Zijlstra, F. R. H. (2010). Team cognition and adaptability in dynamic settings: A review of pertinent work. In G. P. Hodgkinson & J. K. Ford (Eds.), *International review of industrial and organizational psychology 2010* (vol. 25, pp. 293-353). Chichester, UK: Wiley Blackwell. https://doi.org/10.1002/9780470661628.ch8

Woolley, A. W., Aggarwal, I., & Malone, T. W. (2015). Collective intelligence in teams and organizations. *Handbook of collective intelligence* (pp. 143-168). Cambridge, MA: MIT Press.

Woolley, A., & Malone, T. (2011). What makes a team smarter? More women. *Harvard Business Review, 89*(6), 32-33.

山口 裕幸 (2007). チーム・コンピテンシーと個人のチームワーク能力 教育テスト研究センター第1回研究会報告書, *1*, 1-14.

Yano, K., Ara, K., Moriwaki, N., & Kuriyama, H. (2009). Measurement of human behavior: Creating a society for discovering opportunities. *Hitachi Review, 58*(4), 139-144.

矢野 和男 (2018). データの見えざる手――ウエアラブルセンサが明かす人間・組織・社会の法則 草思社

事項索引

た　行

な　行

は　行

ま　行

や　行

ら　行

わ　行

人名索引

執筆者紹介

（五十音順）

秋保 亮太（あきほ りょうた）　大阪大学大学院人間科学研究科 助教　6章

池田 浩（いけだ ひろし）　九州大学大学院人間環境学研究院 准教授　7・8・9章

田原 直美（たばる なおみ）　西南学院大学人間科学部 教授　4章

縄田 健悟（なわた けんご）　福岡大学人文学部 准教授　5・10・13章

三沢 良（みさわ りょう）　岡山大学学術研究院教育学域 准教授　3・12章

山口 裕幸（やまぐち ひろゆき）　九州大学大学院人間環境学研究院 教授　1・2・11・14章

【編　者】
山口 裕幸（やまぐち ひろゆき）
1958年生まれ。九州大学大学院人間環境学研究院教授。
専門は，社会心理学，集団力学，組織行動学。
主要著作に，『心理学リーディングス』〔編〕（ナカニシヤ出版），『チームワークの心理学』（サイエンス社），『産業・組織心理学』（放送大学教育振興会），『組織と職場の社会心理学』（ちとせプレス）などがある。

チーム・ダイナミックスの行動科学
組織の生産性・安全性・創造性を高める鍵はどこにあるのか

2024年3月20日　初版第1刷発行　（定価はカヴァーに表示してあります）

編著者　山口　裕幸
発行者　中西　良
発行所　株式会社ナカニシヤ出版
〒606-8161 京都市左京区一乗寺木ノ本町15番地
Telephone 075-723-0111
Facsimile 075-723-0095
Website https://www.nakanishiya.co.jp/
Email iihon-ippai@nakanishiya.co.jp
郵便振替　01030-0-13128

装幀＝白沢　正／印刷・製本＝創栄図書印刷（株）
Printed in Japan.

ISBN978-4-7795-1759-4